U0006514

A HISTORY OF SINGAPORE

新 加 坡 史

陳鴻瑜——著

增訂版序

　　新加坡的建國者李光耀已離世，其所建構的新國發展模式將成為新國及其他國家的典範。新國的建國史就是李光耀一生的政治奮鬥史，他的思想和觀念左右了新國在英國和馬來西亞、甚至東南亞之間的權力關係發展路徑。一個華人移民的後代，歷經了數百年的努力，終於在東南亞異鄉建立一個華人政權，說其為異數當不為過。

　　從 2015 年的國會選舉可知，李顯龍領導的政府持續獲得新國人民的支持，政府人才交替堪稱順利，經濟發展亦相當平穩，政府對於未來規劃的重點產業也循序在推動，李光耀體制將會穩定往前進展。

　　為世人所關注的新國的民主開放問題，從吳作棟執政起就已稍加放寬言論的自由度，但似乎並非大家關心的議題，也非選舉時反對黨主攻之議題。政治穩定和經濟發展仍是新國發展的兩大支柱，主因是新國以吸引外商投資設立公司為目標，若有政治衝突或過度的政治競爭，將影響外商在新國發展之意願。

　　在後李光耀時期，新國仍將秉持其靈活的商業營運策略經營國家，其所設定及計畫的未來發展目標，將如前一樣按步實行，一個小而美的國家體制將會繼續屹立在東南亞。

陳鴻瑜謹誌

2016 年 3 月 31 日

自序

　　新加坡位在馬來半島的南端，控制著馬六甲海峽的進出口，因為英國的殖民統治而成為一個重要的轉口港。第二次世界大戰結束後，英國並沒有讓新加坡併入馬來亞的想法，當馬來亞獨立時新加坡還是英國的直轄殖民地。當英國準備放棄東南亞的殖民地時，新加坡適時的加入馬來西亞聯邦。以後在李光耀等新加坡菁英的策劃下，新加坡成功的脫離馬來西亞聯邦而成為獨立國家。

　　關於新加坡的歷史，早期文獻有限，在英國人統治之前，幾乎是一片空白。有記載者，也是語焉不詳。換言之，新加坡之歷史是自英國人占領為起始，至目前為止，其成文歷史很短，才一百九十年。

　　國內媒體對於新加坡的國情和建設，報導很多，博碩士研究生以新加坡作為研究對象為數亦頗多，公務員出國到新加坡考察更是絡繹於途。但對於新加坡整體歷史發展，缺乏專書加以介紹。因此，筆者將多年教學心得整理，對新加坡歷史做一客觀的描述和評析。

　　本書取材的資料，主要是英文書籍，其次是中文書籍、期刊和新加坡出版的南洋星洲聯合早報。現在網路發達及便利，有些資料和圖片亦取自網路資源。原本寫作時，是將新加坡史和馬來西亞史放在一起處理的，後來覺得不妥，一國應有其單獨的歷史，所以將兩國歷史分開處理。因此談到新、馬關係史時，在筆者所撰的馬來西亞史一書處理得較為詳細，讀者如果想瞭解該一部分歷史，可參考馬來西亞史。

　　本書如有疏漏之處，敬請博雅讀者諸君賜教。

陳鴻瑜謹誌

2011 年 1 月 1 日

目 次

圖目次

表目次

第一章

導　論

第一節　概說

　　新加坡位在馬來半島南端，隔著柔佛海峽與馬來西亞的柔佛州相望，南面是新加坡海峽，西邊是馬六甲海峽，東臨南海，共由六十四個島嶼組成，全國面積為 697.1 平方公里。地跨北緯 1 度 9 分到 1 度 29 分，東經 103 度 36 分到 104 度 25 分之間。距離赤道以北 137 公里。新加坡本島從東到西距離約 42 公里，從南到北約 23 公里。本島面積約 617.1 平方公里，島上最高處是武吉知馬山（Bukit Timah），高度為 163 公尺。最長的河流是實里達河（Sungei Seletar），長度為 15 公里。新加坡河長度為 3 公里。[1] 其附屬島嶼大都分佈在新加坡島的西南部，可參見圖 1-2。

　　新加坡是馬六甲海峽出南海的重要港口，控制著從印度洋到太平洋的航路，從英國在 1819 年開始經營新加坡島起，其轉口貿易角色日趨重要，港市經濟愈形繁榮，馴至成為新興工業化國家的典範。

　　當英國人初抵新加坡島時，島上人口僅有 210 人，隨著經濟的發展和旅遊交通的便捷，新國人口增加快速，至 2008 年，新加坡全部人口有 484 萬，其中公民和永久居民有 364 萬，其餘 120 萬為非居民。華族占人口數的

圖 1-1：新加坡附近地圖
資料來源：http://encarta.msn.com/map_701516556/singapore_republic_of.html　2009/8/24 瀏覽

---

1. 有關新加坡的天然環境資料，請參見**新加坡年鑑** 2005，新加坡新聞、通訊及藝術部、聯合早報出版，新加坡，2006，頁 26-27。

75%，馬來族占 14%，
印度族占 9%，其餘為
其他族群或混血種。[2]

基本上，新國是
一個移民社會，也是
多元種族的社會，大
部分的人口是來自中
國的華人。以華人為主
導的政治和社會結構，
實施各族群平等的制
度，唯因新國領導菁

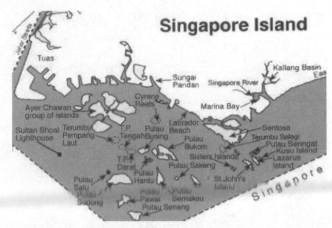

圖 1-2：新加坡島西南邊諸小島
資料來源：http://habitatnews.nus.edu.sg/guidebooks/marine
fish/text/117c.htm　2016/3/23 瀏覽

英傾向威權主義，其民主體制未臻完善。

圖 1-3：中國城 Smith Street
資料來源：http://www.singapore-vacation-
attractions.com/chinatown-street-photos.html
2016/3/27 瀏覽

圖 1-4：新加坡的小印度商業區
資料來源：http://www.greatmirror.com/index.
cfm?countryid=368&chapterid=370&pi
cturesize=medium#Singapore: Colonial
Singapore_027648　2016/3/23 瀏覽

2. 南洋星洲聯合早報，2007 年 9 月 28 日，頁 2；2008 年 9 月 27 日，頁 1。

第二節 古代的單馬錫（淡馬錫）

關於新加坡的早期歷史，文獻闕如，即使有記載，亦是語焉不詳。中文文獻僅有極少的記載，而沒有詳細內容。列舉這些文獻如下：

汪大淵是元朝的旅遊家，曾於 1330 年從泉州出海遊歷，1334 年返回中國。1337 年冬，他第二次由泉州出海遊歷，1339 年夏秋返回中國。1349 年，他所寫的**島夷誌略**一書中曾提及「淡馬錫」和「龍牙門」兩個地名。

元朝汪大淵所撰**島夷誌略**一書的龍牙門條記載：「門以單馬錫番兩山相交，若龍牙門，中有水道以間之。」文中所講的「單馬錫」，指的就是新加坡。文章的意思是指兩個島住著單馬錫番，兩個島共構成像龍牙一樣的形勢。至於兩山（就是兩個島），是哪兩個山？如果其中一個山是指單馬錫，且認為它是指新加坡，則另一個島何所指呢？有不同的看法。

吉普生一希爾（C. A. Gibson-Hill）認為龍牙門是指新加坡的吉寶碼頭（Keppel Harbour）的西邊入口處，中間的水道是指拉伯拉多角（Labrador Point）和聖淘沙島（Sentosa Island）之間的海道。[3] 米爾斯（J. V. G. Mills）認為龍牙門是指位在新加坡南方 15 公里的新加坡海峽。[4] 馬爾孔（Malcolm H. Murfett）等人則認為龍牙門是船隻進入馬六甲海峽之主要動脈。馬爾孔認為以前的航道是經由龍牙島南方，而汪大淵的書記載龍牙門是位在拉伯拉多角和聖淘沙島之間。其理由是在 1848 年以前，新加坡南岸有一個花崗岩石柱，高數公尺，後被風吹垮。該處被稱為 Lot's Wife，馬來話稱為 Sail Rock，閩南話稱為「龍牙」。[5]

---

3. C. A. Gibson-Hill, *Singapore Old Strait and New Harbour, 1300-1870*, Memoirs of the Raffles Museum, Vol.3, Singapore, 1956, p.36.

4. J. V. G. Mills(translator and editor), *Ma Huan Ying-yai Sheng-Lan: "The Overall Survey of the Ocean's Shores, 1433"*, Cambridge University Press, 1970, p.328.

5. Malcolm H. Murfett, John N. Miksic, Brian P. Farrel, Chiang Ming Shun, *Between Two Oceans: A Military History of Singapore From First Settlement to Final British Withdrawal*, Marshall Cavendish Academics, Oxford University Press, 1999, p.26.

　　米克錫克（John N. Miksic）認為汪大淵的書有三處提及新加坡，包括單馬錫、龍牙門和班卒。他說單馬錫是新加坡的泛稱。班卒的馬來話是 Pancur，意指水之泉。[6] 他認為班卒與新加坡有關，不過，汪大淵的書提及的班卒內容為：「地勢連龍牙門後山，若纏若斷，起凹峰而盤結，故民環居焉。田瘠穀少登，氣候不齊，夏則多雨而微寒。」[7] 其意思是指班卒位在龍牙門的後山，有一處高山，所以居民是環山而居。從地貌來看，班卒不可能是新加坡。

　　此外，值得注意的是，在汪大淵的書中的暹條，曾提及「單馬錫」，其內容為：「〔暹〕尚侵掠，每他國亂，輒駕百十艘，以沙湖滿載，舍而往，務在必取。近年以七十餘艘來侵單馬錫，攻打城池，一月不下，本處閉關而守，不敢與爭。遇爪哇使臣經過，暹人聞之乃遁，遂掠昔里而歸。」[8] 藤田八豐認為昔里即實叻。[9] 實叻，又寫為石叻，即馬來語的 selat，海峽之意。「麥都思（Walter H. Medhurst）的察世俗每月統紀傳記載，新加坡又曰新甲埔，又名息力。」[10] 息力即石叻的別譯。瑪吉士（Machis）的**地理備考**（Geography of Foreign Nations）記載，又息辣島，一名新嘉坡。[11] 息辣島也是石叻的別譯。然而，瑪吉士將石叻解讀為新加坡，是值得斟酌的，它應該是指柔佛的新山（Johor Bahru）一帶。否則無法解答何以在短短幾行字中會出現「單馬錫」和「昔里」兩詞。這兩詞應該是指不同的地點。因此，該文之意思是指暹羅人在無法攻下單馬錫之情況下，大掠柔佛新山地區而歸。

---

6. John N. Miksic and Cheryl-Ann Low Mei Gek(eds.), *Early Singapore 1300s-1819, Evidence in Maps, Text and Artifacts*, Singapore History Museum, Singapore, 2004, p.44.

7. 〔元〕汪大淵，**島夷誌略**，班卒條。

8. 〔元〕汪大淵，**島夷誌略**，暹條。

9. 饒宗頤，**新加坡古事記**，中文大學出版社，香港，1993 年，頁 310。

10. 饒宗頤，**前引書**，頁 254。

11. 饒宗頤，**前引書**，頁 254。

汪大淵在同一本著作中提及單馬錫和龍牙門兩個地名,在他寫作前幾年,單馬錫是一個有人居住且力量足以抗拒暹羅的進攻,對龍牙門的描述則顯然與單馬錫不同,顯然二者不是同一個地點。

在中文文獻中,**元史**曾記載:「延祐七年(1320 年)9 月,遣馬扎蠻等使占城、占臘、龍牙門,索馴象。」[12] 「泰定二年(1325 年)5 月癸丑,龍牙門蠻遣使奉表貢方物。」[13] 從而可知,在上述期間,龍牙門產馴象,而且只有酋長而沒有國王。

那麼龍牙門位在何處呢?在新加坡島南方有一個龍牙島(或稱林伽島)(Lingga),Lingga 的發音與閩南語的「龍牙」發音相近,因此,Lingga 被譯為龍牙島。龍牙島和單馬錫之間,形成一個門,類似龍牙。而龍牙島和單馬錫之間的水道是新加坡海峽及其南方的水道。

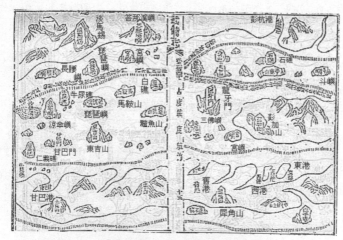

明朝茅元儀於 1628 年所寫的**武備志**中的鄭和航海圖卷二百四十航海第十五圖,明確的標示了龍牙門的位置,就是位在今天林伽島。參見圖 1-5。

許雲樵教授認為元朝的**馬可波羅行紀**一書中提及的

圖 1-5:鄭和航海圖中淡馬錫和龍牙門位置圖
說明:圖中的原有地名不清楚,由作者在旁邊加上新標示。
資料來源:**武備志**中鄭和航海圖卷二百四十,航海第十五圖。

---

12. 〔明〕宋濂等撰,**元史**,卷二十七,本紀第二十七,英宗一,楊家駱主編,**新校本元史並附編二種**,鼎文書局,台北市,1977 年,頁 606-607。
13. 〔清〕陳夢雷纂輯,**古今圖書集成**,經濟彙編食貨典/貢獻部/彙考,泰定帝泰定,食貨典 第 190 卷,第 691 冊第 28 頁之 1。

麻里予兒（Malaiur），是新加坡的國名，而城名叫做淡馬錫。[14]騰布爾（C. M. Turnbull）說第十三世紀的威尼斯旅行家馬可波羅（Marco Polo）抵達的 Chiamassie，可能就是 Temasek，他說該地位在馬來亞島中，是一個大的高貴的城市，有其國王及本身的語言。[15]

清朝曾廉認為麻里予兒就是沒剌由，或沒剌予。[16]沒剌由，即末羅瑜，在今天蘇門答臘的占卑（Jambi）。陳佳榮等人的著作則認為麻里予兒在柔佛一帶。[17]

1365 年，爪哇文的**納嘎拉史詩**（*Nagarakretagama*）一書曾記載以 Temasek 稱呼現在的新加坡島。[18]

明朝茅元儀於 1628 年所寫的**武備志**一書，書上的鄭和航海圖將新加坡標記為淡馬錫（Tumasik），是新加坡的古名。[19]

衛金生（R. J. Wilkinson）認為 Temasek 一詞源自馬來語 Tasek，意指湖澤。[20]

此外，最早將「蒲羅中國」指新加坡島的是許雲樵。[21]「蒲羅中國」一名出自**太平御覽**卷七八七，引吳時康泰的**扶南土俗**一書，說：「拘利正東行，極崎頭海邊有居人，人皆有尾五六寸，名蒲羅中國，其俗食人。」同書卷七九一引**扶南土俗**傳說：「拘利東有蒲羅中人，人皆有尾，長五六寸，其俗食人。按其地西南蒲羅，蓋尾濮之地名，梁祚魏國統曰西南，有夷名

---

14. 許雲樵，**馬來亞史**，上冊，新加坡青年書局，新加坡，1961 年，頁 273。

15. C. M. Turnbull, *A History of Singapore, 1819-1975*, Oxford University Press, Kuala Lumpur, 1977, p.2.

16. 〔清〕曾廉撰，**元書**，卷一百，南蕃列傳第七十五，宣統三年出版，文海出版社，1991 年重印，羅斛條，頁 12。

17. 陳佳榮、謝方和陸峻嶺等編，**古代南海地名匯釋**，中華書局，北京，1986，麻里予兒條，頁 745。

18. C. M. Turnbull, *op.cit.*

19. 許雲樵，**馬來亞史**，上冊，頁 270。

20. 許雲樵，**馬來亞近代史**，世界書局，新加坡，1963 年，頁 2。

21. 許雲樵，**馬來亞史**，上冊，頁 86。

圖 1-6：拘利的位置
資料來源：http://info.eterengganu.com/history07.
html 2009/9/15 瀏覽

尾濮。其地出瑇瑁、犀、象、珠璣、金、銀、葛越、桂木。人皆蠻夷，重譯乃通。」

騰布爾的看法如同許雲樵，將「蒲羅中國」視為新加坡島，他引述汪大淵的著作稱淡馬錫早期有華人居住。[22] 然而，此說不甚可靠，布理格斯（Lawrence Palmer Briggs）認為拘利位在馬來半島西海岸的 Takkola 或稱高吧（Takua Pa）。許雲樵認為拘利可能在馬來半島東岸。[23] 也即是在登嘉樓州南邊的甘馬挽河口，現在的 Kuala Kemaman、Geliga 以及 Cukai 朱蓋的地區。[24]

如果拘利位在馬來半島東部，則從拘利往東方航行，到達一個崎嶇海灣處，該處地名為「蒲羅中國」，其地點應在婆羅洲砂拉越或汶萊一帶。蒲羅，馬來文為 Pulau，意為島嶼。該國俗食人，從風俗習慣來看，最有可能的人種為砂拉越的達雅克族（Dayak），該族人有刺青及食人習俗。

至於騰布爾有關淡馬錫早期有華人居住之說法，亦不可靠。查汪大淵所著的島夷誌略一書，提及龍牙門：「門以單馬錫番兩山相交，若龍牙門，中有水道以間之。田瘠稻少，天氣候熱。四五月多淫雨。俗好劫掠，有酋長掘地而得王冠。歲之始，以見月為正。初酋長戴冠披服受賀，今亦遞相

22. C. M. Turnbull, *op.cit.*, pp.1-2.

23. 許雲樵，馬來亞史，上冊，頁 82-83。

24. 參見 http://info.eterengganu.com/history07.html 2009/9/15 瀏覽

傳授男女。兼中國人居之，多椎髻，穿短布衫，繫青布捎。」[25]

　　該段話講的是龍牙門的事，文中提及島上有華人，指的是龍牙門島上有華人，不是淡馬錫上有華人。

　　在爪夷文（Jawi）[26]的**馬來紀年**（*Sejarah Melayu*）一書中，亦提及淡馬錫。該書提及淡馬錫的由來，說一位廖內（Riau）群島的王子聖尼羅鬱多摩前往淡馬錫島遊玩，看見一隻野獸，身體赤色，頭是黑的，胸是白的，比公山羊略大，強壯有力，奔馳甚快，其屬下告訴他是隻獅子，他以為此島為吉地，乃留下建國，稱為信訶補羅（Singapura）。在馬來話 Singa 是獅子的意思，pura 是城市的意思，故信訶補羅即是「獅城」。以後信訶補羅變成一個大國，商賈往來，人口稠密。[27]

　　Singapura 一詞初次出現於 1462 年的阿拉伯文獻。當拜里米蘇拉從巴鄰旁逃到單馬錫後，為了使該島有一個偉大的名稱，所以將之命名為信訶補羅。[28]

　　馬來紀年一書又記載：滿者伯夷（Majapahit）的國王毗多羅（Bitara）與信訶補羅的羅闍毗迦羅摩毗羅為表兄弟，但無藩屬關係，毗多羅要求信訶補羅朝貢，遭拒，遂出兵進攻淡馬錫島，未果，只好退兵。後因信訶補羅內亂，叛將引滿者伯夷勢力進入，滿者伯夷派遣 20 萬軍隊屠殺信訶補羅人民。羅闍斯干陀沙隻身逃到蔴坡（Muar）。滿者伯夷毀滅信訶補羅後，即班師回爪哇。[29]然而，許雲樵認為 1403 年印尼滿者伯夷王朝發生內亂，分為東西二王。亂事持續到 1407 年，所以滿者伯夷不可能遠征新加坡。[30]

---

25. 汪大淵，**島夷誌略**，龍牙門條。
26. 爪夷文是一種用阿拉伯文字母拼寫馬來話的語文，約從十六世紀起流行。至今在泰國南部的伊斯蘭教徒還使用該一語文。
27. 許雲樵譯註，**馬來紀年**，新加坡青年書局，新加坡，1966 年，頁 87-88。
28. Malcolm H. Murfett, *op. cit*., p.30.
29. 許雲樵譯註，**馬來紀年**，頁 116-117。
30. 許雲樵，「滿剌加王統考索」，載於許雲樵譯註，**馬來紀年**，頁 292-310。

　　上述歷史事蹟並非正史，它看起來與正史相近，但內容不同。按滿者伯夷王朝歷史，在嘎迦·瑪達（Gajah Mada）首相的努力下，國力達到頂峰，帝國疆域包括中爪哇和東爪哇、蘇門答臘東半部、馬來半島的吉打、吉蘭丹、彭亨、新加坡。在克塔韋查亞國王（Dyah Kertawijaya）統治時期（1446—1451），有十四個屬國，其中之一就是新加普拉（Singapura，即新加坡）。[31] 嘎迦·瑪達擔任首相的時間約在 1321—1364 年，因此，新加坡應是在該一時間成為滿者伯夷王朝的屬地。[32] 後來新加坡為暹羅控制，需向單馬令朝貢。1397 年，三佛齊王朝被滿者伯夷滅國後，其王子拜里米蘇拉逃至新加坡，據地稱雄，約在 1401—1402 年被暹羅單馬令軍隊驅趕，離開新加坡，輾轉遷移到馬六甲。

　　由馬來王朝的官員拉南（Tun Seri Lanang）於 1612 年所寫的**馬來紀年**並非一本嚴謹的歷史書，書內講的故事充滿神話和傳說，許雲樵教授批評該書「與其說是歷史，倒不如稱做史話為愈。它的歷史價值，遠不及中國的演義小說，如**三國志**、**岳傳**等。它和羅懋登的**三寶太監下西洋演義**差不了多少。」[33] 因此，**馬來紀年**一書所講的早期新加坡的故事，當作野史讀即可，並非真正的歷史。

---

31. Slametmuljana, *A Story of Majapahit*, Singapore University Press Pte Ltd., Singapore, 1976, pp.92-93.
32. 鍾敏璋説，新加坡在 1360—1365 年為印尼滿者伯夷王朝統治，後為暹羅占領，屬於暹羅南部六坤府（Ligor，或單馬令）的屬地。參見鍾敏璋，**馬來亞歷史**，東南亞出版有限公司，吉隆坡，1959 年，頁 219-220。
33. 許雲樵譯註，**馬來紀年**，頁 51。

圖 1-7：獅頭魚尾像
說明：該獅頭魚尾像是由新加坡雕塑家林浪新於 1964 年據獅城傳說設計的雕
　　　塑作品，於 1972 年完工。
資料來源：http://p2pjournal.com/?p=466 2009/8/23 瀏覽

第二章

英國入侵新加坡與開發

第一節 英國占領新加坡

英國於 1816 年將爪哇歸還荷蘭後，英國船隻僅能停靠巴達維亞（Batavia，今天的雅加達），不能前往荷屬東印度（今印尼）其他群島從事貿易。英屬東印度公司（British East India Company）雖然在 1685 年在南蘇門答臘的明古連（Bengkulu）建立貿易站、1786 年占領檳榔嶼，但經過幾年後，發現馬六甲海峽航運愈來愈重要，遂認為明古連和檳榔嶼的位置不夠理想，因為遠離馬六甲海峽的航線，所以需尋找其他替代港口。

1818 年 10 月，英屬東印度公司駐明古連副總督萊佛士（Thomas Stamford Raffles）前往印度加爾各答（Calcata）請見總督哈斯汀司（Marquis of Hastings），討論明古連的未來，他建議在亞齊及馬六甲海峽南端尋找新的貿易據點，獲得總督的認可。哈斯汀司指示萊佛士考慮選擇民丹島作為貿易據點，假如荷蘭已占領民丹島，則考慮柔佛港口，他指示萊佛士不要與荷蘭發生衝突。當時包括民丹島在內的廖內群島（Riau）屬於荷蘭的勢力範圍。

在萊佛士之命令下，一小隊軍艦從檳榔嶼出發，先訪問亞齊，接著前往馬六甲海峽南端的民丹島。萊佛士於 1818 年 12 月 7 日從加爾各答出發前往檳榔嶼，檳榔嶼總督邦納曼（Colonel Bannerman）反對他的計畫，且企圖加以阻止。邦納曼可能是出於嫉妒以及為了檳榔嶼的前途著想，所以反對。他堅持萊佛士應延後訪問亞齊，先等候亞齊的回音。在 1818 年 9 月，英國將馬六甲歸還荷蘭，荷蘭重新占領馬六甲。剛好英國駐馬六甲駐紮官威廉・法夸爾上尉（Captain William Farquhar, R. E.）完成將馬六甲移交給荷蘭總督的工作，抵達檳榔嶼度假。法夸爾被哈斯汀司任命為英國駐民丹島及其他殖民地的駐紮官，他需聽命於明古連副總督萊佛士。

當萊佛士在檳榔嶼時知悉荷蘭已控制民丹島，且派遣駐紮官和軍隊，此舉已使得法夸爾和民丹島蘇丹簽訂的條約無效。此時哈斯汀司下令，表

示他給予萊佛士過多的自由去尋找新的殖民地，所以阻止他採取行動。但該命令送到檳榔嶼時為時已晚，萊佛士已出發。萊佛士的小艦隊沿著蘇門答臘東海岸席亞克（Siak）海岸前進，探查卡里門群島（Carimon Islands，在廖內群島），覺得不適合，遂前往新加坡島。其實 1818 年 8 月法夸爾訪問民丹島和林伽島時，就曾想到新加坡島。

圖 2-1：新加坡早期地圖
資料來源：http://commons.wikimedia.org/wiki/File: Map_of_Singapore.jpg 2009/8/25 瀏覽

　　當時柔佛統治者有兩位，一位是蘇丹阿布都拉曼（Sultan Abdul Rahman），住在林伽島，沒有實際權力，為武吉斯人副王（Raja Muda）嘉化拉惹（Raja Ja'far）之傀儡。另一位是武吉斯人副王嘉化拉惹，居住在民丹島，擁有實權。東姑隆（Tunku Long）為阿布都拉曼蘇丹的同父異母兄。當柔佛蘇丹馬穆德沙（Mahmud Shah）於 1812 年去世時，其長子東姑隆剛好在彭亨，武吉斯人支持阿布都拉曼蘇丹擔任蘇丹。東姑隆從彭亨回到民丹島時，他發現嘉化拉惹為王儲，自己無力對抗武吉斯人，所以就前往布郎（Bulang）島居住。

　　嘉化拉惹在 1818 年 8 月和法夸爾簽訂條約，允許英屬東印度公司在其境內貿易。11 月，他與荷蘭簽約，允許荷蘭派駐駐紮官和軍隊在民丹島，並宣布民丹島和林伽島為自由港。柔佛之其他港口亦開放給荷蘭和當地船隻。萊佛士派遣法夸爾前往民丹島，由於嘉化拉惹害怕荷蘭的報復，所以沒有答應其獲得新加坡島。天猛公則派使者前往布郎島，希望邀請東姑隆到新加坡，

由萊佛士承認他為柔佛的真正蘇丹,再與英國談判設立貿易站的條件。

　　1819 年 1 月 28 日,萊佛士和法夸爾登陸新加坡島南部新加坡河口海岸,派遣船上華人木匠曹亞志[1]到島上調查,發現當地有五十間馬來人茅屋,150 名馬來居民,由柔佛天猛公(Temenggong)阿布都爾拉曼(Abdu'l Rahman)管轄,另外河邊有海人(Orang Laut)30 人和住在內陸的華人 30 人,島上總人數有 210 人。[2]天猛公阿布都爾拉曼自 1811 年就住在該島上,該島屬於柔佛王國的一部分。柔佛蘇丹阿布都拉曼住在林伽島。但該天猛公說正確的統治者是住在民丹島的遭放逐的胡笙(Tengku Hussein,即東姑隆)。[3]1 月 30 日,萊佛士和天猛公簽訂條約,設立土庫(貿易站),開始駐軍、豎立英國國旗、清除雜草、搭建帳棚、調查船隻碇泊處;天猛公不得與其他國家簽訂條約或允許在其領土內居住;英屬東印度公司保護天猛公,並付給他年俸叻幣 3,000 元。[4]

　　2 月 1 日,東姑隆立即到新加坡,島上所有的 150 名馬來人歡迎他成為該島的統治者。萊佛士也勸服他擔任該島的統治者。2 月 6 日,萊佛士在獲得他同意之後,承認他為柔佛蘇丹,在天猛公住屋前舉行登基儀式,稱號為蘇丹胡笙(Sultan Hussein Muhammad Shah)。萊佛士贈送蘇丹胡笙鴉

---

1. 曹亞志為廣東台山人,是一位木匠,二十多歲時僑居檳榔嶼,為萊佛士招募到新加坡。當萊佛士船隊於 1819 年 1 月 28 日抵達新加坡河口時,曹亞志為先遣,登岸調查,並豎旗為號。後英國給予其兩塊免稅土地,為族人建立曹家館,為同鄉建立寧陽館。參見許雲樵,**馬來亞近代史**,頁 131-132。另據吳宏硯的說法,曹亞志又名曹有珠、亞枝,族譜名為曹符義,廣東台山人。早年到澳門習藝,為木匠。二十歲到南洋謀生。萊佛士招募船工時,曹亞志應徵為船上木工。該文對於曹亞志是否在新加坡河或梧槽河登陸、其真實名字是哪一個、為何在英國史上沒有曹亞志的紀錄,尤其是在航海日記中沒有記載曹亞志登陸之事跡?做了討論。參見吳宏硯,「引起爭論的歷史事跡:曹家館與曹亞志」,**南洋星洲聯合早報**(新加坡),1987 年 8 月 30 日,頁 9。

2. 邱新民認為當萊佛士登陸新加坡島時,當時島上人口數約有 500 人,而且馬來人、華人和海人的人數相近。參見邱新民,「萊佛士登陸時的新加坡:關於中國帆船航運事業的一段史實」,載於邱新民,**東南亞古代史地論叢**,南洋學會出版,新加坡,1963 年,頁 235-247。

3. Harry Miller, *A Short History of Malaysia*, Frederick A. Praeger, Inc., New York, 1966, p.72.

4. J. Kennedy, *A History of Malaya, A.D. 1400-1959*, St. Martin's Press, New York, 1967, p.92.

片、槍、深紅色的毛毯作為禮物。在同
一天，萊佛士與蘇丹胡笙和天猛公分別
簽訂條約，其內容要點如下：(1) 允許英
屬東印度公司在新加坡島上設立土庫；
(2) 蘇丹和天猛公同意不和歐洲國家或美
國簽訂任何條約，亦不允許在其領土內
設立殖民地；(3) 當蘇丹和天猛公停留在
新加坡時，受到英國的保護；(4) 英屬東
印度公司不干涉柔佛內政或以武力維持
蘇丹的權力；(5) 英國付給蘇丹年俸叨
幣 5,000 元，付給天猛公年俸叨幣 3,000
元。　　　(6) 天猛公收取土著船隻進出港

圖 2-2：萊佛士圖
資料來源：C. M. Turnbull, op.cit., p.13.

口關稅金額的半數。[5] 次日，萊佛士即離
開新加坡，任命法夸爾為駐新加坡駐紮官，[6] 對萊佛士負責，萊佛士仍為明
古連副總督。

　　在萊佛士登陸占領新加坡之前，即已有柔佛天猛公同意華人和馬來人
在島上開墾種植甘蜜（Gambier，為皮革染料之用）。該名種植甘蜜的華人
姓名為陳顏夏，他在 1822 年將其甘蜜園賣給英國船主詹姆士・柏爾上尉

5. J. Kennedy, op.cit., p.94.

6. 法夸爾於 1774 年生於蘇格蘭東北部，二十一歲時被英屬東印度公司派至馬六甲工作，身
分是工程師，在該地與一名馬來女士結婚，育有 6 名子女。二十九歲，被任命為馬六甲
指揮官，當地人稱他為「馬六甲拉惹」（Rajah of Malacca）。1818 年，他隨萊佛士至新
加坡巡視，以後成為新加坡首任駐紮官。為了發展新加坡的商業，他首先從馬六甲吸引
華商前往新加坡經營。為了維護治安，他成立了一支 11 人的警察部隊。開築了 24 公里
的道路，包括橋北路、諧街和禧街。他任內發生一樁意外，有一名來自彭亨的阿拉伯商
人因不滿他的裁決，而對他行刺，所幸僅受輕傷。1823 年 4 月 28 日，因與萊佛士意見不
合，而被解職，返回英國，其馬來妻子和子女留下，沒有隨他返回英國。1828 年，他娶
瑪格烈洛班（Margaret Loban），生有 6 名子女。1839 年逝於蘇格蘭。參見謝燕燕，「誰
幫萊佛士治理新加坡」，南洋星州聯合早報（新加坡），2010 年 4 月 4 日，頁 11。

（Captain James Pearl）。1820 年 5 月 11 日，英國授權華人甲必丹負責監督賭館（共九十五間），徵收賭博稅，將賭博稅用以保持街道的乾淨。萊佛士將華人分為三類：商人、工匠與熟練工人、種植人，然後按其方言群（廣東和福建）將他們分別安排住在不同的社區，華人是集中住在大坡海邊，俾便由華人頭目管理。島的東端是武吉斯人居住，他們在梧槽河（Rochor River）口起落貨物。馬來人住在和瑞山（Bukit Ho Swee）一帶河邊。天猛公的村落在巴絲班讓（Pasir Panjang），蘇丹胡笙的王宮則在小坡蘇丹門（Sultan Gate）。阿拉伯人和印度人伊斯蘭教徒居住在格藍村（Kampong Glam）一帶。該區域以南是歐洲人居住區。淡水河（Stamford Canal）的南岸是歐亞大商行的辦事處和貨棧。商業中心在萊佛士坊（Raffles Place）。該地西邊是唐人街，南邊是淡米爾人的村落。[7]

圖 2-3：現代的新加坡河
資料來源：http://www.nowhere.per.sg/pics/old_sg/SG_River2.jpg 2009/9/5 瀏覽

---

7. G. P. Dartford，不著譯者，**馬來亞史略**，聯營出版有限公司，新加坡，1959 年，頁 122。

圖 2-4：1957 年的新加坡河
資料來源：翻拍自 Colony of Singapore Annual Report, 1957, Government
　　　　　Printing Office, Singapore, 1958, p316.

　　英國人在新加坡採取自由港政策，以吸引周邊人民移民新加坡進行開發，至 1821 年，人口數增加到 5,000 人，其中馬來人有 3,000 人、華人 1,000 人、武吉斯人五百多人，其他為印度人、阿拉伯人、亞美尼亞人（Armenians）、歐洲人、歐亞混血人和其他土著。[8] 1820 年 1 月，英國駐加爾各答當局警告法夸爾不要鼓勵亞洲移民，因為新加坡是一個臨時的軍事據點。當時謠傳英國準備放棄新加坡島，蘇丹、天猛公和甲必丹去拜訪法夸爾，希望英國留下來。法夸爾表示英國將續留在新加坡，華人和歐洲人才購買土地在島上經商。[9]

　　荷蘭對於英國取得新加坡島的控制權感到不滿，提出嚴重抗議，認為荷蘭與蘇丹阿布都拉曼的條約包括所有柔佛王國的領土，所以英國不能取得柔佛的領土新加坡島。英屬東印度公司董事會擔心萊佛士此舉會引起與荷蘭的戰爭，所以指控其行為草率。但哈斯汀司支持萊佛士。倫敦與海牙

8. C. M. Turnbull, *op.cit.*, p.14.
9. C. M. Turnbull, *op.cit.*, p.16.

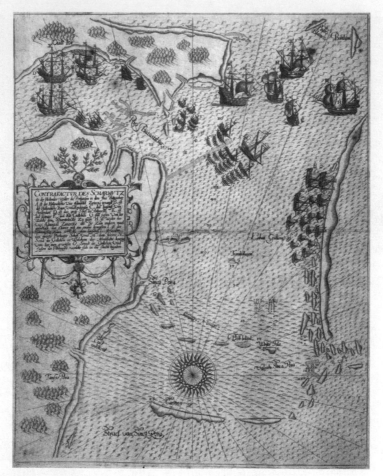

圖 2-5：十七世紀的新加坡

說明：〔**The First Map of Singapore**〕**DE BRY, Theodore**.

Contrafactur des Scharmutz els der Holander (Singapore) . *Frankfurt, 1603*. 該圖是新加坡海峽，荷蘭和葡萄牙的船舶停靠在海峽上。圖上顯示新加坡島南面和西海岸。該圖記錄了 1603 年荷蘭和葡萄牙海軍的海戰，以字母順序表示兩國的船隻。一艘葡萄牙的帆船 Santa Catherine 號（可能在圖上編號為 D 和 L）被荷蘭船隻逮捕，其貨物被賣到阿姆斯特丹（Amsterdam），貨價為 350 萬荷盾（guilders）。荷蘭帆船有 Zierickzee、Enkhuysen、Amsterdam 和 Hollandse Zaan。當時新加坡被稱為 Suica Pora。本圖出自於 de Bry 所發行的 **大航海**（*Grand Voyages*）一書的最後一部分（第七到第十二部分在 de Bry 死後才發行）。*Suarez, Early Mapping of Southeast Asia, Fig.100.*

資料來源：http://www.alteagallery.com/debr0007.htm　2008 年 4 月 6 日瀏覽

進行外交交涉，哈斯汀司亦與荷印總督交涉。在這段交涉期間，新加坡貿易量日增，英屬東印度公司董事會至 1823 年 3 月改變想法，致函哈斯汀司，支持其繼續占領新加坡島。當時英國政府判斷荷蘭無意與英國作戰。

萊佛士開發新加坡島的策略，開始時也是採取自由港政策，歡迎大量華人移入。1819 年 2 月 6 日，新加坡開埠後，在半年間，人口已增加至 5,000 人。1824 年 1 月，估計人口有 1 萬到 1 萬 1,000 人，半數稍少一點為馬來人，三分之一為華人。[10] 1822 年，萊佛士重回新加坡島，對於法夸爾的若干措施不太滿意，下令禁止奴隸入口、禁止發給賭館和鬥雞場執照。

英國在統治新加坡初期，為了使各族裔能自行管理族內事務，而於 1819 年 6 月 25 日向駐紮官法夸爾發出訓令說：「關於公安和司法方面的問題，凡是華人、武吉斯人及其他外國居民，將受到閣下所委任的各族首領直接監督。此等首領，對於所管轄區域內的公安問題將直接向閣下負責。」[11] 1820 年 5 月 11 日，新加坡當局授權華人甲必丹負責監督賭攤（共九十五攤），並徵收賭攤稅，將所得款項用以保持街道的清潔。1823 年 1 月 20 日公布第三條例（Regulation No.III），其主要內容如下：

1. 在各主要居留民族中，委任一名甲必丹或頭目，及一名或多名輔佐（Lieutenants）或助手，協助英籍推事（Magistrates）；並賦予彼等對待本族各階層人士之特殊權力，同時令彼等負起本族人士一般行為之責任。

2. 此等甲必丹或頭目，在輔佐協助下，必要時將有權調停與解決本族各階層人士當中可能發生之一切糾紛，凡超過 10 元之錢財糾紛案件，則可向推事上訴。

3. 此等甲必丹或頭目因負起本族人士之保安責任，故彼等有權召請本族人士輪流值班，同時有權執行其他在確立一組織良好與有效率之

---

10. J. Kennedy, *op.cit.*,p.97.
11. 黃存燊著，張清江譯，**華人甲必丹**，新嘉坡國家語文局，新加坡，1965 年，頁 31。

保安制度方面所需之附屬義務。[12]

　　然而，由於檳榔嶼的司法制度已做了重大改革，在 1808 年設立「主簿法庭」，廢除了甲必丹制度，受此影響，所以新加坡的「1823 年第三條例」的條款，始終未予實施。

　　萊佛士在 1823 年 6 月 7 日與蘇丹胡笙和天猛公談判，雙方簽訂條約，規定蘇丹和天猛公放棄傳統的王室貿易壟斷權以及向土著和華人船舶徵稅的權利；蘇丹和天猛公放棄在新加坡的司法管轄權；除蘇丹和天猛公現有土地外，其他土地由英國東印度公司支配。6 月 9 日，萊佛士返回明古連，準備退休返回英國。1824 年 2 月 2 日，他攜家眷乘輪船啟程，不幸船隻失火，他的文稿、圖書、動植物標本付諸一炬。4 月 8 日，他再度登船返回英國。英屬東印度公司要求他賠償公司損失 2 萬餘鎊，拒絕給他退職酬勞。1826 年，他因癲癇症發作而逝於亨東（Hendon）的農場上，得年四十六歲。[13]

　　1824 年 3 月 17 日，英國和荷蘭在倫敦簽訂倫敦條約（The Anglo-Dutch Treaty of 1824, the Treaty of London），劃分兩國在印尼群島和馬來半島的勢力範圍。該條約之內容如下：

　　第一條　雙方同意對方人民在東部群島、印度大陸、錫蘭進行貿易，基於最惠國，各自人民需遵守所居住之殖民地之地方規定。

　　第二條　任何一方之人民和船隻，無論進出口，無須在東部海域向另一方的港口付稅。

　　荷蘭船隻在印度大陸或錫蘭之英國港口需繳納進出口關稅，其稅率較英國船隻不可超過兩倍。

　　當一方之人民或船隻在其本國港口進出口某種貨物而不扣稅時，則對另一方之人民或船隻之關稅絕不超過 6%。

---

12. 黃存燊著，張清江譯，**前引書**，頁 31-32。
13. Harry Miller, *op.cit.*, p.75. 另外參考許雲樵，**馬來亞近代史**，世界書局，新加坡，1963 年，頁 128。

　　第三條　雙方同意，在此後兩國之一與東部海域土著國家之條約，不應包含藉由不平等關稅排除他方在這些土著國家港口貿易的條款；假如兩國之一現在有該種條款的條約，則在簽訂本條約時，該條款應予廢止。

　　雙方理解，在簽訂本條約之前，雙方對於對方與東部海域之土著國家之所有條約或協議已作了溝通；此後他們所簽訂的該種條約亦應進行同樣的溝通。

　　第四條　英國國王和荷蘭國王同意對其民事和軍事當局以及其軍艦頒發敕令，應根據本約第一、二、三條尊重貿易自由；絕不阻止東部群島的土著與兩國政府之港口自由來往，或兩國政府之人民與土著國家所有之港口之自由來往。

　　第五條　英國國王和荷蘭國王應同樣地在那些海域致力掃蕩海盜；他們不能給予海盜船庇護或保護，他們絕不允許被該海盜船擄獲之船隻或貨物進口、寄存或售賣。

　　第六條　兩國政府同意對其在東部之官員及機構下令，若未獲得其歐洲之各自政府之事先授權，不在東部海域之任何群島建立新的殖民地。

　　第七條　摩鹿加群島（Maluku），特別是安汶（Ambon）、班達（Banda）、德那地（Ternate）及其附屬島嶼，應根據第一、二、三、四條之規定來執行，直至荷蘭政府認為適合放棄香料之獨占為止；但假如荷蘭政府在放棄香料獨占之前，允許任何國家之人民，除了本地亞洲國家外，去與上述島嶼進行商業交流，則英國人民將基於平等，允許其從事該商業交流。

　　第八條　荷蘭國王將其在印度之建立物（Establishments）割讓給英國國王，宣布放棄那些建立物之所有特權、放棄擁有或主張。

　　第九條　馬爾巴羅堡壘（Fort Marlborough）之商館及英國在蘇門答臘島之所有資產割讓給荷蘭國王；英國國王進而同意不在該島建立英國殖民地，亦不與土著國王、親王或其所屬國家簽訂任何條約。

　　第十條　馬六甲城市和堡壘及其附屬物割讓給英國國王；荷蘭國王同意

其本人及其人民不在馬六甲半島任何地方設立建立物，或與任何土著國家簽訂條約。

第十一條 英國國王撤回對荷蘭政府機構占領勿里洞（Billiton）島及其附屬島嶼之反對。

第十二條 荷蘭國王撤回對英國國王之人民占領新加坡島之反對。

英國國王同意不在卡里門群島、峇淡島（Bantam）、民丹島（Bintang）、林金島（Lingin）或在新加坡海峽以南之其他島嶼設立建立物，英國當局亦不與那些島嶼之酋長簽訂條約。

第十三條 依據前述條款割讓的殖民地、所有物和建立物應在 1825 年 3 月 1 日移交給各自主權之官員。

第十四條 所有割讓地的居民從本條約批准之日起算 6 年內應享有自由處置其財產之自由、遷移至他國之自由。

第十五條 雙方同意第八、九、十、十一、十二條所規定的領土或建立物不能在任何時間移轉給其他國家。如果現在簽約之一方放棄前述的所有物，則另一方立即享有占領權。

第十六條 雙方同意因歸還爪哇及其他附屬物給東印度荷蘭國王之官員——以及那些依據 1817 年 6 月 24 日荷蘭和英國專員在爪哇所簽訂的條約之內容——所造成的帳務和開墾費用，應在荷蘭於 1825 年底前於倫敦支付給英國 10 萬英鎊而告完成。

第十七條 本條約應予批准，在簽署日起三個月內或儘可能快，在倫敦互換批准書。

　　　　雙方全權代表見證此約及簽字，並蓋印璽。

　　　　我主 1824 年 3 月 17 日簽訂

　　　　（英國）George Canning （荷蘭）Charles Watkin Williams Wynn

　　依此條約規定，柔佛被分為兩部分，馬來半島上的柔佛屬於英國的勢力範圍，在廖內群島的柔佛領土，例如柔佛蘇丹所居住的民丹島和林伽島則屬於荷蘭的勢力範圍，其影響至今猶在。

　　1824 年 8 月，學者克勞福德（Dr. John Crawfurd）繼法夸爾出任新加坡駐紮官。柔佛蘇丹和英國重定新約，規定蘇丹和天猛公將新加坡永遠割讓給英國東印度公司；英國給蘇丹報償叻幣 33,200 元，並終身領取養老金每月 1,300 元，天猛公獲得報償叻幣 26,800 元，終身領取養老金每月 700 元；未經英國東印度公司同意，蘇丹不得與任何國家結盟。該約避免涉及英國和柔佛之間的政治和軍事關係。[14] 至此時新加坡才成為英國的領土。

　　1826 年，新加坡與馬六甲併入檳榔嶼，成為「海峽殖民地（Straits Settlements）」省治（或省邑）（Presidency），以檳榔嶼為首府，英國設總督管轄。傅樂通（Robert Fullerton）為首任「海峽殖民地」總督。在新加坡設立駐紮官評議員（Resident Councillor），下設 3 位助理駐紮官。但在頭四年，駐紮官評議員更換頻繁，毫無建樹可言。[15] 1826 年 11 月 27 日，英皇頒賜予英屬東印度公司一份新的「司法敕書」（Charter of Justice），將檳榔嶼高等法院的司法權擴展到新加坡與馬六甲。此一新制取消了各族頭目（華人甲必丹）之簡易裁判權，甲必丹制在新加坡與馬六甲二殖民地正式宣告中止。[16] 以後新加坡開始有司法制度。

　　1829 年，總督本替納克（Lord Bentinck）訪問檳榔嶼，發現該地高層官員薪俸很高，而感到困擾。1830 年，將「海峽殖民地」降低為轄區之地位，即將省治降格為府治（Dependency），隸屬印度孟加拉省（Bengal）。

　　為了治理上的方便，這三個殖民地需有一個中央首席駐紮官（Chief Resident）或總督（Governor）。總督駐守在檳榔嶼。1832 年，新加坡由

14. J. Kennedy, *op.cit.*, p.98.
15. C. M. Turnbull, *op.cit.*, p.34.
16. 黃存燊著，張清江譯，**前引書**，頁 31-32。

於其經濟發展不錯,所以將首席駐紮區從檳榔嶼遷到新加坡,其首席官員
被稱為總督,而檳榔嶼和馬六甲的首席官員被稱為駐紮參政官(Resident
Councillor)。這三個殖民地仍維持駐紮區,受印度孟加拉管轄,而新加坡
總督有責任管理這三個殖民地。原先在檳榔嶼設立的委員會(Council)則
被廢除。從該年起,「海峽殖民地」一詞普遍被使用,華人稱之為「三州
府」。新加坡之首席官員被稱為「海峽殖民地總督」。

由於「海峽殖民地」政府財政赤字增加,在印度的英屬東印度公司於
1830年面臨嚴重的財政危機,所以削減「海峽殖民地」的疊床架屋的組織,
廢止省治、總督和其委員會,「海峽殖民地」被降為駐紮區(Residency),
歸由孟加拉省治(Presidency of Bengal)管轄。此一行政改變,影響其司法
運作。因為沒有總督和駐紮官評議員,所以變成沒有人負責司法。傅樂通
在1830年前往英國,同時將法院關閉,並解散司法人員。新加坡助理駐紮
官設立臨時法院,但不久被警告他沒有司法權,所以立即關閉該臨時法院。
新加坡和檳榔嶼的商人向英國國會請願,所以在1832年在新加坡重新設立
法院,新法官在隔年抵達新加坡。英國重新在新加坡派任總督和駐紮官評
議員,但其地位和權力不如以前。總督實際上猶如駐紮官。[17]

從1830年起,「海峽殖民地」高層官員從19人減為8人,在新加坡
只有2名高層官員。許多公務員被裁減,留下來的也遭到減薪。從1830—
1867年,新加坡人口增加四倍,貿易量增加三倍,官員減少,無法應付日
益增加的政務。在1830年廢除了官員學習馬來語、華語、暹羅語的津貼和
補助,以至於官員無法掌握當地語言。司法的效率亦不佳,案件累積太多,
至1855年,增加兩名法官,一名負責新加坡和馬六甲,另一名負責檳榔嶼。
新加坡首度有其自己的法官。但總督和駐紮官評議員仍扮演司法角色。[18]

新加坡商人抱怨英屬東印度公司忽略公共工程以及促進商業進步的措

---

17. C. M. Turnbull, *op.cit.*, p.35.
18. C. M. Turnbull, *op.cit.*, p.36.

施，致使新加坡無法成為國際港口。1852年，新加坡商人批評英屬東印度公司對入港船隻徵收港口建設稅和霍斯伯（Horsburgh）燈塔的維護費，最後歐洲商人同意支付燈塔維護費，亞洲船隻則免除。[19]

柔佛的蘇丹胡笙於1835年去世，由其兒子東姑阿里（Tengku Ali）繼位。天猛公阿布都爾拉曼希望英國承認他本人為蘇丹，英國遂在1855年與東姑阿里簽訂條約，東姑阿里將蘇丹王位移轉給阿布都爾拉曼，英國同意付給東姑阿里5,000元叻幣，以及永遠付給他的後代每月500元叻幣。此一條約至今仍有效，故新加坡政府需履行該一條約。[20]

英屬東印度公司在1851年將「海峽殖民地」改由印度總督（Governor-General）直接管轄，不再由「孟加拉省治」行政長官管轄。1854年，設立

圖2-6：東姑阿里
說明：圖上標示為1號者為東姑阿里出席官方典禮時所攝。圖上標示為2號身穿燕尾服者為天猛公阿務峇加。
資料來源：掃瞄自**南洋星洲聯合早報**，1998年7月1日，頁8。

19. C. M. Turnbull, *op.cit.*, p.69.
20. **南洋星洲聯合早報**（新加坡），1998年7月1日，頁8。

立法委員會（Legislative Council），擴大其職權。新加坡在該立法委員會沒有代表，但希望該立法委員會能進行改革，唯該機構作法僵化，無法回應新加坡商人的期望，後者遂要求新加坡脫離印度管轄。新加坡的**海峽時報**（*The Straits Times*）鼓吹成立改革聯盟，推動行政改革。

1856 年，新加坡成為鎮（Municipality），有權清潔和維持街道安全、建排水溝、拆除不安全的房屋、注重都市衛生和發展。1857 年，加強警察控制和鎮改革，鎮代表超過半數改為民選，擁有較大的權力。該年 2 月，砂拉越古晉爆發華人叛亂，官員數人被殺害，當時英國在中國亦有戰事，故這些情勢的發展被認為具有反英的氛圍。新加坡捲入該一衝突氣氛中。5 月，印度爆發反英暴動，新加坡受其影響。英國駐加爾各答總督發布命令在所有印度屬地實施一年的新聞檢查，「海峽殖民地」總督布隆代爾（Edmund Blundell）對新加坡新聞媒體並未採取該一措施，新加坡媒體批評印度此一作法是不承認「海峽殖民地」的特殊地位。[21]

7 月，新加坡傳言印度準備將印度的盜匪和犯人三千多人送至新加坡，引起恐慌。歐洲商人集會，決議支持加爾各答歐洲商人呈送請願書給英國國會，要求廢除英屬東印度公司。新加坡商人進而要求「海峽殖民地」與印度分開，直接由倫敦管轄。請願書說加爾各答將「海峽殖民地」視為印度之一部分，但卻不重視其民意。「海峽殖民地」沒有代表出席印度的立法委員會，「海峽殖民地」的總督沒有議會加以制衡，其行為像專制者。又批評英屬東印度公司沒有提供良好的合適的司法機關，無法消滅海盜或建立英國在馬來半島的影響力；加爾各答當局對於華人的政策過於軟弱，將新加坡當成罪犯流徙地等。[22] 1858 年，英國解散英屬東印度公司，將印度改歸英王直接管轄。此時「海峽殖民地」仍由印度加爾各答管轄。1860年，加爾各答決定不再將罪犯送至新加坡。但印度罪犯在「海峽殖民地」

---

21. C. M. Turnbull, *op.cit.*, p.71.
22. C. M. Turnbull, *op.cit.*, p.71.

最後被撤出的時間是在 1873 年。這些罪犯在新加坡參與建設城堡、教堂、鎮議會廳、法院、醫院和政府機關。

表 2-1：英國派駐新加坡駐紮官（1819–1826）

照片	姓名	任職起始日	任職屆滿日
	Maj-Gen. William Farquhar	1819 年 2 月 6 日	1823 年 5 月 1 日
	Dr. John Crawfurd	1823 年 5 月 27 日	1826 年 8 月 15 日

資料來源：http://en.wikipedia.org/wiki/Governors_of_Singapore 2009/8/12 瀏覽

第二節　英國皇家殖民地

經過十年交涉，「海峽殖民地」在 1867 年 4 月 1 日改歸英國殖民部（Colonial Office）管轄，成為皇家殖民地（Crown Colony）。第一任總督是歐德（Sir Harry St. George Ord）。總督之統治獲行政委員會（Executive Council）和立法委員會（Legislative Council）之協助。該年成立的行政委員會之成員，包括總督、「海峽殖民地」的軍官和 6 名資深官員。立法委員會之成員包括行政委員會的成員、首席法官、4 名由總督提名的非官委議員。立法委員會之權力有限，因為它無權制訂法律。總督之行政權受到「殖民部」之節制。行政委員會召開內部會議，類似內閣，無須向立法委員會負責。第一位非亞洲官委議員是 1869 年任命的黃波（Whampoa）。至 1924 年，立法委員會的官委議員和非官委議員人數相同，總督仍具有最後決定權。

　　1867 年有 4 位非官委議員，其中有 3 位來自新加坡。檳榔嶼認為英國不重視其利益，檳榔嶼商會在 1872 年要求脫離新加坡的管轄，另外成立檳榔嶼立法委員會。[23] 結果未獲同意。

　　此外，另一個改變是公務員體系的改進。在 1867 年後，年輕公務員要到「海峽殖民地」服務，須經「殖民部」的提名。1869 年，則須經考試通過才能到「海峽殖民地」服務。1882 年，改為公開競爭考試。年輕公務員抵達「海峽殖民地」時，需學習馬來語。1880 年代後，負責華人事務者需送到中國廈門、汕頭或廣州學習中國方言。在正常情況下，這些公務員都是長期在「海峽殖民地」任職，因此對「海峽殖民地」的政策具有重要影響力。[24]

　　1872 年，殖民地總督認為「鎮」應與立法委員會合併。結果總督失敗了，因為二者位階和功能不同；另一個原因是新加坡居民缺乏市民自覺，對「鎮」事務興趣不大，「鎮」政府無法發展。[25]

　　後來由於華人私會黨經常發生械鬥和衝突，造成社會治安問題，1872 年 10 月爆發暴動。總督克拉克爵士（Sir Andrew Clarke）提出一項對付私會黨的措施，主張恢復「甲必丹（頭目）」制度。但遭其繼任人哲菲斯爵士（Sir W. Jervois）反對，認為此一方法在新加坡行不通，因為新加坡的華人有各種方言幫群團體，若各幫設一頭目，將增加「鎮」政委員的工作負擔。

　　「1872 年 10 月暴動調查委員會報告書」（The Report of the Commission Appointed to Enquire into the Riots of October, 1872）亦認為管理華人的最佳辦法是由華人自行管理，猶如荷蘭屬地和越南西貢的華人一般。故新加坡、檳榔嶼和馬六甲的市區應各劃為數區，每區委派一名華人頭目或本

23. C. M. Turnbull, *op.cit.*, p.80.

24. C. M. Turnbull, *op.cit.*, p.85.

25. K. G. Tregonning, *A History of Modern Malaya*, David McKay Company, Inc., New York, 1964, p.250.

古魯（村長）。此項報告書於 1873 年提交「海峽殖民地」立法委員會辯論，結果未獲通過。無論如何，新加坡華人社會為了維持華人社會的秩序，還是透過其名譽的華人甲必丹來處理華人事務，這些名譽甲必丹包括陳篤生、陳金聲、陳金鐘。[26]

「海峽殖民地」總督歐德於 1872 年 3 月從倫敦返回新加坡，他建議倫敦改變對馬來土邦的政策，並未獲「殖民部」之同意，主要的原因是倫敦不願干涉馬來土邦的內部事務。1873 年 3 月，有 250 名「海峽殖民地」華僑向總督歐德請願，要求英國政府恢復馬來土邦的社會秩序，不是派遣遠征軍，而是應以道德干預和對領地採取堅定態度。該請願書指出半島的有錢人掌握在無法無天的人手中，而由英國事實上監督的柔佛則享有和平。

歐德在 1873 年提出華人苦力移民法（Chinese Coolie Immigration Bill），該法規定對移民進行登記，而非強制簽約，也不提供接待站。但該法激起歐洲商人、立法議員和英文報紙的批評，以防衛自由移民的原則。因為只有自由移民才對「海峽殖民地」的經濟有益。該法雖通過，但未實施。[27]

直至 7 月，總督歐德才將該請願書送交倫敦，8 月中旬後送交「殖民部」。此時英國重新任命「海峽殖民地」總督克拉克（Colonel Andrew Clarke），他於 9 月 20 日啟程至新加坡履新。他接獲新的指令，英國將加強與馬來半島土邦的關係，使之脫離對暹羅的朝貢。英國將考慮在每一土邦派駐一名英國官員，但英國不會干預土邦的內部事務。[28]

華人社群有其自行組成的團體，對於殖民地的政策表示反對。例如1876 年潮州商人自行組織票局，專門辦理潮州人匯款回中國的業務。新加坡政府開始辦理郵匯業務，準備從事該匯款工作，遭到潮州人的抗議，以至於發生暴動，暴民攻擊政府郵局。政府迅即鎮壓，涉案商人被捕，首謀

---

26. 黃存燊著，張清江譯，**前引書**，頁 33-34。

27. C. M. Turnbull, *op.cit.*, p.83.

28. Harry Miller, *op.cit.*, pp.102-103.

者被驅逐送回中國。以後郵局重新開放。[29]

1877 年，英國在新加坡設立華民護衛司（Chinese Protectorate），任命畢麒麟（William Pickering）為首任華民護衛官（Protector of Chinese）。護衛司的政策是對華人採取父權式的、人際直接接觸的方式，放棄以前的放任政策。畢麒麟在 1872 年在新加坡擔任翻譯官以前八年曾在中國服務。他能說和讀中文，懂得廣東、閩南、潮州和客家方言，他對於法院翻譯官的貪污現象感到震驚。

華民護衛司的第一項工作是處理苦力移民的問題。在 1877 年公布華人移民令（Chinese Immigration Ordinance）和誘拐令（Crimping Ordinance）。該兩項命令授權華民護衛官擁有發給甄選代理人和進港船隻之執照。對已支付旅費的旅客，給予放行，並送其他已簽訂有官方雇用契約的旅客至政府接待站。以後管理苦力移民的程序漸上軌道，糾紛也減少。

1881 年，華民護衛司接管傳染病令（Contagious Diseases Ordinance）的行政工作，該法令是在 1870 年通過，規定妓院必須登記。它也規定妓女要登記，設立保良局（Po Leung Kuk, Office to Protect Virtue），這些機構由華人名人組成諮詢委員會，負責保護華人婦女，以免她們被迫賣淫或人口買賣。但該法令沒有禁止自願賣淫。妓院老闆和老鴇對此法令嚴加批評。

華民護衛司在 1886 年組織調查華人賭博的委員會，發現許多苦力有賭博的嗜好，常將其一生積蓄輸光，而無法返回中國。畢麒麟嚴格取締賭博，招致一名潮州木匠手持斧頭在 1887 年在華民護衛司辦公室內將他砍傷。畢麒麟在隔年退休。「海峽殖民地」總督史密斯（Clementi Smith）嚴格取締華人私會黨。他在 1889 年成立華人諮詢委員會（Chinese Advisory Board），作為政府和華人之間的溝通橋樑。在該年通過社團令（Societies Ordinance），壓制有害的私會黨，無害的社團則需登記。1890 年開始推動，未發生暴動。然而私會黨並沒有因此消失，他們仍對華人的賭館、鴉片館、

---

29. C. M. Turnbull, *op.cit.*, p.88.

妓院、商店和街上小販強收保護費。史密斯對新加坡貢獻卓著，於 1893 年離職時，受到各界讚揚，包括華人，要求他繼續留任。

1887 年，通過鎮令（Municipal Ordinance），將新加坡人口集中區劃為鎮，以與農村地帶分開。為注入新動力，總督威爾德（Sir Frederick Weld）於 1888 年任命了一位全職的鎮長，過去該職是由官員兼任。鎮政府於 1888 年設立專業的消防隊，在重要地點設蓄水站。1889 年，設立飲用水的過濾池。其次是進行衛生改善工作。1893 年，任命衛生官員米多敦（Dr. W. R. C. Middleton），進行衛生改善工作，使新加坡的熱帶疾病大幅減少。另外也鼓勵戒除吸食鴉片，中國駐新加坡總領事於 1906 年設立新加坡反鴉片社（Singapore Anti-Opium Society），任命陳武烈（Tan Boon Liat）為主席。陳武烈在領事館內進行實驗的戒毒中心，其經費由峇峇（Baba，土生華人）商人捐助。[30] 英國「殖民部」於 1907 年派遣一個委員會到新加坡調查鴉片問題，英國想禁止吸食鴉片。該委員會建議說，有錢人吸食鴉片沒有多大害處，是一種時尚，但對窮人是有害的，因為他們僅能吸食二手鴉片。該報告的結論說，新加坡熱中吸食鴉片者並不普遍，除了黃包車夫，他們平均壽命僅有三十五至四十歲。總督安德生（Sir John Anderson）想禁止吸食鴉片，鴉片稅另以所得稅替代，但遭到非官委議員、歐洲和亞洲商人的反對，他們反對另外徵收所得稅，而且擔心禁止鴉片將會阻止移民。1910 年，英國殖民地政府採取折衷辦法，由殖民地政府製造和販售鴉片。[31]

鎮政府也進行蓄水工程、電力、鐵路和瓦斯的建設工程。1917 年，任命馬克士威爾（G. Maxwell）籌組一個委員會，調查新加坡的住屋情況。其調查報告建議設立新加坡改善信託基金（Singapore Improvement Trust），該信託基金在 1927 年成立，負責拆除鎮內的貧民窟，以低廉租金興建合適的住屋。

---

30. C. M. Turnbull, *op.cit.*, p.117.

31. C. M. Turnbull, *op.cit.*, p.117.

1913 年，一項鎮令維持鎮委員會，但取消選舉，並將鎮預算改由新加坡總督負責，由總督提名鎮委員。2 名歐洲非官委議員反對取消選舉，但以陳嘉庚為首的華人社會則贊同，此鎮令一直維持到第二次世界大戰爆發為止。

1914 年，廢除華人契約工制，隨後於 1920、1923、1930 年頒布法令對華人工人給予更大的保障。華工可以將其工資爭執呈送華民護衛司，尋求解決，而且是免費的。但殖民地政府不同意在新加坡成立工會，所以在日軍占領新加坡前都沒有工會。印度契約工人制在 1938 年廢除，以後亦無成立工會。馬來海員協會（Malay Seamen's Association）於 1916 年成立，是少數的幾個馬來人工會。中國國民黨和中國共產黨在新加坡和馬來亞地區都有其地下工會組織，例如，馬來亞共產黨於 1930 年成立後，南洋總工會亦在該年改名為馬來亞總工會（Malayan General Union），並加入泛太平洋工會秘書處（Pan-Pacific Trade Union Secretariat）。後者是「共產國際」（Comintern）的一個分部。馬來亞總工會吸收的是非技術工人，特別是海南人。[32]

華人移入新加坡的人口數日益增加，從 1840 年到 1927 年之間，華人移入新加坡的人數高達 120 萬人。其情形如表 2-2 所示：

表 2-2：1840—1927 年華人移入新加坡人口數

1840	2,000	1890	95,000
1850	10,000	1895	190,000
1870	14,000	1900	200,000
1875	31,000	1912	250,000
1880	50,000	1927	360,000

資料來源：K. G. Tregonning, op.cit., p.174.

---

32. C. M. Turnbull, *op.cit.*, pp.143-144.

馬來人從蘇門答臘和馬來半島移入新加坡，1860 年有 12,000 人，1881 年有 22,000 人。其他的爪哇人、武吉斯人、波揚人（Boyanese），在同一時間從 4,000 人增加到 11,000 人。印度人則呈現減少趨勢，從 13,000 人下降為 12,000 人。歐洲人在 1881 年有 3,000 人。在十九世紀末，阿拉伯人有 1,000 人；猶太人有 4,000 人。

1921 年，馬來半島包括馬來各邦和「海峽殖民地」，各族人口數如下：馬來族 1,627,108 人，華人 1,173,354 人，印度人 471,628 人。

在 1920 年代，馬來人的馬來意識抬頭，他們開始自覺自己是馬來人，信仰的是伊斯蘭教。1926 年，在新加坡出現第一個馬來人的政黨新加坡馬來聯盟（Singapore Malay Union, Kesatuan Melayu Singapore），主席是尤諾士（Mohamed Eunos）。

表 2-3：英國派駐海峽殖民地歷任總督（1826–1942）

照片	姓名	任職起始日	任職屆滿日
	Robert Fullerton	1826/11/27	1830/11/12
	Robert Ibbetson	1830/11/12	1833/12/7
	Kenneth Murchison	1833/12/7	1836/11/18
	Sir Samuel George Bonham	1836/11/18	1843/1

從 1843 年 1 月到 8 月由英屬東印度公司直接統治			
	Colonel Major-General William John Butterworth	1843/8	1855/3/21
	Edmund Augustus Blundell	1855/3/21	1859/8/6
	Major General Sir William Orfeur Cavenagh	1859/8/6	1867/3/16
	Major General Sir Harry St. George Ord	1867/3/16	1873/11/4
	Sir Andrew Clarke	1873/11/4	1875/5/8
	Sir William Jervois	1875/5/8	1877/4/3
	Major General Edward Archibald Harbord Anson （代理總督）	1877/4/3	1877/8
	Sir William Cleaver Francis Robinson	1877/8	1879/2/10

	Major General Edward Archibald Harbord Anson（代理總督）	1879/2/10	1880/5/16
	Sir Frederick Weld	1880/5/16	1887/10/17
	Sir Cecil Clementi Smith	1887/10/17	1893/8/30
	William Edward Maxwell（代理總督）	1893/8/30	1894/2/1
	Sir Charles Mitchell	1894/2/1	1899/12/7
	James Alexander Swettenham（代理總督）	1899/12/7	1901/11/5
	Sir Frank Swettenham	1901/11/5	1904/4/16
	Sir John Anderson	1904/4/16	1911/9/2

	Sir Arthur Young	1911/9/2	1920/2/17
	Sir Laurence Guillemard	1920/2/17	1927/6/3
	Sir Hugh Clifford	1927/6/3	1930/2/5
	Sir Cecil Clementi	1930/2/5	1934/11/9
	Sir Shenton Thomas	1934/11/9	1942/2/15

資料來源：http://en.wikipedia.org/wiki/Governors_of_Singapore 2009/8/12 瀏覽

第三章

日軍占領新加坡

　　1941 年 12 月 7 日，日本發動太平洋戰爭。次日，日本即以空軍轟炸新加坡。1942 年 2 月 15 日，日軍從馬來半島南下，渡過柔佛海峽，英軍無法撤退到印度或其他安全地區，遂宣布投降，日軍完全占領新加坡。隔天，歐洲平民，無論男女老少集中在街上，接受日軍的大檢證（詢問）和調查。主要在調查其曾否抵抗、敵對過日軍，有嫌疑者，當場予以逮捕，關進監獄。至於英軍、澳洲和其他盟軍戰俘則被監禁在樟宜監獄。2 月 17 日，約 45,000 名印度軍人和 600 名馬來軍人被集中在法拉公園（Farrer Park），由日軍鼓動他們效忠日本。有 8 名馬來軍官拒絕，遭到處決。少數馬來軍人加入日軍，多數人則被強迫送至暹羅、蘇門答臘或新幾內亞（New Guinea），從事勞役。有些則逃至馬來半島從事抗日游擊隊。留在新加坡者，則受到日軍嚴密監控。日軍雖鼓動印度人軍人前往印度作戰，爭取印度的獨立。但大多數的印度人軍人仍留在新加坡，受到日軍的拷打、監禁。3 月初，歐洲平民亦被集中關在樟宜監獄。在日軍統治新加坡初期，日軍宣布約有 5,000 名華人被殺害，但非正式統計約有 25,000 名華人被殺害。[1]

　　日軍將新加坡島改名為昭南島。在英軍投降後的第二天，以爪夷文和羅馬文拼寫的馬來文報紙開始發行。一週內，華文、印度文和英文報紙也發行。**星洲日報**改名為**昭南日報**，**海峽時報**（*Straits Times*）改名為**昭南時報**（*Syonan Times*）。1942 年 12 月，又改名為昭南新聞（*Syonan Shimbun*），發行日文版和英文版。

　　日軍在 1942 年 3 月在昭南島設立軍政部（gunseikan-bu），由渡邊渡上校（Colonel WatanabeWataru）為軍政部部長，以及設立市政府（tokubetsu-si），任命大達茂雄（Shigeo Odate）為市長，前任駐新加坡總領事豐田薫（Kaoru Toyota）為副市長。昭南市的領土範圍包括卡里門島（Carimons）

---

1. C. M. Turnbull, *op.cit.*, p.194. 另據李業霖主編的奉納金資料選編，新加坡華人被日軍殺害的有 5 萬人。參見李業霖主編，**奉納金資料選編**，華社研究中心，吉隆坡，馬來西亞，2000 年，頁 2。

和廖內群島。

　　大達茂雄富有行政經驗，曾在中國服務，獲有榮譽將軍的頭銜。日本派在昭南島的高級文官不到 20 人，只有低階文官以及台灣人和韓國人。台灣人因為通曉閩南語，所以大都擔任翻譯和憲兵。而韓國人大都擔任監獄看管工作。[2]

　　華人領袖林文慶（Lim Boon Keng）組織「昭南島華僑協會」（Overseas Chinese Association），擔任主席，副主席為銀行家黃兆珪（S. Q. Wong, Wong Siew Qui）。戰前日本駐新加坡總領事館新聞專員篠崎護（Mamoru Shinozaki）居間協調，勸告憲兵隊承認「華僑協會」，並釋放有名望的華人，例如陳六使（Tan Lark Sye），勸他們加入「華僑協會」。有 250 名華人領袖在吾廬俱樂部（Goh Loo Club）集會，軍政部發給他們華人聯絡員的徽章，他們組成了「華人維持和平委員會」。

　　渡邊渡上校對「華僑協會」採取嚴格控管政策，利用該組織威脅華人，甚至壓榨其財富。渡邊渡上校威迫華人在 3 月 5 日至 4 月 20 日一個半月內籌集 5,000 萬元叻幣「奉納金」交給日本政府，結果新加坡華僑銀行負責籌募 1,250 萬元叻幣，其他 3,750 萬元叻幣則由馬來半島華人負責。[3]「奉納金」計畫原定分兩次向華人勒索合計 1 億元叻幣。預定 1942 年 4 月杪收取 5,000 萬元，同年 12 月再收取 5,000 萬元。但第一次收取情況並不理想，故取消第二次收取。於是軍政部另採其他花招，例如飛機捐、傷兵捐、發行「興南彩券」、捐助國防基金等名目以替代「奉納金」。[4]

圖 3-1：林文慶
資料來源：http://www.
ebaomonthly.com/
ebao/readebao.p
hp?eID=e04713
2010/4/12 瀏覽

---

2. C. M. Turnbull, *op.cit*., p.198.

3. 李業霖主編，**前引書**，頁 9。

4. 李業霖主編，**前引書**，頁 4。

1942 年 6 月 6 日，在日本監督下，新、馬兩地華人成立華人的最高組織「馬來亞華僑總協會」，由林文慶擔任總會長，檳榔嶼的連裕祥和雪蘭莪的黃鐵珊擔任副總會長。從各地籌集到的 2,800 萬元叻幣，全數轉入開設於新加坡的橫濱正金銀行內的「馬來亞華僑總協會」戶頭，加上該銀行應允借貸的 2,125 萬元叻幣，該戶頭可以動用的數額就有 5,000 萬元叻幣。[5] 6 月 25 日，新加坡代表 12 人、馬來半島各州代表計共 57 人，下午 3 點在軍政部禮堂出席「奉納金」移交儀式。4 點剛過，山下奉文（Lt. General Tomoyuki Yamashita）抵步，儀式隨即開始。先由華僑總協會總會長林文慶恭讀獻金詞，然後奉上 5,000 萬元叻幣支票予山下奉文。接著山下作十五分鐘的訓話，他談到日本的目標和野心，最後下結論說，日本人是神的後代，歐洲人是猴子的後代，神必然會獲勝。[6]

在 1942 年 4 月，一些英文、馬來文和印度文學校復學。至於華文學校，則有 25 所在 6 月復學。所有學校教師待遇一樣，不分是英文學校或馬來文學校。在英國統治時，英文學校教師之薪資較高。1943 年，取消小學學費和書籍費。小學採用日本式課程，早上要唱日本國歌和愛國歌曲。日語教師從日本請來，夜間有免費的日語班。由於華人父母不願其子女受日本教育，所以上學學生數日益減少。1943—1944 年間，所有新加坡學校的學生數有 7,000 人，至 1945 年，僅剩下區區數百人。[7]

1943 年 3 月，在新加坡有 6 所技術學校。醫學院在 1943 年在陳篤生醫院（Tan Tock Seng Hospital）重新復學，允許以前的學生入學。但數月後，該校移至馬六甲。同年有兩所師範學校復學。

日本為了控制新加坡，在 1942 年 7 月採取家庭互保制，規定每個家庭需要登記，發給「和平居住證」（peace living certificate），每個家庭成

---

5. 程道中，「日軍勒索『奉納金』始末」，載於李業霖主編，**前引書**，頁 29-44。

6. C. M. Turnbull, *op.cit.*, p.201.

7. C. M. Turnbull, *op.cit.*, p.206.

員要保證彼此的行為。有些人被任命為村長（sidangs），負責較大團體的活動。一顆星的村長負責 30 戶的里（ward），兩顆星的村長負責較大的區（district）。每十個里由一位警佐管轄。1944 年 5 月以後，十六至四十五歲男性需值夜巡邏。

日本在統治初期曾企圖將馬來亞納入日本帝國之一部分，馬來亞聯邦的總督設在新加坡。初期日本將蘇門答臘併入新加坡和馬來亞，日本強調這三地有共同的種族背景，是因為荷蘭和英國將他們分開來。然而，在行政上這三地是分開的，並沒有建立統一的行政體系。1944 年，蘇門答臘分開為一個單獨的軍事地區。日本無意建立一個自治的昭南邦，自 1943 年 5 月日本在東亞戰爭中採取守勢後，日本態度有了改變，不再談要將馬來亞併入日本，而是高唱合作，要建立「新馬來」。[8]

藤村益藏少將（Major-General Masuzo Fujimura）在 1943 年 3 月取代渡邊渡上校，統治手段較為溫和，他在馬來各邦和城市設立顧問委員會。昭南顧問委員會在 1943 年 12 月成立，其成員包括 1 名日本人（擔任主席）、6 名華人、4 名馬來人、3 名印度人、1 名歐亞人、1 名阿拉伯人。該委員會無權主動集會，完全由市長決定，會中只接受市長的指示，不能提出諮詢意見。1944 年 3 月，成立情報宣傳委員會，由市長擔任主席，透過演講、小冊子和廣播宣傳政府的政策。

在日本統治新、馬時期，當地沒有民族主義領袖要求獨立或自治，其情況與印尼不同，主要原因是新加坡多數族群華人並沒有出現自主性政黨，要求獨立自主。在以前英國統治時，新加坡華人就不是統治族群，且多數不是英國籍民。在日本統治時，大多數是外僑的華人，依然是依附族群。

日軍在 1945 年 8 月 15 日無條件投降，9 月 4 日，英軍重返新加坡。9 月 12 日，東南亞戰區盟軍最高統帥蒙巴頓（Lord Louis Mountbatten）在新

---

8. C. M. Turnbull, *op.cit.*, p.212.

加坡市政廳接受日軍投降。英軍在新加坡設立軍事政府，直至 1946 年 4 月 1 日改組為文事政府。

第四章

戰後重回英國統治

第一節　維持英國直轄殖民地地位

英國「殖民部」助理常任次長堅特（Edward Gent）在 1943 年主張成立「馬來亞聯盟」（Malayan Union），將新加坡另外成立一單獨地位。「殖民部」的經濟顧問凱尼（Sidney Caine）表示反對，他與堅特進行意見交換，希望能看看當地民意，再行定奪。凱尼認為新、馬經濟應互賴，此對新加坡轉口貿易有利，且能鼓舞馬來亞民族意識的興起。但堅特堅持其意見，認為將新加坡除外，「馬來亞聯盟」較易推動。[1] 1944 年 5 月，英國戰時內閣同意「殖民部」的計畫。

戰後初期英國為使「馬來亞聯盟」能順利進展，派遣特使麥克米契爾（Sir Harold MacMichael）訪晤馬來各邦蘇丹。1945 年 10 月，「殖民部」國務部長向國會提出成立「馬來亞聯盟」的計畫。1946 年 1 月 22 日，英國政府公布成立新加坡個別殖民地和「馬來亞聯盟」之政策的白皮書，詳述成立「馬來亞聯盟」的計畫。麥克米契爾強調新加坡納入「馬來亞聯盟」並不可行，因為有不同的利益，勉強合併將帶來衝突，對該一地區會帶來不幸。[2] 2 月 7 日，英國平民院通過「廢止海峽殖民地法案」〔Straits Settlements（Repeal）Bill of 1946〕，正式將新加坡和馬來半島分開來，新加坡成為英國直轄殖民地。

英國重回新加坡後，設立英國軍事政府（English Military Administration），總部在新加坡島，由盟軍東南亞戰區最高統帥蒙巴頓治理。1946 年 4 月 1 日，取消軍事政府，改為民事政府，霍尼（Sir Ralph Hone）為馬來亞首席民事官（Chief Civil Affairs Officer for Malaya）；馬克龍（Patrick McKerron）為副民事官，負責新加坡事務。

英國之首要任務是重新恢復新加坡的法律和秩序，以及重建戰時受破

---

1. C. M. Turnbull, *op.cit.*, pp.220-221.
2. C. M. Turnbull, *op.cit.*, p.223.

壞的道路、橋樑、水、電力、瓦斯設施以及各種公共建築。此外，亦重新恢復學校教育，至 1945 年底，有 66 所華文學校、37 所英文學校、21 所馬來文學校重新復學。愛德華國王醫學院（King Edward College of Medicine）和萊佛士書院亦相繼復學。1945 年 10 月，新加坡總工會發動罷工，約有 7,000 名碼頭工人走上街頭，要求增加工資。接著運輸工人、醫院工人、消防員和酒店女郎也示威罷工。新加坡政府以日軍戰俘取代罷工者的工作，激起更大的勞工不滿。因失業、糧食不足、工資低廉，而導致爆發一連串的示威罷工運動。1949 年，將愛德華國王醫學院和萊佛士書院合併，改稱為馬來亞大學（University of Malaya），以英文為教學媒介語。1950 年，成立新加坡師範學院。

　　新加坡於 1945 年底出現第一個政黨馬來亞民主同盟（Malayan Democratic Union），主張「馬來亞聯盟」應將新加坡納入。該黨是一個多元種族政黨，具左傾色彩。1946 年 1 月，「馬來亞聯盟」成立，新加坡成為單獨的英國殖民地。9 月，有 2 萬群眾在法拉公園集會，反對成立「馬來亞聯盟」，要求馬來亞自治，各族群平等。10 月，馬來亞民主聯盟要求政府組織各黨派委員會，討論新的憲制安排。但英國政府不想與該黨和馬來亞共產黨共舞，拒絕其要求。

　　在 1946–1948 年間，新加坡總督金生（F. C. Gimson）在顧問委員會之協助下治理新加坡，該委員會由官員和非官員組成。初期非官員身分之委員有 6 人，後來增加到 11 人。非官員身分之委員人數超過官員委員，亞洲委員超過歐洲委員。

表 4-1：英國派遣海峽殖民地軍事政府首長（1945—1946）

照　片	姓　　　名	任職起始日	任職屆滿日
軍事政府首長			
	Lord Louis Mountbatten British High Command	1945/9/12	1946/4/1
續派海峽殖民地總督			
	Sir Shenton Thomas	1945/9/12	1946/4/1

資料來源：http://en.wikipedia.org/wiki/Governors_of_Singapore　2009/8/12 瀏覽

　　英國為便於推行自治管理，在新加坡成立行政委員會（Executive Council）和立法委員會（Legislative Council of Singapore）。行政委員會中官委委員人數占多數。1947 年 7 月 3 日，通過 1947 年立法委員會選舉法令，同年 7 月 18 日實施。立法委員會中官委委員有 9 位，非官委委員有 13 位，其中 4 名由總督提名、3 名由商會選出、其餘 6 名由成年英國籍民選出。民選選區是將新加坡分為四個選區，市區有二個兩席位選區，鄉村區有一個兩席位選區，總共 6 席。1948 年 3 月 20 日，舉行首次立法委員會選舉，選出 6 名民選代表，另由華人、馬來人和新加坡商會（以英國人居多數）選出 3 名代表，以及由政府委任的 4 名代表。選舉是採取成年普選制，但限制需取得英國國籍，即在英國屬地（包括以前的「海峽殖民地」和印度）出生的亞裔和歐裔，而排除受英國保護之地區的人民，指在馬來各邦出生

的亞裔，他們屬於馬來蘇丹的臣民。選民需在新加坡居住滿一年。合格選民有 10 萬人，其中有 22,391 人登記（過半數屬於印度裔）。左派組織，例如馬來亞民主聯盟以及馬來亞共產黨控制的新加坡工會聯盟（Singapore Federation of Trades Unions）抵制選舉，他們反對將新加坡和馬來亞分開來、保障馬來人之特權及限制華人取得公民權。有 63% 的選民前往投票，結果選出 1 名英國人、1 名海峽出生華人、3 名印度人和 1 名馬來人。唯一參選的政黨是陳才清領導的進步黨（Progressive Party），當選 3 席，另 3 人是獨立人士。4 月 1 日，新委員會正式開議。[3]

新加坡立法委員會於 1948 年 7 月 13 日通過一項法案，賦予新加坡總督金生緊急權力，就如同賦予馬來亞高級專員的緊急權力一樣。7 月 15 日，「福西里爾斯號」（Royal Inniskilling Fusiliers）軍艦從香港航向新加坡，加強馬來亞的軍力以對抗馬共的叛亂活動。[4]

1948 年 9 月，新加坡出現第二個政黨新加坡勞工黨（Singapore Labour Party），創黨人是新加坡海員聯盟（Singapore Seamen's Union）主席馬吉德（M. A. Majid）。該黨在 1949 年爭取進步黨的林有福（Lim Yew Hock）[5]

---

3. *Keesing's Contemporary Archives*, April 17-24, 1948, p.9236.

4. *Keesing's Contemporary Archives*, July 10-17, 1948, p.9392.

5. 林有福於 1914 年 10 月 15 日在新加坡出生，其父為工人，為移民第三代。唸過華校兩年，後轉入珍珠山英校。中學唸歐南中學，畢業後入萊佛士書院，成績優異。1931－33 年失業。1933 年，在英商公司工作。1936 年，在新加坡冷藏公司任速記員。1947 年任新加坡書記與行政職工聯合會秘書，獲英國文化協會獎學金前往英國研究職工運動。1948 年，參加進步黨，並被新加坡總督委任為代表職工會的非官方立法議員。1949 年，退出進步黨，加入勞工黨。在加入進步黨之前，他是馬來亞民主同盟的會員，到該同盟解散為止，他一直是該同盟的會員。1951 年，獲美國政府獎學金前往美國考察。1955 年 4 月 2 日，代表勞工陣線當選立法委員會議員，任勞工及福利部長。1956 年 3 月，隨同馬紹爾前往參加談判。6 月 7 日，馬紹爾因談判失敗，憤而辭職，林有福出任第二任首席部長。1958 年 11 月，組織人民聯盟。1959 年 5 月 30 日，林有福雖然當選立法議員，但其領導的人民聯盟競選失敗，只贏得 4 席，他遂下台。1964 年，任駐澳洲、紐西蘭最高專員。1966 年 11 月，任馬來西亞外交部副秘書。1968 年 8 月，被免職。同年 11 月，被最高元首撤銷「敦」的頭銜。該頭銜是 1958 年 8 月 31 日受封的。此後過隱居生活，搬到馬六甲居住，以打麻將、乒乓球度日，還改信伊斯蘭教，1984 年 11 月 30 日，逝於沙烏地阿拉伯。**南洋星洲聯合早報**，1984 年 12 月 2 日，頁 8。

之支持，林有福後來成為勞工黨的主席。林有福是第三代海峽華人，1914 年於新加坡出生，曾做過書記，擔任過新加坡書記與行政職工聯合會（Singapore Clerical and Administration Worker's Union）秘書長，是新加坡工會大會創建人之一。1948 年，新加坡總督提名他出任立法委員會議員。勞工黨之宗旨在追求勞工之利益，防止共黨勢力滲透進入勞工運動中，追求新加坡在 1954 年以前完成自治政府，繼而透過與馬來亞聯邦合併以達成獨立。在馬來亞建立社會主義社會，橡膠和錫礦改為國營。該黨為一多元種族政黨，其黨員比進步黨更多中下階層收入者。其大多數領袖是受英文教育，且多係印度裔。領導層只有少數人受過大專教育，社會聲望不夠，大多數是工會主義者和書記。該黨黨紀鬆弛、經費不足，內部時有衝突而減弱力量。林有福屬溫和派，而威廉斯（Peter Williams）屬激進派，1951 年雙方為了提名鎮議員人選而發生爭論。1952 年，威廉斯取得黨的控制權，驅逐林有福，該黨趨於名存實亡。[6]

1950 年 9 月 21 日，新加坡的**南僑日報**（*Nan Chiau Jit Pau*）和檳榔嶼的**現代日報**（*Modern Daily News*）因涉嫌共黨問題，遭警方搜查並關閉，前者有 7 名工作人員遭逮捕，後者有 14 名工作人員被送至集中營。**南僑日報**涉嫌從事宣傳共產主義，為其宣傳機構。現代日報則報導鼓動反對美國等聯合國軍隊在韓戰獲勝之行動。[7]

立法委員會議員任期三年，1951 年 4 月 10 日，新加坡立法委員會 9 名非官方議員，舉行改選，結果進步黨獲得 6 席、勞工黨 2 席、獨立人士 1 席（為印度人）。這 9 人中包括 3 名華人、3 名印度人、1 名歐洲人、1 名歐亞人、1 名錫蘭人。這次選舉選民資格僅限於英國籍者，沒有財產和識字的限制規定，選民人數有 50,000 人，投票率為 67%。在這之前，非官方議員是 6 位。新加坡立法委員會除了 9 名非官方議員外，尚包括由總

6. C. M. Turnbull, *op.cit.*, p.239.

7. *Keesing's Contemporary Archives*, March 10-17, 1951, p.11333.

督委任的 4 名非官方議員、由新加坡商會推選的 3 名非官方議員和 9 名官方議員〔包括「殖民部」部長、檢察總長、財政部長、鎮專員（Municipal Commissioner）主席和 5 名提名的官方議員〕，總人數達到 25 人。總督為該委員會主席。至於行政委員會的非官方委員亦在同時從 4 名增加到 6 名，其中 4 人是由總督提名，2 人是由立法委員會選出。[8] 這 4 名官委議員被稱為「女王黨」（The Queen's Party），是殖民地的傀儡，而商會選出的 3 名代表，亦被批評為商業資本主義的代言人。[9]

除了中央政府之外，當時還有地方政府的存在，稱為鎮議會，負責管理新加坡的鎮區。鎮議會的前身是萊佛士在 1822 年成立的鎮政局。鎮政局委員共有 5 位，其中 2 位由政府委派，1 位是鎮政局主席（又稱為鎮長），另 3 位是民選的。民選之鎮委員之候選人資格是每年需納稅超過 40 盧比，而選民之資格是需納稅超過 25 盧比。舉行鎮委員補選時，依法應在法官監督下舉行。如果 2 名候選人票數相等，則由總督投票以做最後決定。1948 年 10 月，頒布鎮選舉令（Municipal Elections Ordinance），規定鎮議員 27 名，其中 18 名由民選產生，9 名由總督委任。在鄉村地區，已於 1946 年到 1947 年間各村組織村民委員會（Village Committee）。鎮議會在 1949 年舉行首次選舉，在 27 名鎮議員中，18 名由民選產生，選舉結果，進步黨贏得 13 席（該黨在立法委員會六個民選議席中贏得 3 席）。[10] 1950 年鎮議會補選時，進步黨贏得 9 席，勞工黨 3 席，其餘 6 席為個人所得。[11]

1951 年 7 月 24 日，英國「殖民部」部長格里飛斯（James Griffiths）宣布提升新加坡為市的地位。9 月 22 日，英王頒發皇家憲章（Royal Charter）賦予新加坡市的地位。在這之前新加坡是一個「鎮」（municipality）。新加坡各界領袖及民眾舉行慶祝活動。新加坡是萊佛士在 1819 年 1 月 28 日

8. *Keesing's Contemporary Archives*, May 26-June 2, 1951, p.11490.
9. C. M. Turnbull, *op.cit.*, p.244.
10. 吳宏硯，「從駐紮官到國會制度」，南洋星洲聯合早報，1984 年 12 月 30 日，頁 14。
11. 許雲樵，馬來亞近代史，頁 240-241。

向柔佛蘇丹取得使用權,經過一百三十二年,它從小貿易站變成大都會,人口增加到 100 萬人。[12]

1953 年 12 月,新加坡立法委員會通過國民服役法(National Service Bill),強制規定公民需在軍隊和民兵部隊服役,軍事訓練需要二十小時,每月一個週末,再加上每年十六天的連續訓練。1954 年 3 月 16 日,立法委員會宣布訓練應從 7 月開始,所有十八至二十歲的年輕的英國公民和馬來亞聯邦公民皆應徵召服兵役。另一個法案是新加坡武裝部隊法(Singapore Military Forces Bill),規定在現行新加坡志願團(Singapore Volunteer Corps)之基礎上設立新加坡武裝力量,徵召英國、馬來亞聯邦的公民以及在新加坡、馬來亞聯邦、砂拉越、北婆羅洲或汶萊出生的人。軍事訓練連續三年。[13]

新加坡總督尼柯爾(Sir John Nicoll)在 1953 年 7 月任命前英國駐比利時大使林德(Sir George Rendel)成立「林德委員會」(Rendel Commission),就新加坡的憲制問題進行一次總檢討。「林德委員會」由 9 人組成,林德為主席,其成員包括新加坡市委員會(City Council)主席、總檢察長、由非官方人員提名的 5 位立法委員會委員、由總督提名的 1 位委員。菲律普斯教授(Professor Owen Hood Phillips)為該委員會憲法顧問。在 1953 年 11 月 6 日到 1954 年 2 月 22 日期間,該委員會總共舉行了三十七次會議,其中有兩次會議是公開的。

1954 年 2 月 24 日,「林德委員會」公布了一項委員會的報告——「林德憲制報告書」(Report of Rendel Constitutional Commission,簡稱 Rendel Report),提出修憲主張包括:現行的立法委員會應改為立法議會(Legislative Assembly),由 32 人組成,其中 25 人由非官方人員選出,3 人具有部長職位,4 人提名非官員議員,議長是由總督從立法議員之外提名的 3–5 人中選出。以「部長會議」(Council of Ministers)取代現行的行政

---

12. *Keesing's Contemporary Archives*, September 22-29, 1951, p.11727.
13. *Keesing's Contemporary Archives*, March 27-April 3, 1954, p.13491.

委員會（Executive Council），其中 3 人由總督提名，6 人由立法委員會中最大政黨領袖提名。部長會議形同內閣，負集體責任，除了對外關係、內部安全和國防之外，擁有所有權力。民選議員出任商業、工業、勞工、移民、社會福利、教育、住宅、交通、公共工程和衛生等部部長。財政部長、總檢察長和首席秘書則由官員出任。市議會由「市與島嶼委員會」（City and Island Council）取代；英語仍為官方語言，在立法議會和「市與島嶼委員會」中僅能使用英語。該「林德委員會」反對讓新加坡獨立，理由是匆促獨立，將給予共黨分子和其他破壞分子滲透進入政府之機會，製造社會混亂和不安全，最後使新加坡落入共黨獨裁統治之下。[14] 商會喪失了選舉立法議員的權利。選民應自動前往登記，根據居住區而非種族區參與投票。[15]

5 月 17 日，英國政府接受該項建議。但前「殖民部」部長李特爾東（Oliver Lyttelton）建議說，建議的議會的議長，初期應由新加坡總督任命，以後再由立法議會選舉產生。[16]

進步黨在 1954 年提出中央公積金（Central Provident Fund）法案，在隔年正式實施。該法是由雇主和受雇者雙方繳交一部分錢，由公積金局掌控，作為將來雇工退休養老之用，該一制度如同強迫儲蓄制。該黨在 1953 年訂出 10 年為期達成新加坡自治，然後透過與馬來亞聯邦合併而達成獨立之目標。該黨亦主張立法委員會全改為民選。

1954 年 7 月，林有福和湯瑪士（Francis Thomas）聯合一些社會主義者組織勞工陣線（Labour Front），由知名律師大衛・馬紹爾（David Saul Marshall）領導，他是猶太裔。第二次世界大戰時被日軍俘虜，在日本北海道煤礦區做工。在戰前他曾批評英國的殖民統治，以後受邀參加馬來亞民

---

14. *Keesing's Contemporary Archives*, April 10-17, 1954, p.13511.

15. C. M. Turnbull, *op.cit.*, p.243.

16. *Keesing's Contemporary Archives*, August 21-28, 1954, p.13748. 李特爾東在 1951－1954 年擔任殖民部長。（參見 http://en.wikipedia.org/wiki/Oliver_Lyttelton,_1st_Viscount_Chandos 2008 年 7 月 15 日瀏覽）

主同盟，不久因不滿該黨類似共黨的胡亂批評而退出。他加入進步黨，因該黨主張緩進追求新加坡獨立，他感到不滿又退黨。勞工陣線曾尋求李光耀（Lee Kuan Yew）加入，但李光耀想與激進派合作，所以協商未果。[17]

關於此時李光耀的政治策略是企圖結合馬來亞共黨的勢力，馬來亞共產黨總書記陳平對此曾有清楚的描述，他說在 1954 年時，新加坡中學聯合會成立，李光耀是法律顧問，有 3 名學生代表（女性）去見李光耀，李光耀問她們是否可以聯絡上馬共。當時李光耀想成立一個政黨，需要人手，他也為左派人士辯護，以爭取左派分子的支持。[18]

勞工陣線的主張是：在新、馬合併內達成獨立，在四年內完成馬來亞化公共行政，即任用馬來亞人民出任公務員，新加坡公民權應擴大包括 22 萬中國出生的居民，廢除緊急法令，在立法機關中使用多種語言。[19]

人民行動黨（People's Action Party）是在 1954 年 11 月 21 日成立，是跨族群的激進左派政黨，獲得年輕專業人士包括受英文教育者和華文教育者的支持，主張新加坡應立即獨立，而與馬來亞合併，批評憲法有關最後的控制權力握在殖民者手裡而非在人民手裡的規定。黨主席是杜進才，李光耀為秘書長。

1955 年 4 月 2 日，新加坡舉行首次立法委員會普選，議員總數有 32 名，其中民選議席有 25 席。另外 7 名議員中，由總督指派的議員有 4 人，以及指派 3 名殖民地官員擔任議員。總共有 79 人參選，其中 2 人是女性。無黨派的參選人有 10 人。投票人數有 160,395 人。由大衛・馬紹爾領導的左派的勞工陣線贏得 10 席，進步黨 4 席，人民行動黨 3 席，馬來聯盟同盟（Malay Union Alliance）3 席，民主人民黨（Democratic People's Party）2 席，獨立

---

17. C. M. Turnbull, *op.cit.*, p.253.

18. 陳劍主編，**與陳平對話：馬來亞共產黨新解**，馬來西亞華社資料研究中心出版，吉隆坡，2006 年，頁 206。

19. C. M. Turnbull, *op.cit.*, p.257.

人士 3 席。勞工陣線的主張是溫和的社會主義，包括交通工具國有化、失業保險、贊成新加坡和馬來亞聯邦合併、立即自治以及最後達成獨立、為「大英國協」一分子。

人民行動黨這次選舉派出 4 人參選，當選的有李光耀[20]、吳秋泉和林清祥（Lim Chin Siong）[21]。蒂凡那（Chengara Veetil Devan Nair）落選。李

20. 李光耀於 1923 年 9 月 16 日生於新加坡，為廣東大埔縣古野鎮唐溪村的客家人，是海峽華人第三代，其祖父和父親為富有的華商。李光耀是李進坤的長子。其祖父李沐文，十六歲隻身從大埔前往新加坡謀生，娶蕭喚娘為妻，生下兩男，李雲龍和李見龍。李進坤是李雲龍的長子。李進坤於 1922 年娶烹飪專家蔡認娘為妻，李光耀出生時，李進坤為二十歲，蔡認娘十六歲。因為 1929 年經濟大蕭條，李進坤家產大幅減少，遂在蜆殼石油公司擔任倉庫管理員，後來升任儲油庫的監督。退休後，在一家鐘錶與珠寶公司任職。1997 年 10 月 12 日去世。
李光耀在劍橋大學法律系獲得第一名，1950 年 8 月，自英國學成返回新加坡，在黎覺律師館擔任見習律師，後來其夫人柯玉芝也在同一律師館擔任見習律師。1951 年，他和太太見習律師一年期滿，自行開業。李光耀思慮敏捷，在法庭上是一位傑出的辯護律師。其因婚姻關係而成為 Tan Chin Tuan 的外甥、華僑銀行資深總經理柯守智的女婿，華僑銀行是李光前（Lee Kong Chian）商業帝國的核心。李光耀曾任海峽華人英籍協會（Straits Chinese British Association）的秘書。1952 年，擔任許多工會成員的法律顧問。1954 年 10 月，與林清祥、方水雙等人成立人民行動黨，李光耀出任秘書長。他擔任各種工會的法律顧問，遇見拉惹勒南（Sinnathamby Rajaratnam），為政治上的盟友。拉惹勒南於 1915 年生於錫蘭，就讀萊佛士書院和倫敦大學，曾任新加坡標準報（Singapore Standard）副主編、新加坡記者協會主席。他也認識新加坡教師聯盟（Singapore Teacher's Union）的蒂凡那，透過他認識了馬來亞大學的左派學生。1954 年 5 月，左派華裔學生因示威被捕，還有學生出版社會主義思想的刊物，遭當局指控，李光耀充當他們的辯護律師。使李光耀成為社會關注的焦點，他也見識到左派的力量。1955 年，當選立法委員會議員。李光耀長子為李顯龍，曾任軍職。現為新加坡總理。次子李顯揚，亦曾任軍職，現為新加坡電信集團總裁。參見李光耀，**李光耀回憶錄（1923-1965）**，世界書局，台北市，1998 年，頁 13-172；C. M. Turnbull, *op.cit.*, pp.251-252.

21. 林清祥於 1933 年 2 月 28 日生於新加坡，為閩南人。1939 年，進入柔佛笨珍的培群華小，1949 年，至新加坡讀華僑中學，與方水雙是同班同學。1951 年 8 月，因參與反對英國殖民統治、爭取新加坡自由和獨立、反對初三會考，而遭到學校開除。1953 年，在巴士工友聯合會樟宜分會擔任秘書，開始接觸工運。1954 年，擔任新加坡各業工廠商店職工聯合會秘書。該年 11 月，參與組織人民行動黨，使該黨具有左派色彩。1955 年，當選立法委員會議員。1956 年 4 月，隨首席部長馬歇爾到英國倫敦，參加憲制談判。7 月 8 日，被選為行動黨中委，出任副秘書長。8 月，中正中學和華僑中學發生學運，林清祥譴責警方之鎮壓行動，遭警方逮捕。1962 年，組社會主義陣線，主張新加坡獨立。1962 年 9 月 1 日，對於新加坡是否加入馬來西亞聯邦的公投，社會主義陣線主張投空白票，結果有 25% 的選民支持社陣。1963 年 2 月 2 日凌晨，新加坡實行「冷藏行動」，林清祥等社陣領袖被捕，在獄中得憂鬱症，宣布退出政治，1969 年 7 月 28 日，獲釋前往倫敦。1979 年，返回新加坡。1996 年 2 月 5 日，因心臟病去世。參見陳仁貴原著，楊培根譯，**載於林清祥與他的時代**，上冊，朝花企業、社會分析學會聯合出版，吉隆坡，馬來西亞，

圖 4-1：1955 年李光耀當選丹戎巴葛區議員
資料來源：掃瞄自*南洋星洲聯合早報*（新加坡），
　　2009 年 6 月 5 日，頁 8。

光耀在丹戎巴葛區高票當選為議員。進步黨是新加坡最老的政黨，成立於 1948 年，是不主張種族主義的右派政黨。在上一屆立法委員會的 9 席民選議席中，該黨贏得 6 席，其部分黨員也在行政委員會中任職。其政綱為社會進步、經濟發展、自由企業，在立法委員會中英語不是唯一的官方語言。「馬來聯盟同盟」是巫統、馬華公會和新加坡馬來聯盟（Singapore Malay Union） 的聯合組織。新加坡馬來聯盟是在選舉初期從勞工陣線脫離出來的政黨。

在勞工陣線獲勝後，新加坡總督尼柯爾與大衛‧馬紹爾協商，在獲得新加坡馬來聯盟之支持下，在 4 月 6 日宣布部長會議成員如下：大衛‧馬紹爾為首席部長兼商務部長，巫統和馬華公會的聯盟的哈米德（Abdul Hamid Bin Haji Jumat）為交通與工程部長，勞工陣線的周瑞麒（Chew Swee Kee）為教育部長，勞工陣線的布拉加（A. J. Braga）為衛生部長，勞工陣線的林有福為勞工與福利部長，勞工陣線的湯瑪士（Francis Thomas）為地方政府、土地和住宅部長，勞工陣線的朱馬霍伊（J. M. Jumabhoy）為首席部長派在工商部之助理。大衛‧馬紹爾兼任工商部長。大衛‧馬紹爾時年三十九歲，為刑事律師，是立法委員會中唯一當選的白種人。[22]

5 月 11–12 日，數千名新加坡華文中學學生在共黨之鼓動下發動汽

2002 年，頁 93-149。

22. *Keesing's Contemporary Archives*, April 16-23, 1955, p.14153.

車工人罷工，工人要求加薪以及實行八小時工作制，有一名華人警官遭暴徒打死，警方遂開槍攻擊暴民，在這場暴動中有 4 人死亡，包括前述華人警官、華人警探、學生和美國新聞記者。另有多人受傷。暴動的學生來自3 所華文學校，新加坡政府宣布要將暴動首謀驅逐出境以及關閉學校。有3,000 名學生在校園內靜坐示威，反對政府上述的作法。5 月 23 日，立法委員會全院委員要求政府不採取上述行動，政府只好讓步。

　　新選出的立法委員會在 5 月 16 日投票，27 票同意，0 票反對，3 票棄權（人民行動黨投的），授權政府在緊急情況時實施宵禁。在辯論時，人民行動黨及其領袖李光耀受到大衛‧馬紹爾和新加坡總督顧德（William. A. Goode）之批評。顧德指責李光耀要對該次暴動負責，因其鼓動華人學生示威，示威所使用的標語，是經過人民行動黨同意的。華校學生經過組織後被送到示威地點。華校校長害怕馬來亞共產黨，無法阻止學生參加示威。李光耀答覆稱他反對共產主義和暴力，他無法對個別黨員的行為負責。他說：「人民行動黨支持自由、民主、獨立和非共產的馬來亞。我們尋求以非暴力手段摧毀殖民體系。我們要求立即獨立。現在立即給我們獨立，我們將對抗共產主義或任何其他的意識形態，以維護獨立的馬來亞。我們反對任何來源的暴力。我們否認人民行動黨引發此次罷工或暴民暴力。」[23]

　　大衛‧馬紹爾說：「我沒有保留地接受李光耀的保證，他不是共產主義者。但他渴求權力及亟想摧毀殖民主義，使他被武力利用為貓爪，他知道這是罪惡的。……李光耀曾說他寧願喜歡共產主義也不喜歡殖民主義。許多曾為英國衛星國的國家已獲得獨立，但從未有一個變成共產國家。我正為馬來亞工作，它將不會是英國或任何其他國家的衛星國。」[24]

　　6 月中旬，新加坡又發生共黨煽動的罷工，有 6 名罷工領袖被捕。人民行動黨黨員林清祥也是立法委員會議員、商店與工廠工人聯盟（Shop and

23. *Keesing's Contemporary Archives*, July 16-23, 1955, p.14324.
24. *Keesing's Contemporary Archives*, July 16-23, 1955, p.14324.

Factory Workers' Union）的領袖，在 6 月 13 日號召總罷工，支持已罷工六週的 1,300 名職工，他們要求新加坡港務局加薪。約有 15,000 名工人走向街頭，其中有公共汽車工人，因此癱瘓交通。有 6 名罷工的學生領袖被捕，包括人民行動黨的方水雙（Fong Swee Suan）、馬來亞紡織廠工人聯盟（Malayan Textile Spinning Workers' Union）的羅華林（Loh Wah Lim）和華校教師鄭永成（Cheng Yong Cheng）。以後兩三天，有數千名工人仍在示威。至 6 月 17 日才停止示威。大衛・馬紹爾在該天向立法委員會說：這次罷工事件是人民行動黨集團內的假工會分子煽動工會運動，企圖引發暴民統治。[25]

第二節　成立自治領

1955 年 7 月 25 日，新加坡立法委員會通過一項決議要求立即自治，要求新加坡總督布列克（Sir Robert Black）將此請求轉送英國「殖民部」部長連諾克斯—波伊德（Lennox–Boyd），連諾克斯—波伊德預定在 8 月到新加坡巡視。該決議案之內容如下：

第一，請求立法委員會主席傳達總督如下觀點，即新加坡人民決定結束殖民主義，經由他們選出的代表自行統治。

第二，請求英國政府採取最自由的憲法，允許民選代表合法質詢 1955 年新加坡殖民地樞密院令（Singapore Colony Order-in-Council）。該命令規定設立立法委員會及一項新憲法。

第三，當總督依據樞密院令規定在採取行動前需與首席部長諮商時，他需依據此一諮商意見行事。

第四，立法委員會宣布權力從英國移轉給新加坡的時機已到，應立即

---

25. *Keesing's Contemporary Archives*, July 16-23, 1955, p.14324.

制訂自治的新憲法。

　　該決議案是由右派的進步黨提案，唯一的反對者是委任的歐籍議員蘇德藍德（G. A. Sutherland），3 位官方議員缺席。原先該決議案的文字是要求新加坡立即「獨立」，但大衛・馬紹爾建議改為「自治」。

　　連諾克斯－波伊德在 7 月 31 日抵達新加坡，次日與大衛・馬紹爾和布列克會談。隨後連諾克斯－波伊德前往北婆羅洲巡視，8 月 15 日，返抵新加坡，次日又與大衛・馬紹爾和布列克會談，但沒有披露會談詳情。8 月 18 日，總督致送立法委員會一份訊息稱：英國政府很高興在適當時間與新加坡各界代表在倫敦討論憲法問題，該時間是憲法實施滿一年，即在 1956 年 4 月。此外，布列克知會立法委員會，除了憲法規定立法委員會之休會或解散之外，他會接受首席部長的諮詢意見，意即總督休會或解散立法委員會的權力不受影響。首席部長在決定內閣人選有完全的自由。大衛・馬紹爾對此項訊息表示歡迎。但反對黨認為總督的意見曖昧不清，要求大衛・馬紹爾訂出協商的時間，卻遭到拒絕，12 位反對黨議員遂退出議會。[26]

　　由政府任命成立的地方政府委員會，在 1956 年 2 月 6 日建議設立一個市議會和四個區委員會。2 月 9 日，立法委員會通過一項決議，同意英語、華語、馬來語和淡米爾語（Tamil）可作為議會內使用之語言，結束英語為唯一官方語言的時代。另成立一個委員會，在 3 月 7 日提出公務員在兩年內馬來亞化（指任用馬來當地人為公務員）的建議，其他部門則不超過五年。

　　大衛・馬紹爾為了 4 月 23 日在英國倫敦舉行的憲制會談取得優勢，迫使英國讓新加坡獨立，而開始籌畫進行一次「獨立週」運動，他取得人民行動黨財政王永元之支持，在 3 月 12 日至 18 日展開「獨立運動週」，取得二十多萬人在獨立意見書上簽名，然後動員 25,000 人的群眾大會要求獨立。[27] 李光耀、杜進才和王永元出席了群眾大會。馬紹爾在群眾大會上發

---

26. *Keesing's Contemporary Archives,* December 3-10, 1955, p.14576.

27. *Keesing's Contemporary Archives,* June 9-16, 1956, p.14910. **李光耀回憶錄**説這次群眾大會

表新加坡應該獨立的演說。李光耀也做了類似主張的演說。4 月 5 日，新加坡立法委員會通過一項決議，指示出席英國倫敦的代表要尋求新加坡在「大英國協」（British Commonwealth）內獨立之地位，仍由英國負責新加坡的對外國防和對外關係。該決議案由大衛·馬紹爾提出，只有 4 票棄權，而獲得全票的通過。換言之，至此時人民行動黨以及黨的領導人，包括李光耀在內是支持新加坡獨立的。

1956 年 4 月 23 日，在倫敦舉行新加坡憲法問題會議，勞工陣線政府 7 名代表〔包括大衛·馬紹爾和勞工與社會福利部長林有福、地方政府、土地和住宅部長哈米德、衛生部長布拉加、工商部長朱馬霍伊、立法議員謝鵬春（Seah Peng Chuan）和黃富南（Wong Foo Nam）〕、反對黨 6 名代表〔包括 4 名右派自由社會主義黨的林春茂（Lim Choon Mong）、陳威廉（William Tan）、林坤德（Lim Koon Teck）、林子勤（Lim Cher Keng），以及兩位左派人民行動黨的李光耀和林清祥〕參加會議。李光耀在出發前往倫敦前夕發表一份聲明，修訂人民行動黨的政策，他說：「我們甚至希望在實現自治之前，就同馬來亞合併，……不幸的是，聯邦首席部長不同意我們的建議，……現在我們只好獨自在政治上為新加坡尋求最大的進展，但我們還是會爭取同聯邦合併。」他又說：「代表團並不是爭取（新加坡）完全獨立，而是 75% 自治，接著在五年後實現完全自治。」[28]

是何種原因促使李光耀在短短的幾天改變想法？從主張獨立變成贊成自治。最主要的原因是李光耀認為：「在一人一票的民主制度下，華校中學生和說華語或方言的年輕工人，遲早都會給新加坡帶來一個合法的民選親共政權。」[29] 以當時新加坡人口結構，若英國給予新加坡獨立地位，則投票的結果一定是親共的大多數華人贏得政權，屆時受英文教育以及具有資

有 17 萬人參加。參見**李光耀回憶錄**（1923—1965），頁 263。

28. **李光耀回憶錄**（1923—1965），頁 270。

29. **李光耀回憶錄**（1923—1965），頁 266。

產階級色彩的李光耀等人將從人民行動黨中失勢，這是李光耀所擔憂的。若能實現自治，則在與英國之合作下，人民行動黨中受英文教育的非共派尚能有所作為。

至 5 月 15 日，因為對於新加坡獲得自治後其內部安全責任問題出現歧見，會談破裂。新加坡代表初期要求獨立，後來讓步，同意英國負責新加坡對外國防和對外關係（除了貿易和商業），英國對新加坡內部僅能維持有限的權力。

英國在新加坡憲制會談中的提議如下：

（一）不再稱新加坡為殖民地，可改稱為「新加坡邦」（State of Singapore）。

（二）英國在新加坡的代表不再稱「總督」，而應改稱「高級專員（High Commissioner）」。

（三）撤銷立法委員會中的官委議員以及部長會議中的官委部長，民選議員增加一倍，人數為 50 人。部長會議的部長皆由選舉產生。首席部長應為部長會議主席。

（四）新加坡公民之公民權在「大英國協」內應個別加以規定。

（五）新加坡擁有內部充分自治權，包括內部安全和警力。

（六）英國負責新加坡對外國防和對外關係。高級專員應依據部長會議之意見行事。高級專員不能出席部長會議，部長會議之主席為首席部長。

（七）承認對外國防和對外關係是相互利益之事務，為考慮英國協助新加坡國防和安全之關聯，應設立一個國防和安全委員會，由新加坡和英國政府各派代表組成，由高級專員任主席。該委員會主要討論新加坡的安全情勢，對新加坡和英國提出安全情勢報告以及必要的建議。

（八）英國在新加坡只維持對外國防和對外關係的權力，樞密院令是否在新加坡實施，要看情勢是否明顯有需要，且需獲得國防和安全委員會的建議，否則英國不可在新加坡執行對外國防和對外關係的權力。

　　然而，大衛・馬紹爾始終堅持英國在新加坡內部不能享有權力，除非英國獲得國防和安全委員會的建議，而英國代表在該委員會中的人數不可超過半數。[30] 英國政府擔心新加坡共黨作亂以及工會頻頻的罷工，將造成新加坡經濟惡化，故不應允新加坡獨立。大衛・馬紹爾因為談判失敗，而於 6 月 3 日辭去首席部長職，由林有福繼任。大衛・馬紹爾轉任林有福空下的勞工陣線主席職。大衛・馬紹爾在 6 月 6 日向立法委員會發表辭職演說，他抨擊英國殖民部一直想將新加坡變成「殖民奴隸」（colonial slavery），譴責英國政府將新加坡奉獻給東南亞公約組織（South East Asia Treaty Organization, SEATO），批評澳洲政府匆促支持英國的立場，沒有好好瞭解新加坡政府的立場，也沒有努力獲取新加坡立場的資訊。[31]

　　8 月 29 日，李光耀在立法委員會中表示，只要新加坡政府接受一些條件，他會支持政府，這些條件包括：首席部長應召開所有反殖民的政黨大會，起草憲法談判的戰術計畫，假如該項談判失敗，則應採取一致的憲法行動。林有福主席答覆稱，他承諾會召開各黨派會議，提出聯合行動之計畫。12 月 9 日，林有福前往倫敦，與「殖民部」官員會談準備召開各黨派會議事宜。他亦與「殖民部」部長連諾克斯－波伊德會談。12 月 21 日，「殖民部」宣布會議將在 1957 年 3 月 11 日舉行，同時宣布下述議程已達成協議：(1) 憲法建議已原則同意。(2) 內部安全。(3) 女王在新加坡之代表之稱呼。(4) 對外關係和國防。(5) 新憲法之生效日。(6) 文人受雇者在武裝部隊中的地位。(7) 任何其他問題。林有福在 12 月 29 日返抵新加坡，很有信心地說：設若有完全的獨立，則新加坡將在 1957 年完成充分的自治政府。[32] 林有福因為採取強硬的反共政策，而受到英國的信任，雙方才能重啟自治談判。

　　新加坡政府在 9 月和 10 月採取行動對付工會中的共黨分子及華校學生

---

30. *Keesing's Contemporary Archives*, June 9-16, 1956, p.14910.

31. *Keesing's Contemporary Archives*, June 9-16, 1956, p.14912.

32. *Keesing's Contemporary Archives*, January 1-5, 1957, p.15293.

的組織，而引起暴動。新加坡政府解散七個左派陣線組織，將 5 位華校教師，其中 3 位是中正中學（Chung Cheng Secondary School）的教師，遣送回中國。在 9 月 24 日解散「華文中學學生聯盟」（Chinese Middle School Students' Union），理由是該組織為共黨之陣線組織。教育部長周瑞麒下令九所華校將 2 名教師解職，開除 142 名學生聯盟分子，禁止在學校內政治集會，開除超過年齡的學生。這些措施遭到人民行動黨的強烈批評，指責林有福壓制反殖民勢力。10 月 10 日，中正中學和中華高中約有 1,000 名學生在校園內靜坐示威，儘管林有福訴請學生家長出面勸請其子女返家，但學生示威持續兩個晚上。10 月 25 日，大規模群眾在學校前示威，聲援這些學生，導致發生警民衝突，政府宣布宵禁。10 月 26 日，警察進入這兩所學校校園，向學生投擲催淚瓦斯，引發嚴重的衝突，警局遭到攻擊，政府大樓遭到縱火，車輛被破壞及縱火。示威者主要是學生，工人及不良分子因同情學生亦有加入者。英國從馬來亞調派 5,000 警力進入新加坡，數次對群眾開槍。至 10 月底，情勢才告穩定，政府在 11 月 2 日取消宵禁。官方公布在這場暴動中有 13 人死亡，150 人受傷。

　　10 月 27–31 日，警方突擊許多工會支部，逮捕 250 名工會分子，其中包括人民行動黨秘書長林清祥，隨後依據維護公共安全令（Preservation of Public Security Ordinance）將林清祥關了兩年。中正中學和中華高中兩所學校的所有學生需在 11 月 15 日以前重新辦理登記，其父母和保證人需簽字保證該學生品行良好。結果在 7,500 名學生中，只有 5,500 名學生完成必要的手續。[33]

　　1957 年 3 月 11 日至 4 月 11 日，新加坡憲制會議在倫敦召開，英方代表為「殖民部」部長連諾克斯—波伊德，新加坡代表由林有福率領第二個全權代表出席，包括李光耀等人。最後達成協議，新加坡從 1958 年 1 月 1 日起完全內政自治。此一新憲制之內容如下：

---

33. *Keesing's Contemporary Archives*, May 18-25, 1957, p.15558.

（一）地位：新加坡自後稱為新加坡邦（State of Singapore），不再稱為殖民地。

（二）邦元首：總督府將被廢除，改由在馬來亞出生者出任邦元首（Yang di-Pertuan Negara），作為英國女王在新加坡的代表。邦元首由女王依據英國政府與新加坡政府協商後任命之，其任期四年。邦元首需依據部長之建議行事。

（三）英國代表：英國派駐新加坡的代表為專員（Commissioner），在新憲法生效頭 6 個月，邦元首和專員可由同一個人擔任，邦元首不必為在馬來亞出生。

（四）責任區分：

1. 英國繼續負責新加坡的對外國防。基此，英國有權控制和使用新加坡的基地及設施。

2. 英國繼續負責新加坡的對外關係。

3. 新加坡政府將負責所有其他的事務，例如商業、貿易和文化關係。

4. 新加坡政府將負責內部安全，但英國政府對此仍擁有主要的利益。將成立新加坡內部安全委員會（Singapore Internal Security Council），其成員包括新加坡總理、兩名部長、英國專員、兩名英國官員、一名馬來亞聯邦政府部長。英國專員為該委員會主席，委員會下設兩位秘書，一位為英國人，另一位為新加坡人，委員會每月至少開會一次。

5. 保障少數民族。新加坡政府應保障、保護、促進馬來族的政治、經濟、教育、宗教、社會和文化利益和馬來語。

6. 立法機關。廢除現行的委任議員，立法委員會的議員全由民選產生，人數為 51 人。

7. 行政機關。首席部長改稱總理。官派部長改為民選部長。首席秘書和財政部長改為民選部長。官派的總檢察長改為民選部長任命的總

檢察長。

8. 司法機關。首席法官由邦元首諮商總理後任命。其他最高法院法官
   由邦元首諮商一個委員會的意見後任命,該委員會由首席法官、其
   他最高法院法官、州檢察長組成。

9. 公民權。新加坡應通過立法,讓其公民擁有個別的公民權。英國應
   修改 1948 年英國國籍法,使得新加坡公民取得英國臣民和「大英國
   協」之公民權。[34]

　　當該倫敦協議送至新加坡立法委員會討論時,大衛 • 馬紹爾抗議倫敦
協議的部分內容,批評其他人接受了「虛假的憲法」。林有福於 4 月 12 日
辭去勞工陣線主席職,且宣布將成為獨立人士。他反對的有三點:一是反
對將給予內部安全委員會直接控制新加坡國內安全的權力;二是反對在英
國出生而居住在馬來亞的英國人有權被選任為新加坡邦元首;三是反對延
遲憲法生效日,協議規定在下次選舉後憲法才正式生效,此一作法將使殖
民統治持續二年或更長的時間。

　　經過四天的辯論,新加坡立法委員會在 4 月 30 日通過憲法建議。在
同一天,大衛 • 馬紹爾辭去議員職務。1957 年 11 月 1 日,他組織工人黨
(Workers' Party),參選 12 月舉行的市議員選舉和 1958 年 8 月的普選。

　　1957 年,李光耀接受馬紹爾的挑戰,雙方辭去立法委員會議員,隨即
參加補選,又當選為丹戎巴葛區議員。馬紹爾則宣布退出政壇。

　　1957 年 8 月 4 日,人民行動黨舉行黨大會,結果親共黨派和非共黨派
在中央執委會各取得 6 席,由親共黨派的陳從今(Tan Chong Kim)擔任黨
主席、知知拉惹(T. T. Ralah)擔任秘書長。人民行動黨溫和派領袖李光耀
辭去秘書長,由知知拉惹律師繼任。[35] 8 月 23 日,新加坡政府依據緊急法

34. *Keesing's Contemporary Archives*, May 18-25, 1957, p.15557.

35. 李光耀,**李光耀回憶錄**(1923-1965),頁 319-321。 "Singapore from 1942-1964,"(http://
www.essortment.com/all/historysingapor_ripo.htm　2009/8/18 瀏覽)

令逮捕 35 名工會會員及涉嫌共黨分子，包括工會主席陳從今、副主席江光元（Kan Kong Yuan）以及 3 名人民行動黨中央執委、13 名黨支部執委、13 名工會職員。隨後又逮捕 7 名星報（Sin Pao）職員、4 名人民行動黨幹部。新加坡政府在同一天公布白皮書，揭發共黨陰謀用暴力和武裝革命手段推翻政府。政府指責「共產黨滲透人民行動黨」。

知知拉惹在 9 月 3 日以健康理由而辭去秘書長，李光耀重新擔任秘書長。他在 9 月 12 日在立法委員會批評政府的作法，批評白皮書的錯誤，但該動議以 22 票對 3 票、7 票棄權，而遭到失敗。林有福強調共黨之威脅確實存在，人民行動黨受到共黨的滲透。政府知道李光耀是一位民主社會主義者，但卻被共黨利用以達其目的。9 月 24-25 日，警方在華文中學逮捕 48 名學生，這些學生參加秘密的讀書會或討論會，後來釋放 29 人，其他人則被拘禁。9 月 26 日，逮捕中正中學校長莊竹林（Dr. Chuang Chu-lin）。10 月 12 日，將他驅逐出境，遣送回中國。政府從 1958 年重新整頓中正中學。[36]

10 月 16 日，立法委員會通過新加坡公民權法（Singapore Citizenship Bill），規定具下述資格者可取得新加坡公民權：(1)出生於馬來亞聯邦者。(2)英國及殖民地的公民。(3) 其他「大英國協」的公民，基於互惠原則，需在新加坡居住滿兩年，且宣誓效忠新加坡。(4) 外僑在過去十年連續在新加坡居住滿八年，登記為公民，且宣誓效忠新加坡。此一規定是針對在新加坡居住的 20 萬華人，希望他們能入籍。[37]

12 月 22 日，舉行新加坡市議會選舉，在 32 席中，人民行動黨贏得 13 席，自由社會主義黨 7 席，勞工陣線 4 席，工人黨 4 席，巫統 2 席，獨立人士 2 席。12 月 24 日，市議會舉行首次會議，人民行動黨的王永元無異議的被選為市長。他建議市議會將議會中的權標廢棄不用，因為這是殖民主義的象徵。1958 年 7 月 26 日，在 Kallang 區舉行補選，人民行動黨的候選

---

36. *Keesing's Contemporary Archives*, November 30-December 7, 1957, p.15890.
37. *Keesing's Contemporary Archives*, November 30-December 7, 1957, p.15890.

人是一位馬來人，他勝過勞工陣線的華人候選人，以 4279 票對 3566 票贏得勝選。[38]

1958 年 3 月，一位馬共分子的華人親自到「李與李律師館」（即李光耀和其妻子開設的律師樓），問李光耀是否要見其組織的人？在 4 月，李光耀與該馬共全權代表見面，此一人物即方壯璧。方壯璧表示他希望人民行動黨內的共黨分子和非共分子能合作，對於親共幹部嘗試在 1957 年奪取行動黨的領導權，他感到遺憾，認為那是過分熱心的青年出於好意，只希望助一臂之力，給馬來亞帶來一場革命。[39] 方壯璧之所以要會見李光耀以及同意支持人民行動黨，乃因為在北京的馬共中央決定，由國外政治局書記章凌雲在 1957 年中會見余柱業時提出。余柱業將指示帶給新加坡馬共的雅加達支部討論，並交給方壯璧執行。[40] 從這些記載可知，馬共為了能贏得1959 年新加坡自治選舉，選定李光耀作為合作夥伴，企圖以人民行動黨的力量控制新加坡的政局。方壯璧與李光耀總共會面五次，在李光耀於 1959年出任總理後，雙方還見面，最後一次是在 1961 年 3 月 11 日。而最後一次見面的議題是勸告李光耀廢除內部安全委員會。[41] 李光耀與馬共的合作關係，在 1962 年後出現裂痕，人民行動黨內受華文教育的左派分子與李光耀越走越遠。

---

38. *Keesing's Contemporary Archives*, October 4-11, 1958, p.16427.

39. 李光耀，**李光耀回憶錄 (1923–1965)**，頁 333-334。在李光耀回憶錄中，方壯璧為了取信於李光耀他的身分，提出他有辦法讓一名馬共分子辭去市議員職務，沒多久，該名工人黨市議員鄭越東辭去市議員及退黨。在李光耀回憶錄中沒有提及該名馬共全權代表的名字。方壯璧在 2006 年出版回憶錄，才揭露該一事件經過。

40. **南洋星洲聯合早報**（新加坡），2007 年 1 月 1 日，頁 11。方壯璧在 1957 年中從新加坡前往雅加達，參加馬共的秘密會議，與余柱業組織工作小組，開會討論新加坡局勢以及對李光耀的評價，對於李光耀既不懂華文，又不諳華語而擔任多個左派工會和團體的法律顧問，因此給予肯定。另一個決議就是擴大統一戰線，要拉攏一個既為殖民統治當局所接受，同時又能為人民左派反殖運動所認可的人物或政黨，因此決定在返回新加坡後會見李光耀，以協調人民行動黨和左派運動的政策與鬥爭活動。參見方壯璧，**方壯璧回憶錄**，策略資訊研究中心，吉隆坡，馬來西亞，2007 年再版，頁 129-143。

41. 方壯璧，**前引書**，頁 154。

表4-2：英國駐新加坡歷任總督（1946—1959）

照　片	姓　　名	任職起始日	任職屆滿日
	Sir Franklin Charles Gimson	1946/4/1	1952/3/20
	Wilfred Lawson Blythe（代理總督）	1952/3/20	1952/4/21
	Sir John Fearns Nicoll	1952/4/21	1955/6/2
	William Goode（代理總督）	1955/6/2	1955/6/30
	Sir Robert Brown Black	1955/6/30	1957/12/9
	William Goode	1957/12/9	1959/6/3

資料來源：http://en.wikipedia.org/wiki/Governors_of_Singapore　2009/8/12 瀏覽

第五章

從自治到獨立

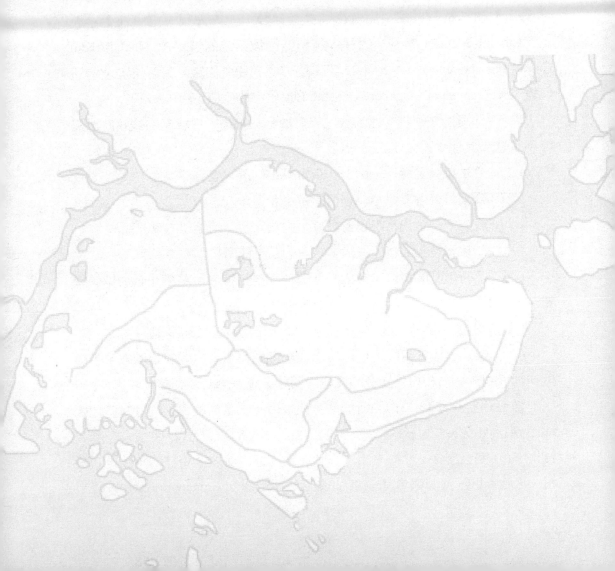

第一節　自治談判

林有福於 1957 年 3–4 月再度率團前往英國倫敦談判。1958 年 4 月 11 日，英國和林有福簽署「關於新加坡自治談判的報告書」，英國同意新加坡在「大英國協」範圍內實現自治，成立新加坡自治邦，其外交和國防由英國掌管。1958 年 5 月 12 日，林有福第三次率領各黨派代表抵達倫敦，與「殖民部」部長討論樞密院令的條件，它將使新憲法生效。新加坡的各黨派代表包括：教育部長周瑞麒（勞工陣線）、李光耀、自由社會主義黨（Liberal-Socialist Party）的林春茂和新加坡巫統的哈米德（Inche Abdul Hamid bin Haji Jumat）。5 月 27 日，雙方會談達成協議，簽署新加坡憲法協議（Agreement of Singapore Constitution），新憲法草案內容如下：

（一）保護馬來族和其他少數民族之權利和特權。責成新加坡政府要保障馬來族和其他少數民族的權利。

（二）立法議員之資格。由立法議會決定候選人之資格要件。

（三）公務員待遇。保障公務員的薪水和退休金。

（四）成立第一個公務服務委員會。由州元首徵詢總理的意見組成。

（五）州檢察長。由州元首徵詢總理的意見任命。

（六）臨時限制顛覆分子。因犯顛覆罪而被逮捕者，將禁止參加第一次普選。

（七）國防。英國將在新加坡基地駐軍，使用新加坡的基地。

（八）英國高級專員的地位。新加坡內閣議程以及內閣討論的涉及英國對新加坡對外國防和對外關係的責任之問題，應送給高級專員。

林有福在 6 月 15 日返回新加坡，他說所有出席倫敦會談的各黨派代表都看到新加坡未來的三個階段：(1) 成立內部自治政府。(2) 與馬來亞聯邦合併。(3) 完全獨立。他補充說，倫敦會議同意，新憲法將在四年後重新檢討。8 月 1 日，英國國會通過新加坡邦法（State of Singapore Act），將新

圖 5-1：1957 年林有福率各黨派領袖前往倫敦參加 3 月 11 日到 4 月 11 日憲制會議行前
　　　會議合影
說明：左第一人為李光耀。坐在中央戴眼鏡者為林有福。
資料來源：翻拍自 *Colony of Singapore Annual Report, 1957*, Government Printing Office,
　　　Singapore, 1958,p.4.

加坡殖民地地位改為邦的地位，擁有內政自主權，包括財政權。內部安全
握在內部安全委員會手裡，其成員包括新加坡、英國和馬來亞聯邦的代表。
立法議會共有 51 席，由新加坡成年公民選舉產生，會議中可使用英語、
華語、馬來語和淡米爾語。英國負責新加坡的國防和外交。其中最有爭議
的是英國堅持已知的顛覆分子不應參加 1959 年 5 月的選舉。[1] 9 月 22 日，
林有福宣布新加坡領袖對於樞密院令處理自治政府的字詞不妥，所以協議
第三個草案再度送回「殖民部」做文字上的修正。[2] 11 月 27 日，新加坡
政府正式公布 1958 年新加坡憲法敕令（The Singapore Constitution Order in
Council, 1958），新加坡自治邦便據此敕令成立。

---

1. C. M. Turnbull, *op.cit*., p.267.
2. *Keesing's Contemporary Archives*, October 4-11, 1958, p.16427.

　　新加坡市議會內部因為人民行動黨和其敵對黨長期不合，導致林有福於 1959 年 3 月 27 日發出命令，所有市議會的權力，除了公共工程之外，皆移轉到地方政府部長手裡。在正式執行該命令之前，地方政府部長阿布都・哈米德譴責市議會在建造人民法庭和蓋世太保（Gestapo）體系。他說他的責任在監督市議會是否在為民服務，而非為特定的政黨或其丑角服務。當市議會在 3 月 31 日集會，已減少權力，人民行動黨的新加坡市長王永元強烈地抗議政府的作法，譴責阿布都・哈米德濫權，破壞責任地方政府的原則。4 月 19 日，王永元及另外 12 名人民行動黨市議員辭去議員職務，準備參加即將來臨的選舉。王永元暗示假如人民行動黨獲勝，將廢除該市議會。1959 年 7 月 16 日，立法議會決議廢止市議會，其職權移轉至邦政府。[3]

　　在王永元辭職前，新加坡總督顧德（1957 年 12 月 9 日到 1959 年 6 月 2 日擔任總督）任命有名的律師伊里亞斯（S. H. D. Elias）為專員，負責調查市議會的事情。然而，人民行動黨拒絕伊里亞斯的任命，因為他顯示與人民行動黨敵對，其公正性有疑問。鑑於此一反對，總督只好在 5 月 11 日另外提名麥克威廉（J. F. McWilliam），執行調查工作。麥克威廉從 5 月 14 日開始進行聽證工作，但至 5 月 21 日就停止了，因為聽證過程變成「政治論壇」。

　　李光耀在 5 月 20 日人民行動黨舉行的群眾大會上表示，任何外國人所有的報紙若故意製造新加坡和馬來亞聯邦的緊張關係，假如人民行動黨執政的話，將依顛覆法治罪。依據公共安全令（Public Security Ordinance）之規定，授權政府逮捕嫌疑犯，可拘禁兩年，不用審判。他指控新加坡最大報紙 *海峽時報*（The Straits Times）挑撥人民行動黨和馬來亞聯邦前首相東姑阿都拉曼（Tunku Abdul Rahman）的關係，指責 4 位白人控制該報紙。他接著強調他相信新聞自由，但應區別本地所有的報紙和外國所有的報紙。遭本地報紙之批評，無論對或錯，都是有誠意的，因為他們是本地的報紙，

---

3. *Keesing's Contemporary Archives*, July 11-18, 1959, p.16909.

必須留下來,若為外國人所有,責任感就會降低。對於李光耀此一評論,*海峽時報*認為是新聞自由之威脅,因此向「國協新聞聯盟」(Commonwealth Press Union)提出控訴。「國際新聞研究中心」(International Press Institute)於 5 月 26-28 日在柏林召開會議,一致通過一項決議,表達嚴重關切新加坡一個政黨擬使用安全法令對付新聞記者,特別是*海峽時報*的記者,此將威脅新聞自由。該機構決定派遣加斯帕德(M. Armand Gaspard)前往新加坡進行調查。此為該機構在 1951 年成立以來頭一遭。[4]

　　加斯帕德在 9 月 14 日在瑞士蘇黎世發表調查報告,認為李光耀在選前發表對*海峽時報*的談話,是為了選舉需要,故有點誇張,然而過後並沒有撤銷該威脅。他亦認為自從人民行動黨執政後,做了幾件對的事,例如對前任政府逮捕新聞記者或關閉報社或新聞審查等案件進行評論,其對新聞問題已採取溫和的態度。該報告又說:「新政權的本質不會導致我們相信侵犯新聞自由是迫切的。但『國協新聞聯盟』將密切關切情勢的發展。」「國協新聞聯盟」派遣兩位外國通訊員駐在新加坡,報告影響新聞自由的情勢發展。[5]

　　1959 年 5 月 30 日,新加坡舉行自治政府第一次立法議會選舉,採強制投票,投票率為 90%。人民行動黨在馬共分子及左傾分子的支持下贏得 51 席中的 43 席,林有福領導的新加坡人民聯盟(Singapore People's Alliance)4 席,巫統與馬華公會聯合起來的「聯盟」(Alliance)3 席,獨立人士 1 席。僅有兩位前任部長當選,一位是林有福,另一位是副首席部長阿布都‧哈米德。就立法議會的種族結構來看,華人有

圖 5-2:人民行動黨的黨徽
資料來源:http://blog.omy.
sg/sgstory/archives/369
2008 年 7 月 15 日瀏覽

---

4. *Keesing's Contemporary Archives*, June 20-27, 1959, p.16862.

5. *Keesing's Contemporary Archives*, September 19-26, 1959, p.17013.

圖 5-3：馬紹爾
資料來源：http://
en.wikipedia.or
g/wiki/History_
of_Singapore
2010/12/20 瀏覽

33 人、馬來人 10 人、印度人 7 人、歐亞人 1 人。婦女代表有 5 人。選後，人民行動黨宣稱他們不會就職，除非政府釋放該黨自 1956 年以來被捕的黨員。李光耀與新加坡總督顧德會談後，於 6 月 2 日宣布釋放被捕的 8 人。6 月 2 日，顧德宣布新加坡新憲法正式生效。6 月 3 日，顧德宣誓成為邦元首（Yang di-Pertuan Negara），代表英國女王。該日成為新加坡自治邦之起始日。6 月 4 日，被捕的 8 人獲釋。6 月 5 日，李光耀就任總理。[6]

　　1959 年 12 月 3 日，尤素夫（Inche Yusof bin Ishak）繼顧德就任新加坡第一位馬來亞出生的邦元首。顧德轉任英國駐北婆羅洲總督。尤素夫出生於霹靂州，父為馬來亞政府官員，曾任新聞記者，1939 年協助創辦**馬來由快迅報**（*Utusan Melayu*），隨後出任該報主編和管理主任。1958 年初，他前往新加坡，李光耀任命他為公共服務委員會主席。[7]

表 5-1：新加坡歷任元首

姓　　名	任　　期
尤素夫·伊薩 (Yusuf bin Ishak)	1959/12/3—1970/11/23
楊錦成（Yeoh Gim Seng）	1970/11/23—1971/1/2（代理）
本傑明·亨利·薛爾思（Benjamin Henry Sheares）	1971/1/2—1981/5/12
楊錦成	1981/5/12—1981/10/24（代理）
蒂凡那 (Chengara Veetil Devan Nair)	1981/10/24—1985/3/27
黃宗仁（Wee Chong Jin）	1985/3/27—1985/3/29（代理）

6. *Keesing's Contemporary Archives*, June 20-27, 1959, pp.16861-16862.

7. *Keesing's Contemporary Archives*, November 28-December 5, 1959, p.17133.

楊錦成	1985/3/29—1985/9/1（代理）
黃金輝（Wee Kim Wee）	1985/9/1—1993/9/1
王鼎昌（Ong Teng Cheong）	1993/9/1—1999/9/1
納丹（Sellapan Ramanathan Nathan）	1999/9/1—2005/9/1
納丹	2005/9/1—

資料來源：http://www.terra.es/personal2/monolith/singapor.htm 2009/8/25 瀏覽

　　1961 年 1 月 11 日，新加坡文化部長拉惹勒南（S. Rajaratnam）在新加坡立法議會宣布在 1 月 6 日破獲極端組織「穆斯林革命軍人」（Soldiers of Moslem Revolution）的陰謀，警方逮捕該組織領袖加尼（Abdul Ghani bin Hassan）及其他 14 名黨徒，他們穿戴草綠色軍服及肩章。[8]

　　6 月，林有福等各黨領袖成立聯盟黨（Alliance），包含由林有福領導的新加坡人民聯盟（Singapore People's Alliance）、馬華公會、巫統和馬來亞印度國大黨。6 月 2 日，林清祥、方水雙、兀哈爾（Sidney Wood-hull）、詹密星、巴克和多米尼克·普都遮里等六大工會領袖，發表反對組織馬來西亞聯邦的聲明，他們主張：「成立真正名副其實的內部完全自治的政府，內部安全自己控制，同時廢除內部安全委員會。他們要求安順區（Anson）選民為了爭取 1963 年憲制會談的勝利，早日實現他們的要求，投票支持人民行動黨。」[9]

　　安順區因為人民行動黨的立法議員去世，而在 7 月 15 日舉行補選，結果大衛·馬紹爾

圖 5-4：社陣之競選標語
資料來源：http://blog.omy.sg/sgstory/archives/369
2008 年 7 月 15 日瀏覽

8. *Keesing's Contemporary Archives*, February 4-11, 1961, p.17909.
9. 李光耀，**李光耀回憶錄**（1923-1965），頁 428。

擊敗人民行動黨的候選人。有 6 名新加坡工會大會（Singapore Labor Union Congress）的領袖支持大衛．馬紹爾。新加坡工會大會的 6 名秘書反對新加坡併入馬來西亞聯邦，要求新加坡立即實施自治、廢除內部安全委員會、釋放被捕的左派嫌疑犯。這 6 位秘書和林清祥、方水雙（後兩位從 1956－1959 年被捕關在監獄）在選戰中公開支持大衛．馬紹爾。7 月 13 日，四十三個工會宣布支持這 6 位秘書。大衛．馬紹爾的政見是主張新加坡無論是加入馬來西亞聯邦或不加入，皆應立即獨立；以及英國應撤出在新加坡的軍事基地。他雖然支持大馬來西亞計畫的原則，但批評現在新加坡政府希望使新加坡成為馬來亞的永久的奴隸和殖民地。他在勝選後，要求李光耀下台。

鑑於工會內部的分裂，李光耀向人民行動黨中央致函表明辭去總理。黨中央沒有接受他的辭職。7 月 20 日，李光耀指責林清祥、方水雙和兀哈爾是左派陣線陰謀的領袖，意圖在人民行動黨內部奪權。同時強烈批評英國與左派極端分子的關係。雖然英國政府鼓勵新加坡政府鎮壓共黨分子，但英國代表卻與共黨分子喝酒吃飯，暗中密謀。李光耀指責英國高級專員薛爾克（Lord Selkirk）在 7 月 18 日經人民行動黨異議分子林清祥和其他工會分子之請求下而與他們會面。在 7 月 20 日立法議會舉行對李光耀的信任投票，以記名投票方式進行，結果他獲得 27 票支持，包括人民行動黨 26 票及獨立人士 1 票。有 8 票反對，16 票棄權，包括人民行動黨異議分子 13 票。李光耀以僅比過半數多 1 票順利通過信任投票。

7 月 21 日，李光耀解除林清祥、方水雙和兀哈爾三人在人民行動黨政府中的政治秘書職務。該一職務是這三人於 1959 年從監獄獲釋後為他們設立的。24 日，人民行動黨中央對在信任投票中棄權的 13 名議員祭出黨紀處分，解除他們的黨內職務。在同一天，李光耀宣布他和內政部長王邦文（Ong Pang Boon）及衛生部長阿瑪德（Ahmad bin-Ibrahim）暫時請假，使他們可以直接與人民接觸，瞭解民間疾苦。

7月25日，勞工部長拜恩斯（K. M. Byrne）提議解散勞工大會，以回應勞工大會秘書長康達斯瓦米（G. Kandaswamy）的建議。而這13位人民行動黨異議分子在7月26日宣布組織「社會主義陣線」（Barisan Socialis, Socialist Front，以下簡稱社陣）。該黨正式於8月13日登記，其主席為李紹祖（Dr. Lee Siew Choh）。該黨之政綱主張立即廢除內部安全委員會，以走向自治政府，使其名實相符。接受英國控制新加坡的基地和對外關係，以及擁有終止憲法的最後權力。[10] 9月3日，「社陣」召開發起人會議，選出第一屆中央委員會委員，李紹祖當選主席，林清祥當選秘書長，方水雙則擔任組織秘書。9月17日，「社陣」在快樂世界體育館開成立大會。「社陣」具有極大的草根基礎，其主要支持來源是南洋大學學生和工會會員，「社陣」控制約三分之二工會組織，有四十三個工會公開支持「社陣」。[11]

社會主義陣線領袖包括13名立法議會議員及不少工會領袖。此導致人民行動黨在立法議會中的議席數剩下26席，勉強超過半數1席。林有福領導的新加坡人民聯盟贊同新加坡先成立主權獨立國家，然後才考慮同馬來亞合併。[12] 李光耀認為「社陣」之宗旨跟人民行動黨完全一樣，那就是建立「一個民主、獨立、社會主義和非共的馬來亞，由聯邦和新加坡共同組成。」[13] 但後來「社陣」的主張與人民行動黨分道揚鑣，在新、馬合併議題上，「社陣」反對新加坡併入馬來西亞，而與李光耀發生嚴重衝突。

7月，「大英國協」國會聯合會（Commonwealth Parliament Association）在新加坡舉行區域會議，有馬來亞、新加坡、北婆羅洲、汶萊和砂拉越的代表出席，會中通過了新、馬合併的原則。8月，新加坡和馬來亞總理正式宣布合併協議的原則。

李光耀為說服人民接受新、馬合併，從9月13日到10月9日的一個

10. *Keesing's Contemporary Archives*, December 23-30, 1961, p.18499.

11. C. M. Turnbull, *op.cit.*, p.279.

12. 李光耀，李光耀回憶錄（1923-1965），頁422。

13. 李光耀，李光耀回憶錄（1923-1965），頁452。

月裡，每星期廣播三講，每講用三種語言播出，其中兩種語言為馬來語和華語。他總共講了十二講，他特別提到新、馬不能分開的原因：

> 「大家都知道聯邦對新加坡的重要性。聯邦是新加坡的腹地，它生產樹膠和錫，使我們的轉口貿易經濟能夠運轉。聯邦這個腹地使新加坡成為一個大城市。沒有這個經濟腹地，新加坡就不能夠生存。如果不合併，如果我們兩個政府不能重新統一，如果我們兩地的經濟不能合而為一，那麼，我們的經濟地位就會慢慢地、逐漸地惡化，我們大家的生活就會越來越苦。原本一個單一的全馬經濟發展計畫將分裂成為兩個。聯邦本來應該跟新加坡合作的，卻變成在爭取工業化的資金和發展上互相競爭，這樣就勢必兩敗俱傷。」[14]

當時新加坡經濟情況不好，基礎建設落後，人民生活貧困，據 1960 年 4 月統計，失業人口有 4.5 萬人，約占新加坡四分之一的人處在貧窮線下。李光耀為使新加坡獲得更好的經濟資源，企圖將新加坡併入馬來西亞而取得更廣大的經濟腹地，經濟因素應是新、馬合併的重要考慮之一。此外，以當時的英國的立場而言，是不會讓新加坡獨立的，若主張新加坡獨立，將不可能實現。因此，最大的可能是先與馬來亞合併，才能脫離英國的殖民控制。這是早期林有福的想法，李光耀等人民行動黨的領袖也體認該一現實情況。

第二節　新加坡加入馬來西亞聯邦

1961 年 10 月 31 日，自治邦第一屆立法議會第三年度會議，由元首尤

---

14. 李光耀，**李光耀回憶錄**（1923-1965），頁 461。

素夫主持開幕儀式，並代表政府發表施政方針。元首報告中最重要的是新、馬合併問題，他提出背景以及新、馬領袖多次會談的進展。他表示：「1961年 5 月 27 日，馬來亞聯邦首相東姑阿都拉曼在新加坡演說首度提到成立馬來西亞聯邦的構想。6 月 3 日，新加坡總理李光耀回應說：如果通過婆羅洲各姊妹地區和我們一起加入，與馬來亞聯邦共同在政治上的結合將會更容易地導致合併與獨立，那麼我們就支持他，因為這也意味著我們的國家將有一個更大與更堅強的經濟基礎。6 月 9 日，副總理杜進才[15] 博士宣布，新加坡政府將於 1963 年 6 月憲制談判時通過合併以尋求獨立，不過，這項合併安排需讓新加坡保留教育和勞工自主權。8 月 23 日，新、馬兩地政府總理對於合併問題舉行會談並達致協議。會後的聯合公報說，新、馬合併後，新加坡保留教育與勞工的自主權，聯邦中央政府則負責對外事務、國防與治安等。此後，雙方的總理、副總理與重要內閣成員舉行多次會談，就一系列具體安排的問題（包括法律的銜接、各政府部門行政的銜接、稅收的分配等）達成共識。」元首強調新、馬合併將為新加坡提供新的經濟利益與就業機會，作為聯邦的一部分，新加坡的工業將有更廣闊的發展天地。[16]

關於新加坡領袖為何在與馬來亞合併案中會主張保留教育和勞工自主權，李光耀的回憶錄曾有清楚的記載，他說：

> 「我知道除非教育和勞工政策不受聯邦控制，否則我們無法爭取到大多數新加坡人的支持。馬來亞的教育政策，是在聯邦華校和中華總商會的抗議聲中推行的，因為馬來亞的教育政策規定，華校必須以馬

15. 杜進才於 1921 年 12 月 10 日出生於馬來西亞霹靂州的太平，年輕時前往新加坡和英國留學。1954 年，與李光耀等人共同創立人民行動黨。1954–1981 年，擔任人民行動黨主席。1959 年當選新加坡自治領立法議會議員，以後連任議員六屆。1959–1968 年擔任副總理、1968–1975 年擔任科技部長，1975–1981 年擔任衛生部長，1981 年卸下內閣職務以及黨主席職。1988 年，完全退出政壇。

16. 韓山元，「議會史話（21）：新、馬合併問題大辯論」，**南洋星洲聯合早報**（新加坡），1998 年 7 月 19 日，頁 7。

來文取代華文和英文作為教學語言,才有資格獲得政府的津貼。這種
政策決非新加坡的非馬來人所能接受,就連受英文教育的人也會反對
在這種情形下合併,受華文教育的人恐怕要訴諸暴力行動了。

關於勞工政策方面,如果註冊和吊銷職工會註冊的權利操在吉隆坡
的勞工部和內政部手裡,新加坡的工人和工會領袖自然會反對馬來西
亞計畫。聯邦之所以對職工會採取強硬的政策,主要是因為他們決心
撲滅共產黨的顛覆活動,同時也因為他們對激進的職工運動有所顧忌,
因此採取嚴厲的措施,遏制工人在工業糾紛中進行糾察和談判時的過
激行動。」[17]

11 月 20 日,立法議會就新、馬合併案進行辯論,「社陣」李紹祖在辯
論時講了三小時的反對意見,隔天又講了三小時,總共講了六個多小時。
「社陣」湯申區議員巴尼(S. T. Bani)也講了三個半小時。12 月 6 日,對
合併動議及李光耀提呈的新、馬重歸統一白皮書進行表決,結果以 33 票對
0 票通過,18 人缺席。投贊成票者除人民行動黨 26 票外,還加上新加坡人
民聯盟 4 票、巫統 2 票、1 名獨立議員。「社陣」、人民統一黨與工人黨的
17 名議員投票時退出議會,以示抵制。[18]

人民行動黨是執政黨,而各個反對黨因政治立場不同,勢力因之削弱。
例如,「社陣」是個左翼政黨,擁有 4 席的人民聯盟及擁有 3 席的巫統是
右翼政黨,他們支持馬來亞聯邦政府提倡的馬來西亞計畫,其立場與人民
行動黨接近。就算將王永元的聯合人民黨(United People's Party,有 3 席)
與工人黨(有 1 席)和「社陣」聯合起來,僅有 17 席,尚不足以推翻政府。[19]

---

17. 李光耀,*李光耀回憶錄*(1923-1965),頁 430。
18. 韓山元,「議會史話(21):新、馬合併問題大辯論」;李光耀,*李光耀回憶錄*(1923-1965),頁 474。韓山元說巫統有 3 席,*李光耀回憶錄*說巫統有 2 席。
19. 韓山元,「議會史話(20):議會內朝野旗鼓相當」,*南洋星洲聯合早報*(新加坡),1998 年 7 月 12 日,頁 9。

1962 年 1 月 30 日，新加坡立法議會以 35 票（人民行動黨、巫統和新加坡人民聯盟）對 13 票通過一項動議支持馬來西亞聯邦計畫，投反對票的是社會主義陣線。另有 3 票棄權，屬於王永元的聯合人民黨。

社會主義陣線為何反對加入馬來西亞聯邦？有其自身安全的考慮。因為一旦成立馬來西亞聯邦，它將變成一個勢力擴大的反共的政權，不僅將造成他們會被拘捕，而且會削弱新加坡的左派革命勢力的力量。其次是權力的考慮，因為如果合併不成，則人民行動黨可能在下次選舉時失敗而下台，那麼「社陣」就有機會執政。第三個原因是將合併視為英國的陰謀，英國有意擴大其在馬國的影響力。第四個原因是凡是李光耀及其集團贊同者，即須加以反對。[20]

由馬來亞、新加坡、砂拉越、汶萊和北婆羅洲等五個領地的代表組成的馬來西亞團結諮商委員會（Malaysia Solidarity Consultative Committee）於 1962 年 1 月 8 日宣布英語是馬來西亞聯邦的國際語言，與馬來語一樣都是官方語言。另外亦通過下述的決議：

1. 決定留在砂拉越和北婆羅洲的英國人將擁有馬來西亞公民權。

2. 未來的聯邦政府或任何州政府可給予贈款去協助穆斯林或任何其他的宗教，但沒有人可以被迫繳付特別稅去協助一種宗教。

3. 砂拉越用來選出州議會成員的選舉團制度應予維持，以選出地方代表，參與聯邦議會。委員會建議直接選舉制度可稍後再予考慮。

該委員會第三次會議討論了馬來西亞計畫所涉及的政治、經濟和憲法問題。[21]

印尼共產黨於 1961 年 12 月召開一項會議，有若干「社陣」領袖出席

20. Mohamed Noordin Sopiee, *From Malayan Union to Singapore Separation, Political Unification in the Malaysia Region 1945-65*, Penerbit Universiti Malaya, Kuala Lumpur, Malaysia, 1974, p.158.

21. *Keesing's Contemporary Archives*, February 3-10, 1962, p.18580.

會議，會中決議反對成立馬來西亞聯邦。1962 年 1 月，左派分子在吉隆坡
召開會議，馬來亞社會主義陣線（Malayan Socialist Front）、新加坡社陣、
砂拉越聯合人民黨（Sarawak United People's Party）和汶萊人民黨（Brunei
Parti Ra'kyat）出席，決議反對馬來西亞聯邦。大衛・馬紹爾的勞工黨和
王永元的聯合人民黨派遣 19 名國會議員前往聯合國，向殖民地委員會要求
反對新、馬合併。1962 年 7 月，李光耀前往聯合國，成功地化解了該項問題，
殖民地委員會沒有做出反對意見。他接著前往倫敦，會商有關合併事宜。[22]

　　1962 年 9 月 1 日，新加坡舉行公投，以決定是否併入馬來西亞聯邦。
就三項議題提請選民選擇：

1. 計畫 A：新加坡併入馬來西亞聯邦，但有下述條件：(1) 新加坡將加
   入馬來西亞聯邦，但維持在勞工和教育的高度自治。(2) 所有新加坡
   公民將自動成為馬來西亞公民。(3) 新加坡將在馬來西亞國會中擁有
   15 席。(4) 新加坡將維持多元語言主義。新加坡政府已向選民介紹該
   一選項。

2. 計畫 B：新加坡無條件併入馬來西亞聯邦，新加坡的權利拘限於馬
   來西亞聯邦內州的地位。英語和馬來語為州立法機關唯二的語言。

3. 計畫 C：新加坡併入馬來西亞聯邦的條件，不低於婆羅洲的三個州
   併入馬來西亞聯邦的條件。

　　選民數有 625,000 人，投票率 90%，結果，計畫 A 獲得 397,626 張票，
占所有投票率的 71%。計畫 B 獲得 9,419 張票，計畫 C 獲得 7,911 張票，另
外有 144,077 人投空白票，占總投票數 25%。此次投票是強制投票。社會主
義陣線呼籲選民投空白票。按照公投法之規定，空白票將被認為是支持三個
選項中最受支持的一項，將被計算入最受支持之選項的票。但因為鑑於計畫
A 獲得大多數人的支持，所以未將該空白票計入計畫 A 的得票數。[23]

22. C. M. Turnbull, *op.cit.*, p.280.

23. *Keesing's Contemporary Archives*, September 1-8, 1962, p.18957; Mohamed Noordin Sopiee,

此次公投共設 345 個投票站，開票是集中在基里瑪路的羽球館，而且將各投票站的選票混合計算，人民行動黨的目的是不想讓「社陣」知道哪些選區投的空白票最多，「社陣」則要求其支持者將投票卡和選票一起投入票匭，從這些投票卡就可以查出其支持者是在哪個選區。李紹祖醫生對於計票結果表示疑義，所以當著他的面開啟票箱以及重新計票，計票兩次也使得該項公投最後塵埃落定。[24]

汶萊人民黨在 1962 年 12 月 8 日爆發叛亂，反對汶萊併入馬來西亞聯邦。五天後，內部安全委員會應東姑阿都拉曼的要求召開了緊急會議。會中討論對付共產黨人的行動勢在必行，而「社陣」發表支持汶萊叛亂的聲明提供了機會。內部安全委員於 12 月 15 日在吉隆坡開會批准了逮捕共黨分子的命令。12 月 15 日晚上，警方人員逮捕 9 名新加坡立法議員。

新加坡鑑於共黨分子對新加坡之安全威脅以及共黨刊物之煽動，在 1963 年 2 月 2 日執行「冷藏行動」（Operation Coldstore）的保安行動，逮捕 111 名激進左派工會分子，2 月 4 日又逮捕 2 名，同時取締共黨刊物。李光耀表示該項行動係經過英國、馬來亞和新加坡依據內安委員會之決議而決定的。被捕者包括社會主義陣線、人民黨（Partai Ra'ayat, People's Party）和左派的新加坡工會聯合會（Singapore Association of Trade Union, SATU）的領袖，有林清祥、方水雙和兀哈爾（軍港工友聯合會秘書）。原先李光耀在逮捕林清祥前曾同意他流亡印尼或他所選擇的其他地方，結果被他拒絕。[25]

兀哈爾被捕後，由費南迪（Michael Fernandez）接任軍港工友聯合會秘書，在同年發動 1 萬名軍港工友進行三十天罷工行動。[26] 費南迪是馬來亞大

---

op.cit., p.167.

24. 李光耀，**李光耀回憶錄**（1923-1965），頁 516。

25. 李光耀，**李光耀回憶錄**（1923-1965），頁 540。關於冷藏行動逮捕的人數有不同的記載，Hongkong Standard 的報導是 133 人。Francis Daniel, "Singapore 20 years after 'Operation Coldstore'" *Hongkong Standard*, February 15, 1983.

26. 費南迪在 1964 年被逮捕，關在樟宜監獄至 1973 年，參見**南洋星洲聯合早報**（新加坡），

學社會主義俱樂部的成員，該俱樂部成立於 1953 年，重要成員包括曾任新加坡國立大學東亞研究所所長王賡武、新加坡巡迴大使許通美教授。王賡武在 1953 年草擬社會主義俱樂部綱領。該俱樂部在 1962 年反對新、馬合併，認為合併是建立在種族政治之前提上。該俱樂部針對新、馬合併展開民意調查，抗議合併投票沒有提供「反對合併」的選項。該俱樂部的兩名創辦成員普都遮里（James Puthucheary）和兀哈爾亦成為人民行動黨的創黨黨員，1962 年因與人民行動黨意見不合而加入社會主義陣線，後被拘留並驅逐出境。[27]

新加坡內安委員會在 1963 年 2 月 3 日公布「共產主義之陰謀」（Communist Conspiracy）之文件，指控那些被逮捕者之目的在利用新加坡作為顛覆馬來亞之古巴式基地。由於人民行動黨支持馬來西亞聯邦，所以共黨分子企圖掌控人民行動黨，使新加坡成為馬來西亞的古巴，即共產革命的橋頭堡，目的在使新加坡脫離馬來西亞聯邦。2 月 18 日，新加坡政府依據違禁刊物令（Undesirable Publication Ordinance）查禁十家左派刊物。2 月 20 日，113 名被捕者被宣布監禁一年。

李光耀為使新加坡先成立一個獨立的國家再加入馬來西亞聯邦，因此不顧英國的反對，於 8 月 31 日在政府大廈前舉行一個慶祝儀式，李光耀宣布新加坡獨立，大英國協關係與殖民地國務部長（Secretary of State for Commonwealth Relations and the Colonies）桑迪斯（Duncan Sandys）沒有參加慶典，他說如果新、馬按照原訂日期在 9 月 16 日合併，他就會出席。此時砂拉越已宣布事實獨立，北婆羅洲已宣布成立沙巴州。李光耀之所以宣布新加坡獨立，並行使聯邦託管的權力，主要目的在對東姑阿都拉曼施壓，要他守約，以 9 月 16 日為馬來西亞成立的日期。李光耀於 9 月 4 日告訴薛爾克：「如果我和東姑（阿都拉曼）前此同意的要點到提名日仍不受尊重，

2007 年 1 月 14 日，頁 11。

27. *南洋星洲聯合早報*（新加坡），2007 年 1 月 14 日，頁 11。

我將以獨立作為競選綱領，而且立刻要求一些國家從 9 月 16 日起承認新加坡。因為任何進一步的推諉，只能意味著有關的馬來領袖們打算壓服新加坡。要是我讓新加坡根據那種條件加入馬來西亞，我將沒有面目接受委託。」薛爾克向桑迪斯報告，應當力促東姑阿都拉曼在一些尚待解決的小問題上，滿足李光耀的要求。[28]

李光耀向桑迪斯提出以 9 月 12 日為最後期限，要求將東姑阿都拉曼在倫敦對李光耀所作的承諾寫進憲法或是適當的文件中。李光耀已解散立法議會，提名訂在 9 月 12 日，如果英國和東姑阿都拉曼不接受他的要求，則他將宣布新加坡獨立，然後要求選民投票表示贊同。此一策略獲得成功，9 月 7 日馬來亞總檢察長和巫統副主席敦拉薩（Dato Abdul Razak）對於有所爭執的事項，都同意了新加坡的要求，只有授權新加坡拘捕私會黨歹徒一項例外。他不希望把這一項列入憲法，但以簡單的授權書取代。9 月 11 日，李光耀宣布新、馬之間歧見已經消除。關於這段攻防經過，李光耀承認是日後造成新、馬衝突的主因，他說：「可以這麼說，我利用殖民地宗主國的力量脅迫馬來亞領導人，這引起他們對我的仇視，也為未來的麻煩種下禍根。然而我單方面宣布新加坡獨立卻是必要的，為的是警告英國人，如果東姑不兌現他的諾言，我可以使他們和東姑處境同樣艱難。我採用的方法雖然取得成功，卻付出了一定的代價。東姑（東姑阿都拉曼）和敦拉薩認定我是一個很難應付的人。從此以後，他們跟我交往，總是抱著提防的心理。」[29]

9 月 16 日，新加坡加入馬來西亞聯邦，成為聯邦第十四州之一。在這之前，新加坡已有十五天獨立的事實。就法律意義而言，新加坡是在脫離英國獨立後加入馬來西亞聯邦，但並未獲英國或他國承認。英國只同意新加坡併入馬來西亞聯邦，新加坡將國防、外交和內安等權力交給中央政府，

---

28. 李光耀，李光耀回憶錄（1923-1965），頁 565。
29. 李光耀，李光耀回憶錄（1923-1965），頁 569。

僅保留財政、勞工和教育權力。新聯邦國會議席 127 席中，新加坡分到 15 席。新加坡仍維持其州議會、州元首和州行政體系以及總理的官銜。每年所得稅收的 40% 上繳中央政府，約占其總歲入的 27%。[30] 人民行動黨內部的左右派開始時都是主張新加坡獨立的，後來之所以分裂，差別在於李光耀主張新加坡獨立但要併入馬來西亞聯邦，但林清祥等人則主張新加坡永遠獨立，反對併入馬來西亞聯邦。

第三節　新加坡脫離馬來西亞獨立

　　李光耀將大選訂在 1963 年 9 月 21 日，有其策略考慮，該天是新加坡加入馬來西亞聯邦第五天，「如果這一天馬來西亞尚未成立，社陣又在大選中獲勝，那麼新加坡人、英國人和馬來亞人都會面對麻煩。我認為這將使東姑（指東姑阿都拉曼）別無選擇，只好依照原定計畫在 9 月 16 日宣布馬來西亞成立。」[31]

　　9 月 21 日，新加坡舉行立法議會選舉，選民有 617,640 人，投票者有 530,000 人，結果在 51 席中，人民行動黨獲得 37 席、社會主義陣線 13 席，聯合人民黨 1 席。[32] 李光耀在對抗共產主義勢力上贏得一次漂亮的勝利，此與 1959 年的勝利不同，因為那次勝利是獲得共產主義勢力的支持。

　　東姑阿都拉曼在這次選舉中親自到新加坡，參加「聯盟黨」的群眾大會，並在會上講話，巫統領導層和新加坡馬來人的引力，使他介入新加坡的政治。這引起李光耀的注意，開始想在馬來半島拓展人民行動黨的影響力。新加坡聯盟黨在這次選舉中大敗，他們派出的 42 名候選人全軍覆沒，

---

30. C. M. Turnbull, *op.cit.*, p.281.

31. 李光耀，**李光耀回憶錄**（1923-1965），頁 569-570。

32. *Keesing's Contemporary Archives*, December 28,1963-January 4, 1964, p.19816.

造成以後馬來半島馬來人對李光耀的不滿。

在 9 月 21 日大選後，新加坡政府公布將取消華裔橡膠業鉅子及南洋大學創辦人陳六使（Tan Lark Sye）之公民權，理由是他積極地與南洋大學的共產主義分子合作，並公開地簽署共產主義分子的聲明支持社會主義陣線的候選人。

新加坡工會聯合會（Singapore Association of Trade Unions）號召在 10 月 8–9 日進行總罷工，在 10 月 8 日清晨，有 14 名工會領袖被捕，其中有 3 名立法議會議員，包括新加坡工會聯合會主席巴尼（S. T. Bani）、李之東（Lee Tee Tong）、羅苗光（Miss Low Miaw Gong），他們都是社會主義陣線黨員。他們被指控企圖利用南洋大學和華文中學學生迫使政府收回撤銷陳六使公民權的命令。10 月 31 日，新加坡工會登記局（Singapore Registration of Trade Union）宣布取消七家工會的登記，理由是這些工會從事共黨活動，威脅國家的安全。[33]

10 月 22 日，新的立法議會議員宣誓就職，議會通過的第一項法案是有關推選議員參加吉隆坡聯邦眾議院的課題，選出 12 名行動黨議員和 3 名「社陣」議員作為出席聯邦國會的代表，用口頭表決通過。[34]

1964 年 4 月 25 日，舉行馬來西亞聯邦眾議院選舉，人民行動黨對於是否參選出現歧見，黨主席杜進才宣布行動黨將派出人數很少的候選人角逐聯邦議席，並說行動黨無意同中央政府或巫統對抗，其目的是要同它們合作，使馬來西亞走上成功之路。然而吳慶瑞[35]就連象徵性的參加也堅決反

---

33. *Keesing's Contemporary Archives*, December 28,1963-January 4, 1964, p.19817.

34. 李光耀，李光耀回憶錄（1923-1965），頁 584。

35. 吳慶瑞於 1918 年 10 月 6 日生於馬六甲，萊佛士書院畢業，為經濟學家，曾任公務員、新加坡志願團（Singapore Volunteers Corps）團員。1949 年，負笈英國倫敦大學，獲經濟學博士學位。在英國時與當時留學英國的李光耀和杜進才等人組織「馬來亞論壇」。1959 年，當選立法議會議員，出任財政部長。1965—1967 年，任內政及國防部長。1967—1970 年，任財政部長。1973—1980 年任副總理。1970—1979 年任國防部長。1979,2—1980,5 以及 1981,6—1984,12 兩次任教育部長。1980—1984 年，任第一副總理。

對。他認為行動黨一旦參加競選，將會導致吉隆坡和新加坡之間關係惡化，致使他的工業化計畫一夜之間付諸東流。李光耀也是抱著保留的態度。但鑑於東姑阿都拉曼違反不參加新加坡選舉的承諾，所以決定作象徵性的參選。但東姑阿都拉曼堅決反對人民行動黨參加競選。人民行動黨推出 11 人參選。選舉結果，「聯盟黨」在 104 席中贏得 89 席，人民行動黨只贏 1 席，是由蒂凡那在孟沙選區當選，僅以 808 票勝過對手。

李光耀檢討此次選舉失敗的原因如下：

第一，在馬來亞本土沒有成立黨支部和當地領導人。工作人員需從新加坡調到馬來亞。這些工作人員當中，雖然有不少是在馬來亞出生和長大，但是他們同當地的基層組織沒有溝通，以致無法取得他們的信任。

第二，在聯邦沒有競選遊說的經驗。在新加坡，工作人員都是自願為我們效勞；連我們的標語布條，也往往是支持者捐獻。但是在聯邦，每一樣東西都得花錢買，包括替我們張貼標語和張掛布條的工作人員，也得付給酬勞。到競選活動結束時，人民行動黨已負債 6 萬元坡幣。在這之前，我們已經用去 4 萬元坡幣的黨基金。

第三，我們只是象徵式地參與這次大選，無法向選民提出良好的理由，要他們把投給馬華公會的選票改投給人民行動黨。[36]

1964 年 7 月 21 日下午 1 點 30 分，約 2 萬名伊斯蘭教徒聚集在政府大廈前的廣場，準備進行伊斯蘭教先知穆罕默德誕辰紀念日的遊行。一個自稱為「新加坡馬來族鬥爭機構」的馬來人組織在現場派發傳單，呼籲馬來人起來打倒代表華人的人民行動黨政府。不然，「在二十年內，馬來西亞

1980—1985 年，任新加坡金融管理局主席、貨幣局主席。1981—1994 年，任新加坡政府投資公司副主席。1985—1992 年，任金管局副主席。1988—1994 年，任新加坡賽馬博彩管理局主席。1994—1998 年，任顧問公司樂司財 (Rothschild & Sons) 主席。1994—1999 年，任豐隆集團顧問。1995—1999 年，豐隆亞洲公司副主席。他享有「新加坡經濟發展總建築師」、「新加坡經濟發展之父」和「新加坡經濟塑造者」等美譽。逝於 2010 年 5 月 14 日。參見南洋星洲聯合早報（新加坡），2010 年 5 月 15 日，頁 10。

36. 李光耀，李光耀回憶錄（1923-1965），頁 615-616。

的馬來人和馬來蘇丹將消失。」新加坡巫統宗教事務負責人賽阿里要求所
有新加坡馬來人團結起來爭取他們的權利。下午 5 時，遊行隊伍出現混亂，
華人警察遭到毆打，華人和馬來人發生嚴重的種族衝突，華人住屋和商店
遭到馬來人攻擊，造成 22 人死亡，500 人受傷，200 多人被捕，罪名是非
法集會、破壞宵禁。死者華人和馬來人各半。暴動起因是少數穆斯林慶祝
穆罕默德生日，而舉行遊行和集會，與華人發生衝突，導致發生暴動。當
晚 8 時 23 分，新加坡政府宣布全島進入緊急狀態，9 時 30 分，實施全島戒
嚴。該日被稱為「黑色星期二」。東姑阿都拉曼在 7 月 23 日稱，這次族群
衝突背後是印尼在策動。至 24 日，種族衝突事件才漸告平息。8 月 2 日，
宣布解除戒嚴。在這一種族衝突階段中，有 3,568 人被捕。[37]

9 月 2−6 日，在芽籠地區再度爆發種族衝突，一名三輪車夫遭殺害，
一輛汽車的司機受攻擊。4 日宣布戒嚴，5 日暫時解除戒嚴，隨後又繼續實
施戒嚴。新加坡派出 1 萬名軍警鎮壓擴大的衝突，導致死 13 人，傷 78 人，
約 700 人被捕。參與暴動者有許多是華人秘密會社的成員。馬國副首相兼
國防部長敦拉薩在 9 月 8 日前往新加坡訪問，他說馬國逮捕數名印尼間諜，
是印尼陰謀策動新加坡的族群暴動。[38] 他促請在新加坡的馬來同胞不要理會
印尼試圖挑起種族情緒的行動。9 月 11 日，新加坡政府取消戒嚴。該月份
的暴動事件，有 1,439 人被捕。

巫統領袖指責李光耀在 6 月 30 日發表的演講是造成種族暴動的導因。
李光耀在該天在人民行動黨支部主持開幕式說：「我們必須和平共處，不
論是 43% 的馬來人和土著、40% 的華人、10% 的印度人以及 7% 其他種族
的人士，都必須和諧的生活在一起。如果他們想互相壓制，那麼他們之間
將出現爭端，這將造成馬來西亞的動亂。我籲請所有的人民具有耐心並設

---

37. 林義明整理，「新加坡 1964 年種族暴亂真相」，*南洋星洲聯合早報*（新加坡），1998
   年 7 月 5 日，頁論壇 4。

38. *Keesing's Contemporary Archives*, February 20-27,1965, 1964, p.20594.

法瞭解對方。」巫統控制的**馬來前鋒報**在 7 月 3 日的報導中歪曲李光耀這段話的意思，它指李光耀發表的「馬來西亞的 40% 馬來人不能趕走 60% 的華人和其他種族人士」的言論，是挑起種族問題。[39] 該報把這句話解讀成：「能夠把其他人趕出馬來西亞的是華人和其他非馬來人；會被趕出馬來西亞的，是馬來人，原因是他們人數很少。」[40]

巫統在 1964 年 4 月到 7 月之間的反華人、反新加坡政府的運動，在巫統秘書長賽加化阿峇（Dato Syed Jaafar Albar）於 7 月 12 日發表演講時達到高潮。他在新加坡巴西班讓舉行的新加坡巫統大會上說：「我們馬來人在新加坡長期以來受到行動黨政府間接和直接的壓迫。……現在新加坡雖然通過加入馬來西亞成功取得獨立，不過，馬來人的命運比他們在日治時期時還要悲慘，這正是巫統為什麼在今天召開大會的原因。……我對新加坡的馬來人和伊斯蘭教徒所顯示團結感到高興，他們準備為我們的種族（馬來族）和未來的子孫獻上他們的生命。只要我們團結，沒有力量可以打擊我們，沒有力量可以羞辱我們，沒有力量可以削弱我們，哪怕是一個李光耀，一千個李光耀，我們也要把他們全部消滅。」該一煽動性演講促成了 7 月 21 日的種族暴動。[41]

1964 年 9 月 25 日，人民行動黨領袖李光耀、杜進才和林金山前往吉隆坡，與馬來西亞聯盟黨領袖東姑阿都拉曼舉行會談，談判合組聯合政府之可能性，「聯盟黨」反對該項建議。雙方同意停止爭執兩年，為了制止關係惡化，雙方應當避免擴大黨支部和政治活動。李光耀也希望雙方暫時停止談論政治。[42] 但一星期後，佐哈里宣布新加坡聯盟黨（Singapore Alliance）將進行改組，俾便在 1967 年舉行的新加坡州選舉中取代人民行

---

39. 林義明整理，**前引文**。
40. 李光耀，**李光耀回憶錄**（1923-1965），頁 624。
41. 林義明整理，**前引文**。
42. 李光耀，**李光耀回憶錄**（1923-1965），頁 646。

動黨的地位。杜進才要求佐哈里澄清兩年爭執的意思，佐哈里否認他知道有這麼一項協議。隔天新加坡聯盟黨同東姑阿都拉曼會談後發表聲明，宣稱協議所指的放棄政黨政治兩年，只跟種族方面的問題有關，並不意味著聯盟不得改組成一個有效的團體。[43] 此後，人民行動黨即開始計畫在馬來半島發展黨組織。

圖 5-5：李光耀與杜進才和吳慶瑞合影
說明：左起為吳慶瑞、杜進才、李光耀
資料來源：http://seelanpalay.blogspot.com/2009/05/lees-betrayal-of-pap-and-singapore.html　2008 年 7 月 15 日瀏覽

值此期間，印尼派遣密使至新加坡，透過新加坡華裔商人，向李光耀試探，如果新加坡退出馬來西亞聯邦，則印尼將會開放與新加坡的貿易。李光耀拒絕該項提議。[44]

12 月 9 日，東姑阿都拉曼在新加坡大學醫學院晚宴上的講話，批評新加坡，他說：「新加坡充滿政治花招……如果新加坡各種色彩和閃光（閃電是行動黨的黨徽）的政治人物不同意我的見解，唯一的解決辦法便是脫離馬來西亞，但這對新加坡和馬來西亞來說都是天大的災難。」[45] 東姑阿都拉曼在這次公開的演講，已主張新加坡退出馬來西亞聯邦，可以看出他後來的讓新加坡退出聯邦的立場並非突然做出的決定。

12 月 19 日，東姑阿都拉曼在吉隆坡會見李光耀，首次建議對憲制重

43. 李光耀，**李光耀回憶錄**（1923-1965），頁 647。
44. 李光耀，**李光耀回憶錄**（1923-1965），頁 647。
45. 李光耀，**李光耀回憶錄**（1923-1965），頁 650。

新進行安排，他說新加坡跟馬來西亞將建立夥伴關係；新加坡地位獨立，但屬於半島的一部分。他希望新加坡和馬來西亞都加入聯合國，雙方可以共同擁有大使館，也許駐聯合國代表處也可以共用。這些變革預定完成的日期，是在下一次財政預算案提出之前，這期間李光耀可對有關問題作一番思考。12 月 31 日，李光耀與內部安全部長伊斯麥（Ismail bin Abdul Rahman）會談，後者告訴李光耀：「東姑阿都拉曼想要恢復原有的計畫，那就是由你替他照顧新加坡。」[46]

東姑阿都拉曼要求李光耀把雙方在非正式會談中討論的概念記在一張紙上，以闡明雙方準備解決的是哪些問題。1965 年 1 月 25 日，李光耀完成了備忘錄，其中建議雙方恢復合併以前的情況；凡是過去在新加坡政府權限內的憲制權力，將歸還給新加坡政府；中央政府將負責國防和外交兩方面的事務，但在行動之前，必須同新加坡政府磋商。雙方也將在內部安全委員會中共同負起保安的責任。在這些憲制安排生效期間，新加坡公民將被禁止參加新加坡以外的政黨政治活動，馬來西亞公民則不得參加新加坡的政黨政治活動。

1 月 31 日，李光耀就上述備忘錄內容與東姑阿都拉曼舉行會談，東姑阿都拉曼的意思如下：(1) 新加坡退出聯邦國會；(2) 新加坡應當在下一次財政預算案提出以前，開始徵收自己的稅款。(3) 由於共同市場的設立將使新加坡繁榮起來，因此新加坡必須繳部分稅收，作為馬來西亞的防務開支。(4) 聯邦要控制新加坡的國防和外交。李光耀說，新加坡負擔國防開支，就不能退出聯邦國會，既然繳了稅，就應該有代表權。2 月 9 日，吳慶瑞與敦拉薩會談，敦拉薩說新、馬最好維持一個鬆散的邦聯。[47] 後來為了不讓印尼蘇卡諾（Sukarno）在馬來西亞重新安排憲制中獲利，所以暫時維持現狀。

---

46. 李光耀，*李光耀回憶錄*（1923-1965），頁 651。
47. 李光耀，*李光耀回憶錄*（1923-1965），頁 659。

　　然而，一些事態的發展使得新、馬難以維持友好關係。例如，新加坡財政部長吳慶瑞和馬來西亞聯邦財政部長陳修信對於發出新興工業（Pioneer Industry）證書的問題，有所歧見。陳修信規定新加坡經濟發展局必須把準備到新加坡投資者的新興工業地位申請書送到吉隆坡，要求批准。新興工業地位將讓投資者享有五到十年的免稅優惠。但在新加坡加入馬來西亞的兩年期間，69 份申請書只有 2 份獲得批准，其中一份規定了種種限制，實際上等於拒絕。2 月 16 日，陳修信公開勸告所有工業家在到新加坡投資之前，先同中央政府磋商，以免因假設和估計錯誤而致「失望與產生誤會」。他甚至說：「新加坡專家做出的保證不一定可行。」[48]

　　其次，當時新加坡出口紡織品和成衣到英國享有配額，而聯邦政府連生產紡織品和成衣的工廠都沒有，卻要求獲得紡織品和成衣的配額。新加坡 3 家紡織廠已經被迫辭退將近 2,000 名工人。中央政府要利用新加坡的配額，在馬來亞建立 1 家新成衣廠，剝奪新加坡大批失業製衣工人重新就業的機會。最後英國駐馬來西亞高級專員赫德（Lord Head）施加溫和的壓力，吉隆坡不得不把配額還給新加坡。

　　東姑阿都拉曼於 1965 年 3 月 2 日致函英國首相威爾遜（Harold Wilson），說明經過一年半的經驗，新加坡和馬來西亞目前存在著困難，應該重新安排二者之間的關係而不至於影響新加坡作為馬來西亞之一邦的地位，考慮到新加坡的特殊情況，應給予新加坡更大的自治權。李光耀建議與聯盟政府合組聯合政府，但遭到東姑阿都拉曼的拒絕。東姑阿都拉曼認為新加坡只要管理其自己的事務，內安及外交由中央管轄。[49]

　　李光耀在 4 月 27 日控告賽加化阿峇和**馬來前鋒報**誹謗。因為他們指稱李光耀密謀煽動 1964 年的種族暴亂，以使世人產生馬來人已經受到印尼影

---

48. 李光耀，李光耀回憶錄（1923-1965），頁 673。

49. Tunku Abdul Rahman Putra Al-Haj, *Looking Back, Monday Musings and Memories*, Pustaka Antara, Kuala Lumpur, Malaysia, 1977, pp.117-118.

響的印象。[50] 5 月 4 日，李光耀在前往印度孟買訪問前，對人民行動黨幹部發表演說，他提及馬來西亞三大種族沒有一個可以宣稱比其他族群更早到馬來半島，因為他們的祖先到達馬來亞不會超過一千年。他又說馬來人中的 39% 都是新移民，例如巫統秘書長賽加化阿峇是戰前從印尼移入者。此一談話很具挑激性，馬來人對此感到憤怒，因為馬來人自認為是馬來半島的原住民。賽加化阿峇欲以李光耀意圖破壞馬來西亞之罪名，而擬以內安法加以逮捕。巫統青年團亦集會要求嚴厲對待人民行動黨領袖。但東姑阿都拉曼不贊同此一作法，因為憲法保障言論自由。[51]

1965 年 5 月 8 日，人民行動黨、檳榔嶼林蒼佑醫生（Dr. Lim Chong Eu）的聯合民主黨（United Democratic Party）、霹靂的辛尼華沙甘（Seenivasagam）兄弟所領導的人民進步黨（People's Progressive Party, PPP）、砂拉越的聯合人民黨和巴索卡達山統一機構（United Pasok Momogun Kadazan Organization）等非馬來人政黨領袖在新加坡集會，成立「馬來西亞人民團結總機構」（Malaysian Solidarity Convention），簽署宣言，呼籲成立馬來西亞人的馬來西亞（Malaysian Malaysia）來對抗「馬來人的馬來西亞」（Malay Malaysia），其主要內容如下：「馬來西亞人的馬來西亞意即國家不是與任何一個社群或族群的優越、幸福和利益相一致。馬來西亞人的馬來西亞是與馬來人的馬來西亞、華人的馬來西亞、達雅克人的馬來西亞、印度人的馬來西亞或卡達山人（Kadazan）的馬來西亞相對立。不同族群的特別的、合法的利益必須保障，且應在所有種族的集體權利、利益和責任之架構內予以促進。」[52] 此一政治聯盟是以華人為主，局勢演變成華人和馬

---

50. 1966 年，賽加化阿峇和**馬來前鋒報**同意通過律師在法庭上道歉，並負責償還所有訴訟費用。參見李光耀，**李光耀回憶錄**（1923-1965），頁 679。

51. Albert Lau, *A Moment of Anguish, Singapore in Malaysia and the Politics of Disen-gagement*, Times Media Private Limited, Singapore, 2003, pp.241-243.

52. Cheah Boon Kheng, *Malaysia: The Making of a Nation*, Institute of Southeast Asian Studies, Singapore, 2002, p.101.

來人之間的鬥爭。以後李光耀遭到馬來領袖和馬華公會會長陳修信的批評。

　　5月25日，李光耀首次以流利的馬來語在聯邦國會發表演說，替其政策主張辯護，他特別強調新加坡不會脫離聯邦。李光耀是華裔第三代（其曾祖父移民到新加坡），說一口流利的馬來語。李光耀認為他這次精彩的演講，對東姑阿都拉曼決定將新加坡逐出馬來西亞，起了舉足輕重的作用。[53]

　　東姑阿都拉曼在7月1日仍在倫敦養病時致函敦拉薩，信中說：「對於李光耀，我作了充分時間的考慮，並告訴伊斯麥（Datuk Dr. Ismail Abdul Rahman）採取行動對抗李光耀。也許現在與他談是一件好事，但最後我擔心我們會毫無選擇，不得已會將新加坡逐出馬來西亞，以免身體其他部分受壞疽影響而腐壞。」又說：「現在有些觀點值得研究，防衛條約應是三方的，包括英國、馬來西亞和新加坡，沒有人可以片面放棄該基礎。」[54]

　　吳慶瑞在7月20日到吉隆坡會見敦拉薩和伊斯麥。吳慶瑞要求李光耀書面授權讓他繼續跟敦拉薩和伊斯麥討論，並達成他所能做到的重新安排，包括從聯邦「分出去」。敦拉薩認為新、馬分離必須相互配合，需獲得人民行動黨的支持。吳慶瑞主張在國會8月9日重新開會時，把分家作為既成的事實向英國提出。必須先做好讓新加坡獨立的修改憲法的必要工作，三讀過程在同一天完成。此一建議獲得伊斯麥和敦拉薩立即贊成。吳慶瑞接著說，為了禮貌起見，要是在當天獨立法案提出前半小時，也就是在上午九點半把分家消息通知英國駐馬來西亞高級專員赫德勳爵，他不反對。[55]

　　李光耀乃命律政部長巴克（Edmund William Barker）起草憲法修正案、讓新加坡獨立之法案、以及新加坡獨立宣言三份文件。吳慶瑞在8月3日到

53. 李光耀，**李光耀回憶錄**（1923-1965），頁685。

54. Tunku Abdul Rahman Putra Al-Haj, *Looking Back, Monday Musings and Memories*, p.123; Albert Lau, *op.cit.*, p.257.

55. 李光耀，**李光耀回憶錄**（1923-1965），頁702。

吉隆坡會見敦拉薩，後者轉告他在倫敦看病的東姑阿都拉曼的答覆，表示同意新、馬分家，但有兩個條件：一、新加坡必須在軍事上對兩地的聯合防務做出足夠的貢獻，跟馬來西亞簽訂防務協議。二、任何條約如果違反上述協議的宗旨，他都不會簽字。吳慶瑞同時將修憲草稿交給敦拉薩看，敦拉薩要求將雙方的防務安排和對外條約這兩點納入讓新加坡獨立之法案內。[56]

　　8月7日，東姑阿都拉曼和李光耀進行秘密談判，東姑阿都拉曼告訴李光耀只有兩條路可選，一是中央政府對李光耀及其政府採取嚴峻行動；二是新加坡脫離聯邦。面對此一要求，李光耀只有退出馬來西亞一途。東姑阿都拉曼接著要說服人民行動黨的其他領導人。由於杜進才和拉惹勒南不同意新、馬分家，不願在文件上簽字，李光耀勸請東姑阿都拉曼召見他們兩位，給予說明。東姑阿都拉曼表示分家一事不用再談，李光耀勸他寫一封信給杜進才，讓他們知道此事已無可挽回。東姑阿都拉曼遂馬上寫一封信給新加坡副總理杜進才，內容為：「我寫信告訴你，我們慎重考慮與新加坡脫離關係，我發現為了我們的友誼、馬來西亞整體的安全與和平，已別無他法。假如我足夠強壯及力能控制整個情勢，也許我會延後行動，但我無能為力，雖然我能夠寬容和耐性，但我想用這種方法圓滿的解決我們的歧見，是唯一的途徑。我請求你認真地同意。」

　　杜進才回覆東姑阿都拉曼之信函內容如下：

　　「謝謝你的信，解釋你的立場以及解決中央政府和新加坡政府之間歧見的方法。這的確是傷心的，以你的觀點，唯一解決我們的問題是要求新加坡退出聯邦。這距馬來西亞聯邦成立只有兩年。我的同事和我都喜歡新加坡留在馬來西亞，我們認為解決目前的困境應有其他的途徑。然而，如你所指出的，情勢已不容許有其他可行的解決途徑，如你告訴我的，新加坡如留在馬來西亞，將導致你無法控制的情勢，

56. 李光耀，**李光耀回憶錄**（1923-1965），頁707-708。

我們別無選擇，只有依你之希望新加坡退出馬來西亞聯邦。我及我的同事對於新加坡在 1963 年 9 月與馬來亞合併感到高興。而馬來西亞的和平與安全僅能靠將新加坡逐出馬來西亞來達成，這對我們是一大打擊。假如這是為了馬來亞和新加坡之和平所付出的代價，則我們需接受，但讓我們感到痛心。雖然新加坡和馬來亞之最後的統一此時未能完成，但我深信未來的世代將會成功……。」[57]

8 月 7 日，東姑阿都拉曼及其四位內閣閣員和李光耀及其所有內閣閣員簽署協議，新加坡脫離馬來西亞聯邦。該項協議之內容如下：(1) 設立一個聯合國防委員會，負責對外防衛和相互援助。(2) 對於新加坡的對外防衛，馬來西亞將給予合理的和適合的援助。新加坡將以自己的武裝力量維持適合數量的防衛單位。(3) 馬來西亞政府將繼續在新加坡維持軍事基地，並將使用該基地從事防衛目的之用。(4) 雙方政府都不可與外國簽訂條約或協議，破壞兩國的獨立和國防。[58]

8 月 8 日，聯盟黨全國理事會（Alliance National Council）召開會議，東姑阿都拉曼被選為主席，他將新加坡將退出聯邦之事告訴與會代表，並要求他們保密。東姑阿都拉曼表示將在明天簽署分家協議。但參加聯盟黨全國理事會的沙巴代表卻將該消息透露給英國駐馬來西亞高級專員赫德勳爵，後者整天試圖與東姑阿都拉曼聯繫，結果未獲成功。當晚，他破門進入東姑阿都拉曼、敦拉薩和陳修信的會議中，他向東姑阿都拉曼建議不要讓新加坡脫離出去，未獲接受。沙巴首席部長羅思仁（Peter Lo Su Yin）在當晚搭機飛到吉隆坡，11 點 15 分抵達，立即參加東姑阿都拉曼召開的會議。羅思仁對於新加坡退出聯邦感到茫然不知所措，他以電話通知其沙巴內閣同僚，他們授權他對此事盡其所能地表示意見。[59]

---

57. *Keesing's Contemporary Archives*, August 7-14,1965, p.20891.

58. *Keesing's Contemporary Archives*, August 7-14,1965, p.20891.

59. Mohamed Noordin Sopiee, *op.cit.*, pp.210-211.

　　8 月 9 日上午 8 點 45 分，赫德會見東姑阿都拉曼，要求延後一天簽署分家協議，並交給東姑阿都拉曼一封英國首相威爾遜（Harold Wilson）的信，表達對新、馬分家的失望。東姑阿都拉曼對赫德說：「如果新加坡的對外政策損害到馬來西亞的利益，我們可以恫言切斷柔佛水供，對他們施加壓力。」[60] 9 點 15 分，澳洲高級專員克里奇利（Tom Critchley）也做出同樣的請求，結果都未獲接受。東姑阿都拉曼對克里奇利說：「我們占了上風。新加坡跟外國政府打交道時，必須同我們磋商。」[61] 李光耀認為東姑阿都拉曼想在新加坡駐軍和切斷水供來迫使新加坡就範，是不能接受的，新加坡絕不會爬著回馬來西亞。[62]

　　9 點 30 分，「聯盟黨」國會議員集中在國會第一號委員會房間，東姑阿都拉曼告訴他們新、馬分家的消息。10 點，國會正式開議，李光耀宣布新加坡脫離馬來西亞。分家是既成事實，但國會討論了兩個小時，最後以 126 票對 0 票通過分家案。數小時後，參議院亦通過該分家案。最後最高元首予以批准。

　　新加坡政府以特別憲報和宣言的方式發布該項消息，刊登了李光耀和東姑阿都拉曼簽署的兩份宣言，連同跟分家有關的其他文件。同一時間裏，所有新加坡電台節目都中斷，由電台人員播報新加坡獨立宣言。

　　東姑阿都拉曼和李光耀同時對外宣布該一消息。東姑阿都拉曼向眾議院報告稱：「自從成立聯邦後，聯邦與新加坡政府有諸多歧見，這些差異有各種形式，現在已達到頂點，我已別無他法，只好被迫採取行動。我努力與新加坡領袖達成諒解，但無效。一旦一個問題解決後，隨後又會出現另一個問題。一個補丁補好了，別處又出現補丁。一個洞補好了，另一個漏洞又出現。所以毫無完全解決的可能，沒有一起工作的希望，以謀求馬

---

60. 李光耀，*李光耀回憶錄*（1923-1965），頁 729。
61. 李光耀，*李光耀回憶錄*（1923-1965），頁 729。
62. 李光耀，*李光耀回憶錄*（1923-1965），頁 729。

來西亞的利益和共善。我只有兩條路可走，一是採取壓制手段反對新加坡政府部分領袖的行為，或是痛苦地或傷心地決定與停止效忠中央政府的新加坡州政府分開來。以壓制手段對付少數個人，並不能解決問題，分離雖令人討厭，但已是不可避免，因為新加坡部分政客的敵對行為。」在勸服新加坡領袖合作無效後，東姑阿都拉曼宣稱：「新加坡政府及其領袖已允許其個人的榮耀超過國家的利益。我的夢想已被粉碎，現在我們已走到分離之途。」

當晚東姑阿都拉曼告訴新聞界，是他建議新加坡應離開聯邦，他在 8 月 6 日告訴過李光耀，雙方已無妥協之希望。又說馬來西亞支持新加坡加入聯合國和「大英國協」。[63]

李光耀於 8 月 9 日在市政廳的記者會上，談起他努力奮鬥多年的「新、馬一家」的政治理念就此劃上休止符，一時悲從中來掉下眼淚，[64] 以致記者會延後二十分鐘。他在記者會上說：「每次當我們回顧歷史的此刻，當我們簽署新加坡脫離馬來西亞聯邦之協議時，是令人痛苦的，因為我的一生都相信馬來西亞以及這兩地的合併。儘管新加坡和馬來西亞聯邦在意識形態上有差異，但我們想要合作及生活在一起，在未來雙方政府將緊密合作，不僅在國防和安全，而且在商務和工業。」他宣布新加坡將加入聯合國以及維持與「大英國協」的關係，也將維持與澳洲和紐西蘭的關係。中國銀行將繼續在新加坡營業，但須換上本地的職員。馬來西亞政府在 8 月 5 日下令關閉在新加坡之中國銀行。所以新加坡之新命令，將使得中國銀行得以繼續在新加坡營業。

---

63. *Keesing's Contemporary Archives*, August 7-14,1965, p.20891.

64. 關於李光耀掉淚之事，四十年後還有爭論，有人批評是李光耀在演「苦情戲」，掉「政治眼淚」。李光耀是利用加入馬來西亞來取得新加坡的獨立。新加坡晚晴園 - 孫中山南洋紀念館館長馮仲漢在 2005 年 8 月表示李光耀在宣布獨立後幾天獨自哭了好幾回。馮仲漢當時任電視台中央製作組執行監制，經常協助李光耀學習華語，並處理某些新聞資料及播音講稿。參見「獨立日密辛大公開」，**東埔寨星洲日報**，2005 年 8 月 9 日，頁 4。

8月9日，新加坡政府發表宣言如下：

「自由與獨立永遠是人民的神聖權利。

1963 年 9 月 16 日，馬來亞聯邦各州、沙巴、砂拉越與新加坡結成一獨立國家——馬來西亞。

1965 年 8 月 7 日，在馬來西亞政府與新加坡政府成立的一項協議之下，雙方同意新加坡已不再成為馬來西亞的一州，而應立即成為馬來西亞之外的一獨立自主邦國。進而雙方也同意，此後，馬來西亞政府將完全放棄對新加坡所擁有的一切權限，而新加坡政府將順理接管一切該等權限。

1965 年 8 月 9 日，馬來西亞首相東姑阿都拉曼，在一項宣言中，宣布新加坡在 1965 年 8 月 9 日已不再成為馬來西亞的一州，而且馬來西亞政府也承認新加坡此後是一個獨立自主的邦國。

現在，本人李光耀，以新加坡總理名義，代表新加坡人民與政府，宣布從 1965 年 8 月 9 日開始，在自由、正義、公平的原則下，新加坡將永遠是一自主、獨立與民主的國家，在一更公平、更合理的社會裡，誓必永遠為人民大眾追求福利與快樂。

李光耀（簽名）

1965 年 8 月 9 日」[65]

馬來西亞政府首相東姑阿都拉曼亦在同一天發表宣言如下：

「馬來西亞政府有關新加坡之宣言如下：

奉大仁大慈真主之命，願真主、宇宙的主宰，得到頌讚，願真主以

---

65. 郭品芬，「新、馬分家，晴天霹靂：馮仲漢細說當年」，**南洋星洲聯合早報**（新加坡），1998 年 7 月 7 日，頁 6。

恩典與平安，賜給世人領袖穆罕默德及其親屬朋友。

馬來西亞於 1963 年 9 月 16 日由當時的馬來亞聯邦、沙巴、砂拉越以及新加坡聯合成立一個獨立自主的國家。

馬來西亞的政府與新加坡政府雙方於 1965 年 8 月 7 日達致一項協議，同意新加坡停止作為馬來西亞的一州，並立即脫離馬來西亞成為一個獨立自主的邦國。

雙方亦均同意，於新加坡脫離馬來西亞之時，馬來西亞政府應放棄其對新加坡之自主權與管轄權，俾該等自主權與管轄權一經放棄之後歸諸新加坡政府所有。

奉大仁大慈真主之命，余，馬來西亞首相東姑阿都拉曼，獲馬來西亞最高元首的同意批准，謹此宣布與昭告，自 1965 年 8 月 9 日起，新加坡將停止作為馬來西亞的一州，且將永遠成為一個獨立自主的邦國，從此脫離並不再依賴馬來西亞。馬來西亞政府承認目前的新加坡政府是獨立自主的政府，並將本著友好的精神與之合作。

1965 年 8 月 9 日

馬來西亞首相東姑阿都拉曼簽名」[66]

李光耀在 8 月 11 日的馬來人記者會上表示，新加坡將成為一個獨立共和國，各族群平等，馬來語仍是國語，新加坡不是華人國家，也不是馬來人國家或印度人國家，而是新加坡人國家。他指控馬來激進分子迫使新加坡退出聯邦；又說東姑阿都拉曼應在一年前壓制族群主義分子；新加坡想維持鬆散的聯邦，但鑑於激進分子的要求，新加坡別無選擇，只好退出。[67]

東姑阿都拉曼於 8 月 11 日致杜進才之信函，解釋他為何稱「假如我足夠強壯及力能控制整個情勢」，他說：「『足夠強壯』指惡化到危險程度

---

66. 郭品芬，**前引文**。
67. *Keesing's Contemporary Archives*, August 7-14, 1965, p.20891.

之情勢，它影響馬來西亞的和平和快樂，此一情勢乃因新加坡李光耀及其他人嚴厲、持續的攻擊中央政府所致。在這些環境下，若持續攻擊，則使情勢惡化，我也許不夠強壯到足以抗拒該壓力，採取壓制手段對抗該反應。假如我採取壓制手段，有一天可能會後悔我採取該行動。當我在國會解釋時，採取壓制的手段是違背我的感覺和良心，所以我敦勸杜進才接受唯一的途徑，我認為此對各方最好。採此方法，我們可以向前走，試著使新安排獲得成功。的確，我相信此一改變可開啟我們兩方政府更大合作、相互友誼和善意之路。」[68]

英國在 8 月 9 日、澳洲和紐西蘭在 8 月 10 日、美國在 8 月 11 日承認新加坡為獨立國家。印尼對於新、馬分家大表歡迎，外長蘇班德里歐（Subandrio）在 8 月 9 日說他的政府準備與獨立的新加坡建立外交關係。他說新加坡的行動證實當初印尼的態度，即馬來西亞是英國的人造物，目的在持續支配東南亞及破壞印尼。他又補充說：「假如砂拉越和沙巴能夠獨立，則東南亞這些國家間的友好關係將能恢復。」「隨著新、馬分家，假如馬來西亞不存在，則印尼將停止對抗。」[69]

新加坡立法議會改名為「國會」，於 12 月 22 日通過一項法案，使新加坡成為共和國，國家元首稱為總統。1965 年 12 月 22 日，新加坡國會選舉前任的州元首尤素夫[70]為首任總統。

對於新、馬分家，東姑阿都拉曼在 1977 年寫的回憶錄中說：「我在早先的文章提出一個問題，預測新加坡引發的逐漸升高的麻煩。該問題是『我做對了嗎？』今天，我毫無疑問的說：我當年在倫敦病床上所做的決定，是對的，而且仍然是對的。」[71]東姑阿都拉曼的自信，影響到今天馬來半島

---

68. *Keesing's Contemporary Archives*, August 7-14,1965, p.20892.

69. *Keesing's Contemporary Archives*, August 7-14,1965, p.20892.

70. 尤素夫於 1910 年 8 月 12 日出生於霹靂州，父系為米南加保人，母系為印尼人。他從事新聞工作，並創辦馬來文報紙**馬來由快訊報**（*Utusan Melayu*）。1959－1965 年擔任新加坡州元首。1970 年去世。

71. Tunku Abdul, Rahman Putra Al-Haj, *Looking Back, Monday Musings and Memories*, p.129.

上的政治領導人，特別是巫統的領導人。他們對於李光耀在 1996 年提出的
新、馬合併議題，毫無正面回應。

新、馬分家之原因

對於新、馬在短暫合併後即告分家，其原因可歸納如下：

（一）新加坡華人批評馬來西亞聯邦政治不平等，馬來人居優、享有特
權，是不平等的。李光耀主張廢除種族差別待遇，倡議「馬來西亞人的馬
來西亞」。人民行動黨在 1965 年 5 月 9 日在吉隆坡組織「馬來西亞團結大
會」（簡稱團總，Malaysian Solidarity Convention），包括人民行動黨和四
個在馬來西亞的反對黨，目標在推動「馬來西亞人的馬來西亞」。人民行
動黨的代表是：杜進才博士、王邦文、奧斯曼渥、李炯才及巴克。砂拉越
馬清達黨（主要為華人，Party Machinda）的代表是：梁浩然及M佈馬。聯
合人民黨的代表是：楊國斯及馬利干沙禮。聯合民主黨的代表是：林蒼佑
醫生及阿都華合。人民進步黨的代表是：辛尼華沙甘醫生。會中通過一項
宣言，強調「馬來西亞人的馬來西亞」。宣言說：「全體簽署者，意識到
來自國外的對馬來西亞的威脅，同時也深切關注到國內外因意見不合所造
成的日益顯著的分裂跡象，所以覺得應該組織馬來西亞人民團結機構，以
便號召我們的人民來面對雙重威脅。」[72]

1965 年 5 月，人民行動黨在聯邦國會中提出取消馬來人特權修憲案，
結果以 108 票對 14 票遭否決。這 14 票包括人民行動黨 10 票、砂拉越聯合
人民黨 3 票、聯合民主黨（United Democratic Party） 1 票。其他的反對黨泛
馬伊斯蘭黨（Pan-Malayan Islamic Party）亦反對該修憲案。[73]

---

72. Tunku Abdul Rahman Putra Al-Haj, *Looking Back, Monday Musings and Memories*, p.129. 謝
    詩堅，**馬來西亞華人政治思想演變**，1984 年 5 月，網路版，第十部分（03）政局劇變馬
    新分家。（http://www.geocities.com/cheahseekian/cskBOOK/cskPMC10.html 2008 年 10
    月 3 日瀏覽）

73. Harry Miller, *op.cit.*, p.256.

人民行動黨在全馬舉行「馬來西亞團結大會」，串連反對黨派，結果導致新加坡島爆發族群衝突，而種族衝突應是新、馬分家的主因。[74]

（二）種族人口接近所產生的緊張關係。新加坡華人有 100 萬人，其併入馬來西亞將帶來緊張關係。因為 1960 年馬來亞的馬來人人口數有 310 萬人，華人有 230 萬人，印度人有 70 萬人。羅教授（Albert Lau）認為若新加坡併入聯邦，則華人人口數超過馬來人。[75] 在 1946 年成立「馬來亞聯盟」時，就因為新加坡華人人口過多，所以未納入該一聯盟。[76]

佛雷裘（Nancy McHenry Fletcher）亦認為新成立的馬來西亞聯邦中，馬來人占 39.4%，華人 42.3%，土著 6.7%，印度人和巴基斯坦人 9.5%。[77]

另外據**基辛斯當代檔案**（*Keesing's Contemporary Archives*）之資料，馬來西亞聯邦成立時總人口為 1,000 萬，其中華人 400 萬，馬來人將近 400 萬，印度人和巴基斯坦人 100 萬，婆羅洲的土著約 50 萬人。截至 1960 年底的統計，馬來半島的總人口為 600 萬，其中馬來人 350 萬，華人 260 萬，印度人和巴基斯坦人 787,000 人，其他歐洲人和歐亞人 126,000 人。截至 1961 年 6 月底的統計，新加坡總人口 167 萬人，其中華人 127 萬人，馬來人 23 萬 7,000 人，印度人和巴基斯坦人及其他人 14 萬 2,000 人。

砂拉越在 1960 年底的總人口約 75 萬人，海達雅克人（伊班人，Iban）30 萬人，華人 23 萬人，馬來人 13 萬人，其餘為土著。沙巴總人口約 45 萬

74. Barbara Watson Andaya and Leonard Y. Andaya, *A History of Malaysia*, second edition, Basingstoke, Hampshire（English）: Palgrave, 2001, p.288.

75. Albert Lau, *op.cit.*, p.11.

76. Albert Lau, *op.cit.*, p.280.

77. Nancy McHenry Fletcher, *The Separation of Singapore from Malaysia*, Data paper: Number 73, Southeast Asia Program, Department of Asian Studies, Cornell University, Ithaca, New York, July 1969, pp.56-57. 另外據馬來西亞董教總全國華文獨中工委會課程局主編的書籍，馬來亞的馬來人占人口的 49%，華人占 31%。若將新加坡和馬來亞合併計算，則馬來人占 40%，華人占 42%。參見馬來西亞董教總全國華文獨中工委會課程局主編，**馬來西亞及其東南亞鄰國史**，益新印務有限公司，吉隆坡，1999，頁 289。

5,000 人，土著有 30 萬 7,000 人，華人 10 萬 4,000 人。[78] 將上述各地的人口數計算，則馬來人人口數有 386.7 萬人，華人有 420.4 萬，華人人口數顯然多過馬來人。

由於華人人口數超過馬來人，引起馬來人緊張，對於華人不信任，在馬來人眼中，李光耀的囂張跋扈，更增他們的疑懼，而欲將他關押入獄或另以他人加以取代，最後是將新加坡驅逐出聯邦，以絕後患。

（三）人民行動黨與馬華公會的衝突。李光耀企圖遊說東姑阿都拉曼讓人民行動黨與巫統合作，將比巫統與馬華公會合作更為有價值。東姑阿都拉曼沒有接受此一建議。李光耀、吳慶瑞與馬華公會的陳修信有心結，李光耀在其回憶錄中對陳修信的批評為：「陳修信四十出頭，能力強，辦事認真勤勞，誠實不貪。他的父親拿督陳禎祿爵士是海峽殖民地年高德劭的老人，也是馬六甲歷史最久、最富裕的家族之一的族長，曾經參加人民行動黨的成立大會。但是做兒子的卻刻薄寡恩，性格在無框眼鏡後面蒼白的馬臉上顯現出來。他知道吳慶瑞比他聰明，卻決心在合併後占上風。吳慶瑞發現無法同他進行談判。然而我知道大事都由東姑決定，我不能讓陳修信騎在我們頭上。至少在合併之前，只要州財務由我們控制，決不讓他這麼做；即使在合併之後，也不能讓他為所欲為。他渴望打擊新加坡的威望，這使他益發仇視吳慶瑞和我。他要公開壓倒我們，認為自己占上風便得意洋洋地笑起來。」[79]

但陳修信的女兒陳淑珠在看了李光耀回憶錄後致函馬來西亞英文報**太陽報**，反駁李光耀所說陳修信反新加坡的觀點，她說：「新馬分家後，先父嘗試確保馬來西亞和新加坡的經濟關係保持友好。值得注意的一點，就是先父所提出的，讓進口管制和關稅恢復到新、馬還是一家時的建議。」又說：「儘管先父在政治理念上，同李光耀擁有尖銳和非常直率的分歧，

---

78. *Keesing's Contemporary Archives*, November 2-9, 1963, p.19720.
79. 李光耀，**李光耀回憶錄**（1923-1965），頁 543-544。

但先父始終對李光耀的智慧、廉潔和治理新加坡的能力極為尊重。他從沒有把新、馬分家當作是個人的成就，或者成功驅走了與他爭奪馬來西亞半島華人支持的競爭者。他在國會上對這項動議表示支持的演講中，把新、馬的分裂形容為『悲慘』但必要的作法，因為種族之間的緊張情緒越來越高漲。他也希望將來能夠再『搭起今天拆掉的橋樑』。」[80]

（四）東姑阿都拉曼拒絕人民行動黨的黨員進入中央政府內閣，因為新加坡聯盟黨沒有人被選為聯邦議員。李光耀想獲取內閣職位，是不顧選舉的結果。東姑阿都拉曼在 1965 年 4 月中旬向馬來西亞聯盟黨大會表示：「新加坡作為馬來西亞之一員，是整體國家幸福之基本要件。我曾夢想新加坡成為馬來西亞的紐約，但沒有實現。人民行動黨的領袖心中想的是想分享治理馬來西亞。這是難以接受的，因為聯盟黨力量已足以自行治理馬來西亞。…但不幸地，李光耀將我們拒絕他的要求當成一個挑戰。我們不是這個意思。大家要清楚，我們需遵守憲法；任何黨要進入政權，需依據人民的意志，該黨需獲得人民的信任，因此它需承擔治理政府的責任。……假如這個聯邦要有意義，我們不能被一個州政府拖著走。……新加坡必須試著使馬來西亞能運作。」[81]

（五）新加坡在 1963 年 9 月 21 日舉行立法議會選舉，人民行動黨在 51 席中贏得 37 席，「社陣」贏得 13 席，聯合人民黨 1 席。在競選期間，東姑阿都拉曼前往新加坡為「聯盟黨」候選人助選，發表演說，此舉引起李光耀不滿。令東姑阿都拉曼感到震驚的是，「聯盟黨」竟然未獲席次。投票隔日，東姑阿都拉曼批評新加坡的馬來人是「叛徒」。[82]

（六）新、馬合併協議中雙方同意合組共同市場，1964 年 7 月成立「關稅諮詢委員會」（Tariff Advisory Board），作為成立共市之協商機構。聯

---

80. 陳淑珠撰，黃綺芳譯，「關於陳修信反新加坡的看法是錯誤的」，**南洋星洲聯合早報**，
    2000 年 10 月 25 日。

81. Harry Miller, *op.cit.*, p.253.

82. Cheah Boon Kheng, *op.cit.*, pp.99-100.

邦政府認為實施共市，關稅稅率需一致，但新加坡是自由港，稅率較低，則馬來西亞的關稅收入會受到影響。最後達成協議，聯邦政府同意實施共市，但新加坡需繳交關稅收入的 40% 給中央。另規定從 1964 年 12 月 31 日起，該項協議每兩年審查一次。1964 年 12 月，陳修信宣布要審查新、馬的財政安排，他提議因為受到印尼對抗馬來西亞之影響，國防經費增加，財政因應困難，所以希望新加坡增加上繳聯邦的關稅收入提高到 60%，雙方對此問題爭議不下，故聯邦政府拖延共同市場之實施，「雙方對落實建議的具體條件並未達成協議。」[83]

（七）對砂拉越、沙巴開發貸款之爭議。在新、馬合併談判時，馬來亞要求新加坡提出 5,000 萬元馬幣給中央政府，作為開發砂拉越、沙巴之用。新加坡只同意提供貸款，而非贈款。而且這項貸款可以提高數額到 1 億 5,000 萬元馬幣，償還期為十五年。其中 1 億元馬幣在頭五年免付利息，其餘 5,000 萬元馬幣之利息則依市價計算。由於中央政府遲未實施共市，所以新加坡並未提出該項貸款。

（八）對先鋒企業的執照審核權問題。在新、馬合併前，兩方都給予先鋒企業五年免稅期及其他優惠。新、馬合併協議則將新加坡所發的先鋒企業證書還須經聯邦財政部長批准，引發新加坡不滿。吳慶瑞指責聯邦中央不發投資許可給到新加坡之投資者，目的在削弱新加坡之工業進步。

（九）中國銀行新加坡分行問題。陳修信在 1964 年 12 月宣布準備關閉中國銀行新加坡分行，因為中華人民共和國透過該分行吸取資金，人民行動黨且透過該分行將資金匯至國外。為維護馬來西亞的財政安全，所以需關閉該分行。李光耀則辯稱，如關閉該銀行分行，則將減少新加坡對中國之貿易額，對新加坡經濟是一大打擊。結果馬來西亞政府在 1965 年 8 月 5 日以馬來西亞國家銀行（Bank Negara Malaysia）接管該分行。新加坡政府在脫離馬來西亞聯邦後隨即恢復該分行之營運。

---

83. 李光耀，李光耀回憶錄（1923-1965），頁 545。

（十）李光耀要求在馬來西亞成立後，把根據刑事法臨時條款規定不必經過審判便能拘留私會黨歹徒的權力下放給新加坡。東姑阿都拉曼非常不願意接受。

（十一）為了防止原來是新加坡公民的共產主義者成為馬來西亞公民，東姑阿都拉曼要修改憲法，限制新加坡公民進入馬來西亞。李光耀則要求新加坡州政府應該也有權禁止馬來西亞公民前來新加坡。

（十二）李光耀主張修改州憲法，規定凡是以政黨候選人身分當選，過後退黨或被政黨開除的立法議員必須辭去議席，通過補選才能爭取再次當選為議員。東姑阿都拉曼反對該項建議。

（十三）李光耀主張合併後，為了防止貪污，新加坡州總檢察長必須保留權力，可以根據新加坡的防止貪污法令進行起訴。馬來亞沒有這項法令，也沒有貪污調查局。李光耀要求在沒得到新加坡政府同意前，不得改變這兩項規定。此也遭到東姑阿都拉曼的反對。

（十四）人民行動黨決定參加 1964 年 4 月聯邦國會議員選舉，在馬來半島上設立幾個黨支部，派出 11 人參選。選舉結果，在 104 席中，「聯盟黨」贏得 89 席，得票率為 51.8%。人民行動黨僅贏得 1 席。新、馬之間的互信趨於下降。

（十五）新加坡在 1964 年 7 月爆發種族暴動，李光耀譴責巫統秘書長賽加化阿峇煽動馬來人反對人民行動黨政府。巫統則反過來指控新加坡作法像以色列，壓迫伊斯蘭教徒。[84] 李光耀懷疑東姑阿都拉曼決定將新加坡排除在聯邦之外，是想迴避巫統對該種族暴動應負起的責任。他說：「〔新加坡〕要是留在馬來西亞，調查 1964 年種族暴亂的調查庭將繼續聽取許多不利於賽加化阿峇和巫統的證據。這些證據將被廣泛宣揚。我起訴賽加化阿峇和**馬來前鋒報**編輯的誹謗官司也會提審，他們將會因為刊登出來的所有涉及我的煽動性的文字，在法庭受到徹底的盤問。這將意味著，巫統主

---

84. Cheah Boon Kheng, *op.cit.*, p.100.

要領袖煽動種族主義和血腥暴亂的伎倆，將受到摧毀性的大揭發。東姑對這些問題的解決辦法是新、馬分家。」[85]

（十六）李光耀和東姑阿都拉曼外交政策的歧見。東姑阿都拉曼採取親美外交政策、支持美國之越南政策、支持南韓，1964 年同意台灣在吉隆坡設立領事館，著重區域統合，獲得亞、非洲國家支持馬來西亞聯邦。李光耀則主張與強權保持等距關係，反對盲目敵對共產國家，反對台灣在吉隆坡設立領事館，批評美國的越南政策，建議由亞、非洲國家軍隊替代在砂拉越和沙巴的英國軍隊。

（十七）馬來西亞學者梭比（Mohamed Noordin Sopiee）認為新、馬分家之一個重要因素，是新加坡領導人自認為自己很重要，認為在馬來西亞中應扮演重要角色。吉隆坡認為新加坡不過是十四個州之一，但新加坡領導人認為新加坡是馬來亞、砂拉越和沙巴、新加坡四者之一，雙方認知有差距。少數新加坡領導人認為透過合併而取得獨立是脫離殖民統治的方法。[86]

他又批評人民行動黨領袖自以為是，經常批評吉隆坡，例如，批評東姑阿都拉曼宣布延後馬來西亞聯邦成立的時間，而且不顧吉隆坡的意見，在 8 月 31 日自行宣布新加坡事實上獨立。[87]

米爾尼（R.S. Milne）也有類似的看法，他說李光耀在 1965 年 3 月和 4 月訪問澳洲和紐西蘭時，其言行被看成為代表聯邦政府和新加坡政府的觀點，被外人看成為具有與聯邦首相一樣的權力，而引起聯邦首相的不滿。李光耀的頭銜是「總理」，與聯邦首相的用語相同，都是用 Prime Minister，此與其他各州使用的「首席部長」（Chief Minister）不同。此也引起憲法問題。[88]

---

85. 李光耀，**李光耀回憶錄**（1923-1965），頁 728。

86. Mohamed Noordin Sopiee, *op.cit.*, p.185.

87. Mohamed Noordin Sopiee, *op.cit.*, p.185.

88. R. S. Milne, "Singapore's Exit from Malaysia; the Consequences of Ambiguity," *Asian Survey*, Vol.6, No.3, March 1966, pp.175-184, at p.176.

　　儘管新、馬分家，李光耀到底是獨派或統派，則有不同的解讀。李光耀在其回憶錄中說：「我一輩子都相信合併和兩地合併。地理、經濟和親屬關係把人民連在一起。」又說：「我們從沒爭取新加坡獨立。」「我們說過，一個獨立的新加坡根本無法生存下去。」[89]李光耀因為退出馬來西亞聯邦而連續三天三夜煎熬，無法合眼入睡，他備受良心譴責，因為辜負了馬來西亞的華人、印度人和部分馬來人的期望。[90]然而新、馬分家當天華人商業區卻歡欣鼓舞，人們燃放鞭炮慶祝。顯然一般新加坡人是贊成脫離聯邦的，認為是解除馬來人專權的束縛。

　　貝婁斯（J. T. Bellows）的觀點不同，他認為是人民行動黨故意要脫離馬來西亞聯邦，他說：「1965年8月9日，馬來西亞對新加坡施加壓力，迫其脫離馬來西亞，成為一個獨立的主權國家，這是人民行動黨中央執委會多數人歷經數個月努力的目標。」[91]

　　梭比亦提出下述的質疑，第一，為何人民行動黨會無正當理由的攻擊巫統、「聯盟黨」和中央政府？其理由可能是想激怒「聯盟黨」去迫使新加坡脫離。第二，為何人民行動黨會在選舉後沒多久就進行該種高度權力的政治鬥爭？為何其一再地進行政治杯葛？第三，無論敵人或友人都認為李光耀是聰明人，他必然知道其行為會嚴重地威脅種族和諧，東姑阿都拉曼很重視種族和諧，會採取必要的手段，包括分家。難道李光耀不知道他這種不停的挑釁行為無可避免地會導致分家嗎？第四，當1964年12月東姑阿都拉曼有分家之暗示後，為何人民行動黨領袖不停止攻擊「聯盟黨」之行為？特別是1965年6月29日東姑阿都拉曼通知林金山有關分家之暗示時為然。第五，為何李光耀從1965年初以來一再公開談到「另種選擇的

---

89. 李光耀，**李光耀回憶錄（1923-1965）**，頁4、11。

90. 李光耀，**李光耀回憶錄（1923-1965）**，頁4、6。

91. J. T. Bellows, *The People's Action Party of Singapore*, Mimeograph Series No.14, Yale University Southeast Asia Studies, 1970, p.65. 引自 Mohamed Noordin Sopiee, *op.cit.*, p.212.

安排」和各種分家的可能計畫？第六，為何人民行動黨領袖不通知英國、澳洲和紐西蘭政府關於東姑阿都拉曼的分家的決定？為何東姑阿都拉曼擔心該項行為會使分家遭到失敗？第七，為何人民行動黨所有內閣成員簽署分家協議如此匆忙？為何沒有遲延分家的跡象？若未能回答這些問題，則新加坡脫離（breakaway theory）馬來西亞的理論是更為強而有力。[92]

梭比說在 1965 年馬來西亞內閣 9 位閣員說新加坡不是被「踢出去」或「趕出去」，而是經由新加坡政府同意離開的，每位部長也都簽署分家的同意書。[93] 不過，東姑阿都拉曼曾希望其他新加坡領袖取代李光耀，例如，在 1964 年底鼓勵吳慶瑞挑戰李光耀。「聯盟黨」的部長們也公開一再地要求取代李光耀。換言之，應該是東姑阿都拉曼、敦拉薩和陳修信等馬來亞領袖對於李光耀不滿，意圖另支持其他新加坡領袖，結果沒有成功，而李光耀繼續擔任新加坡總理，對於東姑阿都拉曼的政治地位和馬來亞的種族政治結構是一個挑戰，所以在沒有辦法除去李光耀的情況下決定切斷與新加坡的關係，以期一勞永逸除去路上的大石頭。因此新、馬分家應該是雙方無法融洽圓滿解決問題所致，而其主因是各執己見，無意讓步。

東姑阿都拉曼的回憶錄則認為是李光耀故意要脫離馬來西亞，他說：「英國之所以不讓新加坡獨立，是因為人民行動黨受到共產分子控制。所以李光耀若不同意加入馬來西亞，就要維持作為英國的殖民地地位。這就是為何李光耀要加入我們的原因。但在新加坡加入馬來西亞後，他卻用盡各種方法退出。這就是今天他的立場，他不是一個可靠的人。」[94]

在馬來半島上的馬來人可能都持與東姑阿都拉曼相同的觀點，在 2007年當李光耀談論新、馬關係問題時，馬國的哈辛（Saad Hashim）在報上發表一篇文章，他說：在新加坡加入馬來西亞聯邦後，李光耀提出「馬來西

---

92. Mohamed Noordin Sopiee, *op.cit.*, p.213.

93. Mohamed Noordin Sopiee, *op.cit.*, pp.213-214.

94. Kua Kia Soong(compiled and ed.), *May 13: Declassified Documents on the Malaysian Riots of 1969*, Suaram Komunikasi, Selangor, 2007, p.97.

亞人的馬來西亞」這類口號來製造事端，這不僅是李光耀為了不通過倫敦首肯而繞道取得新加坡獨立的一個手段而已。當年李光耀在新、馬分家時流的眼淚不過是鱷魚的眼淚（按：這是西方的諺語，指假情的哭泣）。[95]

　　總而言之，李光耀的計畫很清楚表明，他是利用加入馬來西亞聯邦之機會脫離英國之控制，然後用盡各種策略杯葛與馬來西亞的關係，使得東姑阿都拉曼不得不將該「麻煩製造者」新加坡逐出聯邦。而東姑阿都拉曼亦有其如意算盤，他先前可能高估其有將新加坡納入聯邦並加以馴服的能力，孰料在利用新加坡種族動亂以及利用吳慶瑞等人起來挑戰李光耀之陰謀又相繼宣告失敗，東姑阿都拉曼自知無法鬥得過李光耀，所以才決定將新加坡逐出聯邦，以絕後患。究實而言，如果李光耀等菁英公然明白主張新加坡脫離馬來西亞聯邦，則新加坡將難以在馬來海中生存，必然遭到周鄰馬來族的圍剿；英國亦不會同意新加坡脫離英國的統治。新加坡必須是因為被迫退出馬來西亞聯邦，才不會引起英國的不滿和馬來族的疾視。

---

95. Saad Hashim，「認識李光耀的政治詭詐」，*南洋星洲聯合早報*，2007 年 10 月 29 日，頁 11。

第六章

李光耀執政時期

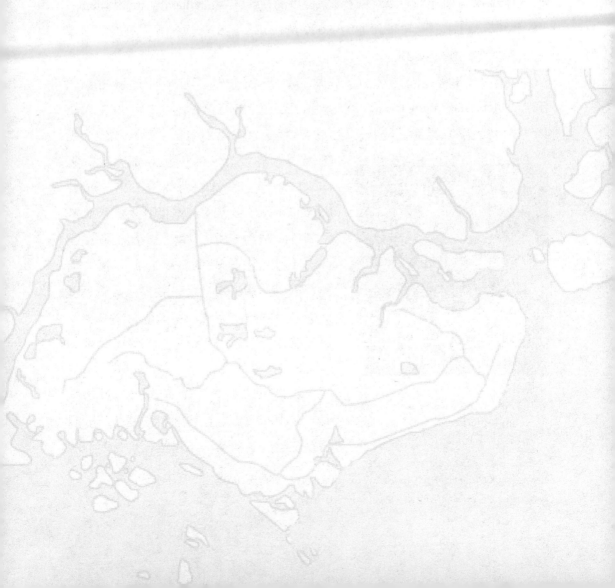

第一節　政治變遷

新加坡獨立後，百廢待舉，失業問題嚴重，社會秩序動盪，左派分子蠢蠢欲動。各項建設需要自行籌措財源因應，因此，新國政府先與日本談判，希望從日本取得第二次世界大戰的損害賠償，以作為建設之用。雙方的談判在 1966 年 10 月 26 日日本外相椎名悅三郎（Etsusaburo Shiina）訪問新加坡時有所突破，椎名悅三郎與新國外長拉惹勒南（Sinnathamby Rajaratnam）舉行會談，日本同意給予新加坡 5,000 萬新元作為第二次世界大戰期間日軍占領新加坡的戰爭損害賠償。其中半數為贈予，另外半數為貸款。[1]

新加坡為避免國際孤立，人民行動黨在 1966 年加入「社會主義國際」（Socialist International），表明人民行動黨將繼續走民主社會主義路線。然而，李光耀為了鞏固初建立的政權，鎮壓反對分子，禁止國內外媒

圖 6-1：李光耀總理
資料來源：http://www.encyclopedia.
　　com/topic/Lee_Kuan_Yew.aspx
　　2009/8/27 瀏覽

體對新國的批評，而引起國際輿論的批評。1976 年，歐洲的荷蘭勞工黨（Dutch Labor Party）和英國工黨批評人民行動黨壓制左傾勢力，所以決議將人民行動黨驅逐出「社會主義國際」。[2] 從此以後，新國即不再強調民主社會主義，在經濟制度上逐漸走向與西方國家接軌的資本主義路線，採取吸引外資和跨國公司經營總部的政策。

其次，新加坡為了本身的財政自主權，在 1966 年 8 月宣布將從 1967 年 6 月起發行自己的貨幣，不再依賴馬來西亞的

---

1. *Keesing's Contemporary Archives*, November 5-12,1966, p.21706.
2. *Keesing's Contemporary Archives*, July 9,1976, p.27819.

貨幣。將 1 元坡幣兌換 2 先令 4 便士，或是 0.290299 克黃金。[3]

　　新加坡獨立之初，武力薄弱，僅有第一和第二步兵營及兩艘訓練艦。這兩個步兵營的軍人都是馬來西亞人，當這些軍人返回馬來西亞後，新加坡就沒有自己的軍隊。因此國防部長吳慶瑞決定在 1966 年 2 月 14 日成立新加坡武裝部隊軍訓學院（Singapore Armed Forces Training Institute, SAFTI），1967 年 7 月 16 日該學院有 117 名見習軍官結業，成為軍事養成教育的重要幹部。有了軍官後，接著就是招募一般軍人，新加坡在 1967 年實施強迫徵兵制，規定成年（年滿二十一歲）男子必須服兵役，以建立一支武裝部隊。英國在 1968 年 1 月宣布將自 1971 年 3 月起從蘇伊士運河（Suez Canal）以東撤兵，更增加新加坡建軍的急迫性。李光耀起初尋求印度和埃及協助，但未獲正面回應，於是改向以色列求援。1965 年 11 月，以色列密派亞克・埃拉札里上校率領一小隊人員至新加坡。12 月又派 6 人至新加坡。新加坡

圖 6-2：1968 年李光耀與英國談判英軍撤離新加坡
說明：面對鏡頭右一為內政及國防部長林金山，右二為吳慶瑞，右三為李光耀，左一
　　為外長拉惹勒南，左二為杜進才。
資料來源：掃描自**南洋星洲聯合早報**，2010 年 5 月 15 日，頁 10。

---

3. 李光耀，**李光耀回憶錄**（1965-2000），世界書局，台北市，2000 年，頁 263。

圖 6-3：穿軍服的吳慶瑞
資料來源：掃描自**南洋星洲聯合早報**，
2010 年 5 月 15 日，頁 10。

建軍的作法是模仿以色列，在中學成立全國學生軍團和全國學生警察團，讓人民認同軍隊和警察。1968 年 1 月，以色列更換軍備而減價出售法國製造的 AMX-13 輕型坦克，新加坡買了 72 輛，後來又買了 170 輛 V-200 型四輪裝甲車。[4] 以色列還協助新加坡建立海軍，紐西蘭訓練新加坡的水兵操作第一艘高速巡邏艇。為感謝以色列對新加坡建軍的貢獻，1967 年 6 月以、阿戰爭後，聯合國大會討論譴責以色列侵略案，新加坡投棄權票。1968 年 10 月，新國允許以色列設立商務處。1969 年 5 月，提升為大使館。[5]

馬來西亞在 1969 年 5 月 13 日爆發種族衝突，新加坡也受到波及，華人對馬來人進行報復，5 月 19—20 日，2、30 名華人攻擊馬來人，導致 1 名華人和 3 名馬來人死亡，11 名華人和 49 名馬來人受傷。新國法庭判處 1 名華人涉嫌謀殺，處以十年徒刑，才平息該一種族衝突事件。此後，新加坡為減少軍隊中過多馬來人所帶來的隱憂，而改徵選更多非馬來人。

此外，新加坡國土幅員小，為解決軍隊訓練場地的問題，新國在 1975 年獲得台灣的允諾，其步兵、裝甲兵和砲兵運至台灣受訓，也與台灣軍隊舉行聯合軍事演習。新加坡還請一位退休德國將軍西格弗里德・舒爾茨指導演習。1970 年代末期，新國空軍人員則前往菲律賓的美軍的克拉克空軍基地受訓，1991 年美軍撤出克拉克基地後，新加坡空軍人員轉到澳洲和美

---

4. 李光耀，**李光耀回憶錄**（1965-2000），頁 15-21。
5. 李光耀，**李光耀回憶錄**（1965-2000），頁 28。

國受訓。[6]

　　新加坡是一個自由貿易港，需要對外貿易以繁榮經濟，因此，新加坡與中國的貿易是透過中國銀行新加坡分行作為匯款銀行。1969 年 5 月 21 日，新加坡財政部宣布中國銀行新加坡分行立即停止票據交換業務，原因是新加坡法庭在 5 月 15 日判決中國銀行新加坡分行在流動資產中未能維持法定最低的 20% 的存款。新加坡政府宣稱該銀行違反新加坡的法律。在法院判決前，該銀行宣稱已吸收數千名存款戶。但新加坡財政部在 5 月 21 日表示雖然有許多新存款戶，但存款數額平均只有 5–10 新元，且新存款戶大多數是十幾歲青少年。中國又宣布中國銀行新加坡分行是從中國進口貨物至新加坡之唯一有權發出信用狀的銀行。新加坡財政部認為這是中國企圖獨占貿易金融。因此在 5 月 27 日規定所有進口商從共黨國家進口貨物之前需向政府申請特別許可。[7] 儘管如此，新國雖與中國沒有邦交，但維持經貿交流關係。

　　依據新國建國初期憲法之規定，總統是由國會選舉產生，沒有實權，政權掌握在總理手裡。1970 年 12 月，新加坡國會選出婦產科教授薛爾思（Dr. Benjamin Henry Sheares）為總統，任期四年，以後連任兩次，1981 年 5 月 12 日逝於肺癌。10 月 22 日，國會選舉蒂凡那為總統。蒂凡那生於 1923 年，在 1950 年參與工會事務，1964–69 年擔任馬來西亞國會議員，1969 年任全國總工會（National Trades Union Congress）秘書長，1970 年取得新加坡國籍。1979 年 2 月代表人民行動黨補選上國會議員，隨後擔任全國總工會主席。1980 年 12 月，當選安順（Anson）區國會議員，該區選民大多數是勞工，他獲得 84% 的選票。蒂凡那出任總統後，他的選區在 10 月 31 日進行補選，結果工人黨秘書長惹耶勒南（J. B. Jeyaretnam）獲得當選。[8] 在民選總統制實施以前，新國的總統選舉幾乎沒有競爭性。

6. 李光耀，李光耀回憶錄（1965-2000），頁 31。

7. *Keesing's Contemporary Archives*, June 14-21,1969, p.23409.

8. *Keesing's Contemporary Archives*, November 27,1981, p.31212.

　　新國獨立後首次選舉是在 1968 年舉行，只有人民行動黨和工人黨參選，其他政黨抵制不參選，結果人民行動黨囊括全部 58 席。依據規定，選舉時選區若無兩人以上的競選，則不辦選舉，由登記參選者宣布當選。該年選舉只有七個選區辦選舉。1972 年，有六個黨參選，競爭的選區有五十七個，結果人民行動黨囊括全部 65 席。

　　1976 年 12 月 23 日，舉行選舉，人民行動黨贏得所有的 69 席。其中有 53 席是競爭席次，16 席是無競爭席次。在競爭席次的選舉中，人民行動黨獲得 72.5% 得票率。新國的選民數有 110 萬人，登記選民有 85 萬人，投票率有 95%。反對黨有工人黨（Workers' Party）、聯合反對協會（Joint Opposition Council）和聯合人民陣線（United People's Front）。

　　1980 年舉行選舉，有八個黨參選，競爭選區有三十八個，人民行動黨囊括全部 75 席。1981 年安順區補選，工人黨領袖惹耶勒南當選，突破人民行動黨長期獨占議席局面，唯他在 1986 年被判刑而喪失國會議員資格。1984 年，有九個黨參選，在 79 席中，人民行動黨獲 77 席，工人黨和民主黨各獲 1 席。

設立集選區制

　　由於國會內長期沒有反對黨之聲音，人民行動黨認為此對新加坡政治不利，乃自 1983 年開始計畫改變選區制，將單一選區制改為複數選區制，人民行動黨只派 1 名候選人參選，另一席則由反對黨角逐。[9]但後來因故未採行此辦法。

　　1984 年 7 月 24 日，李光耀向國會表示擬設立非選區議員制，讓 3 名反對黨議員進入國會。7 月 25 日，國會三讀通過憲法修正案，以確保國會有 3 名反對黨議員。反對黨若在大選中贏得一個議席，則在落敗的反對黨

9. 南洋商報（新加坡），1983 年 1 月 4 日。

候選人中，得票率最高的 2 名（須在選區內獲得超過 15% 的得票數），將自動成為非選區議員。非選區議員享有與民選議員一樣的權利和特權，但對於財政法案、修憲案及不信任投票案，只能發言辯論，不能參與投票。[10] 1984 年選舉，有資格成為非選區議員的工人黨奈爾拒絕成為非選區議員，1988 年選舉，工人黨李紹祖接受成為非選區議員。

李光耀刻意安排讓反對黨進入國會，一方面在使人民能聽到不同的聲音，另一方面在使人民行動黨增加磨練的機會，不致因長期執政而腐化。這種作法在當今世界政壇上絕無僅有，是一獨特的創舉。

新加坡在 1988 年以前實施單一選區制，即每一選區只選出 1 名代表。1988 年選區制做了變革，實施了一項新的選舉制 —— 集選區制（Group Representation Constituency, GRC）。

新加坡為一多元種族國家，在當時 260 萬人口中，華人占總人口 76%，馬來人占 15%，印度人占 7%，其他人 2%。新加坡政府為平衡各種族在政治上的權力和利益，李光耀在 1982 年 7 月曾提出議員雙人集體當選制的構想，即在特定選區的候選人必須兩人一組參選，其中一人必須是馬來族，後因若干議員及政府官員擔心「雙人一組」的選舉方式，將損害馬來人的自尊和信心，而擱置此項建議。1984 年選舉後，發現選民的投票傾向種族因素，而且少數民族散居各地，不易使其候選人有中選的機會，乃覺得必須採取措施，以確保少數民族候選人得以中選。新加坡政府遂在 1988 年初建議採行集選制，經廣徵各界意見及國會聽證後，國會於 5 月 18 日通過國會選舉修正法案和憲法修正法案，規定集選區制的辦法如下：(1) 在集選區當選的議員人數，不得少於全體國會議員人數的四分之一，但也不得超過半數；(2) 在集選區參加競選的政黨候選人或獨立人士，都必須是 3 人一組，其中每組必須至少有 1 名馬來人或其他少數種族；(3) 以政黨旗

---

10. 關於非選區議員制，可參考陳鴻瑜撰，「1988 年新加坡國會選舉」，**問題與研究月刊**，第 28 卷第 1 期，1988 年 10 月，頁 1-11。

幟競選的一組候選人,都必須來自同一個政黨,而選民投票是投給整組候
選人,不是個別候選人。[11] 無黨派人士亦可以 3 人一組在集選區競選。

1988 年選舉

1988 年,選民有 171 萬人,其中 12.3%,約 21 萬人是首次獲得投票權
的年輕選民。在本屆選舉中,有兩個單選區和三個集選區因只有人民行動
黨提出候選人,沒有競爭對手,故這五個選區不辦理投票,而真正要投票
的選民有 1,449,838 人,據統計,投票人數為 1,373,064 人,占總投票數的
94.7%,廢票有 30,629 張,占總投票數的 2.23%。[12] 選民的投票時間很長,
從上午 8 時到下午 8 時,足足有十二小時。全新加坡共設有 319 個投票站。

參加 1988 年大選的候選人多達 156 人,其中包括 4 名獨立人士。政黨
候選人分別來自八個政黨,包括人民行動黨推出足額候選人 81 人、工人黨
32 人、民主黨 18 人、國民團結黨 8 人、人民聯合陣線 5 人、馬來民族機構
4 人、正義黨 3 人、回教黨 1 人。本屆大選是 1963 年大選以來候選人最多
的一次,1963 年大選的候選人多達 210 人。[13] 在八十一個議席中,必須角
逐的選區有七十個,占 86%,亦是自 1976 年選舉以來必須角逐選區數最高
的一次。(參見表 6-1)[14]

表 6-1:1963—1997 年大選人民行動黨面對角逐的選區比率

年　份	議席總數	角逐議席	角逐議席比率(%)
1963	51	51	100
1968	58	7	*12.1

---

11. 南洋星洲聯合早報,1988 年 5 月 19 日,頁 1。
12. 南洋星洲聯合早報(新加坡),1988 年 9 月 4 日,頁 1。
13. 南洋星洲聯合早報,1988 年 8 月 25 日,頁 1。
14. 南洋星洲聯合早報,1988 年 8 月 25 日,頁 2。

1972	65	57	87.7
1976	69	53	76.8
1980	75	38	50.7
1984	79	49	62
1988	81	70	86
1991	81	40	*49.4
1997	83	36	*43.4

資料來源：**南洋星洲聯合早報**，1997 年 1 月 2 日，頁 15。
說明：＊人民行動黨因超過半數議席沒有競爭對手而在提名日蟬聯執政。

　　在 156 名候選人中，女性只有 9 人，女性與男性政治地位平等，沒有受到特別的保障。選舉結果，人民行動黨 4 名女性候選人當選，占全部議席數的 4.9%。

　　人民行動黨在本屆選舉採取換血行動，有 14 名上屆議員因年齡關係未獲提名參選，他們平均年齡是五十九歲。人民行動黨提出的 81 名候選人平均年齡是四十四歲，新推出的 17 名候選人，平均年齡只有三十八歲。整體言之，年滿五十歲以上的人民行動黨候選人有 8 位，其中以李光耀的六十五歲年齡為最大。[15]

　　候選人參加競選登記，依國會選舉法第 28 條規定，必須繳交 4,000 新元保證金。[16] 若候選人之得票數不及原選區總票數八分之一，則保證金將被沒收，這次大選有 5 名候選人的保證金被沒收。[17]

　　競選活動期間很短，前後只有九天。各黨候選人可公開自由張貼宣傳單、海報，在向政府登記後，可舉辦政見發表會，全部屬自辦性質。總計競選期間各政黨舉行了八十多場政見發表會。候選人不可在報紙刊登競選

---

15. **南洋星洲聯合早報**，1988 年 8 月 22 日，頁 4-5。

16. 1988 年 5 月 27 日，修改國會選舉法第 28 條，將競選保證金由 1,500 新元增加為 4,000 新元。參見**南洋星洲聯合早報**，1988 年 5 月 28 日，頁 1。

17. **南洋星洲聯合早報**，1988 年 9 月 4 日，頁 3。

廣告或購買電視廣告時間。新加坡政府在 1985 年開放電視播放國會辯論實況，本屆大選，更進一步由國營的新加坡廣播局舉辦一場民選總統制的辯論會。廣播局邀請人民行動黨、民主黨和工人黨參加（國民團結黨拒絕），時間分配是：人民行動黨的開場白六分鐘、辯論十二分鐘、總結六分鐘，民主黨和工人黨合起來亦分配同樣的時間。[18] 人民行動黨有 2 名代表出席，而民主黨和工人黨只能各派 1 名代表出席，因此，在時間分配上對人民行動黨有利。這次辯論會共舉行英語、華語和馬來語三場，分別由擅長這類母語的 3 黨候選人出席辯論，此種開明作風深獲好評。

人民行動黨在這次競選中特別定了兩個議題，作為與反對黨辯論的主題，並同時觀察反對黨的意見，俾作為修憲的參考。這兩項主題就是民選總統制與市鎮理事會制。

市鎮理事會制

新加坡國會在 1988 年初通過一項法案，預備從 1988 年大選後到 1991 年期間在每個選區設立市鎮理事會，由當地選區的議員出任市鎮理事會主席，並由他委任理事會成員。市鎮理事會負責選區內組屋（國民住宅）的維修和管理，以及改善區內其他公共地段的環境。政府對單選區的市鎮理事會每年提供 300 萬新元的補助，對集選區的市鎮理事會每年提供 900 萬新元的補助。市鎮理事會有權增加或削減維修費，投資於有利息的基金，以及自行募款建造公共設施。

新加坡 260 萬人民中，有 80% 是居住在政府興蓋的國民住宅裡，由建屋局興建和管理這些國民住宅。建屋局負責國民住宅的電梯、走廊的裝修、維修及每隔五年粉刷一次牆壁、收集垃圾、維護國宅區內的公園、道路和

---

18. 南洋星洲聯合早報，1988 年 8 月 30 日，頁 6。

停車場。現在政府準備把國宅區的管理工作交給市鎮理事會負責，議員不僅要有辯論口才，而且也需要具備管理能力。[19]

在選舉活動中，人民行動黨向選民解釋市鎮理事會的性質和作用，強調該種新制度將與選區選民的日常生活息息相關，所以選民必須慎選議員，否則將替自己帶來災難。[20]民主黨批評市鎮理事會的概念是人民行動黨政府要削弱和限制議員所扮演的角色所採取的部分計畫，也是為具有更大權力的民選總統計畫鋪路；該黨進而抨擊人民行動黨是利用市鎮理事會的問題作為主要策略來拉票。[21]其他反對黨也批評市鎮理事會的計畫將削弱國會議員的政治角色，使他們變成住宅區的經理而不是維護人民的政治權利的代議士，其結果將破壞議會民主制。

新加坡實施強制投票制，故投票率很高，1988年選舉投票率達94.7%。各黨之得票數和得票率如表6-2所示。[22]根據表6-2，可就廢票是否計算在內，把各黨之得票率做二種統計。若把廢票包括在內，則各黨得票率為：人民行動黨61.76%，工人黨16.35%，民主黨11.53%，國民團結黨3.67%，其他各黨皆不足2%。若與1984年選舉相較，人民行動黨得票率下降1.18%，工人黨下降8.28%，人民聯合陣線下降1.75%，只有民主黨增加7.97%，馬來民族機構增加0.46%。

表6-2：新加坡1984年與1988年大選各黨得票率

政　黨	1988年得票總數	1988年得票率(%)	得票率(扣除廢票)(%)	1988年贏得席位	1984年得票率(%)	1988年與1984年得票率比較
人民行動黨	848,029	61.76	63.17	69	62.94	−1.18

---

19. 佘長年撰，「市鎮理事會的問題對我國政治有何影響？」，南洋星洲聯合早報，1988年9月10日，頁12。

20. 南洋星洲聯合早報，1988年8月22日，頁4；1988年9月1日，頁5。

21. 南洋星洲聯合早報，1988年9月3日，頁9。

22. 南洋星洲聯合早報，1988年9月8日，頁3。

工人黨 *	224,473	16.35	16.72	0	24.63	− 8.28
民主黨	158,341	11.53	11.80	1	3.56	7.97
國民團結黨	50,432	3.67	3.76	0	—	—
馬來民族機構	13,526	0.99	1.01	0	0.53	0.46
人民聯合陣線	17,282	1.26	1.29	0	3.01	−1.75
正義黨	14,660	1.07	1.09	0	1.21	−0.14
回教黨	280	0.02	0.02	0	0.04	−0.02
獨立人士	15,412	1.12	1.15	0	1.17	−0.05
廢票	30,629	2.23	—	—	2.92	−0.69
總數	1,373,064	100.0	100.0	70	100.0	—

說明：*1984 年工人黨得票率包括社陣和新加坡統一陣線，這兩個政黨在 1988 年併入
工人黨。

**「1988 年得票率」欄中灰黑底數字之總和為 36.01%；「得票率（扣除廢票）」
欄中灰黑底數字之總和為 36.83%。

資料來源：南洋星洲聯合早報，1988 年 9 月 8 日，版 3。

　　人民行動黨在集選區的得票率，明顯地比單選區少，在單選區的得票
率為 63.2%，而在集選區的得票率卻只有 59.7%，差距達 3.5%。若以有效
選票來計算（不包括廢票），則人民行動黨在單選區的得票率為 64.6%，在
集選區的得票率為 61.1%，總得票率為 63.17%，比 1984 年選舉減少 1.66%。

　　以有效選票來計算，七個反對黨和 4 名獨立人士的總得票率是 36.83
%，如果包括廢票，則反對派的得票率卻只有 36%。1980 年選舉，反對派
得票率為 24.5%，而 1984 年和 1988 年均獲得 36% 的選票，顯示反政府的
選民數目有逐漸趨於穩定的傾向，此對人民行動黨將構成一項挑戰。

　　新加坡允許多黨競爭，每個政黨可在任何選區自由競選，但非常特殊
的是在十個集選區和四十個單選區的角逐競爭中，除了有五個單選區出現 3
人角逐之現象外，其餘選區都是兩黨對壘，此可能是受到小選舉區制之影

響，反對黨為了避免自相殘殺及分散選票，儘量不在同一個選區推出兩個反對黨的候選人。這種兩極對壘的選戰，旗幟分明，選民易於選擇，非甲即乙，不會搞混。整體來看，除了友諾士集選區、武吉甘柏區和巴耶利巴區三個選區的競爭較激烈外，其他選區都是人民行動黨占優勢。

標榜種族色彩的馬來民族機構和回教黨，無論是 1984 年和 1988 年選舉，得票率均很低。因此少數民族要獲選為國會議員，必須靠人民行動黨的支持提名。在當選的 81 人中，少數民族有 16 人，占 19.75%。若以國會中少數民族議員比率與全國總人口中少數民族所占的 24% 相較，雖然略低，但已反映出新加坡政府非常重視少數民族的政治權益與種族和諧，此對其政治穩定是有幫助的。

就當選人的職業背景來分析，以公務員占多數，有 27 人，占 33.3%。次為商人，有 19 人，占 23.5%。第三為教師，有 14 人，占 17.3%，教師大部分在新加坡國立大學任教。職工總會有 7 人，占 8.7%。此外，還包括醫師、律師、新聞工作者、會計師、建築師、工程師、醫療生物化學師等專業人士（參見表 6-3）。原先擔任軍職，因參選辭去軍職者有 1 人（指楊榮文准將）。李顯龍（Lee Hsien Loong）[23] 在 1984 年參選以前也是軍職，本屆參選，辭去軍職，其職業已更改為政府部長，故將之列入公務員類。這些由專業人士組成的代議士大都為大專以上學歷，素質相當高，從此可瞭解人民行動黨甄拔菁英的標準所在。

表 6-3：1988 年新加坡新國會議員選前職業背景

職 業 別	人 數	百分比 %
公務員	27	33.3

23. 李顯龍是李光耀的長子，1971 年入伍服義務兵役時拿到軍方獎學金，前往劍橋大學就讀，獲電腦科學文憑。1978 年，前往美國堪薩斯州李文渥斯堡軍校讀高級軍事課程，然後前往哈佛大學約翰甘迺迪學院獲得公共行政碩士學位。他在軍中最高的軍階是准將，他的上頭只有一位少將。他的職務是參謀總長兼聯合作戰計畫指揮官。參見羅耀宗譯，「崛起中的李顯龍」，**聯合日報**（菲律賓），1986 年 3 月 10 日，頁 5。

商人	19	23.5
教師	14	17.3
職工總會	7	8.7
醫師	4	5.0
律師	3	3.7
新聞工作者	2	2.5
會計師	1	1.2
建築師	1	1.2
工程師	1	1.2
醫療生物化學師	1	1.2
退役軍人	1	1.2
合計	81	100

資料來源：南洋星洲聯合早報，1988 年 9 月 4 日，頁 16-17。
又本表係作者自當選人之職業背景加以分類。

在 1980 年以前，新加坡沒有女性議員，經輿論反映後，1984 年選舉時，人民行動黨提名 3 位女性候選人，結果全部當選，占 77 席的 3.9%。1988年選舉，有女性 9 人參選，中選的為人民行動黨 4 名候選人，她們都從事專業工作，分別是大學教授、醫師、職工總會副會長、醫療生物化學師。

依據非選區議員制，有 3 名反對黨候選人可出任非選區議員。1988 年大選已中選 1 位反對黨議員，因此尚可遞補 2 位非選區議員。根據這次選舉得票統計，有資格遞補的候選人是工人黨友諾士集選區的 3 人一組候選人蕭添壽、李紹祖和默哈末加屬，他們的得票率為 48.21%。由於只剩下兩個非選區議員名額，所以其中 1 人必須放棄。對於是否接受非選區議席，工人黨中央委員會於 9 月 6 日召開一次會議，因意見分歧而未做成結論。[24]

蒂凡那因酗酒無法執行總統職務，而於 1985 年 3 月 28 日辭職，由大法官黃宗仁（Wee Chong Jin）代理總統。3 月 30 日，由國會議長楊錦成醫

---

24. 南洋星洲聯合早報，1988 年 9 月 7 日，頁 1。

生（Dr. Yeoh Gim Seng）出任代理總統。8 月 30 日，國會一
致通過選舉黃金輝（Wee Kim Wee）[25] 為第四任總統。黃金輝
曾任記者和外交官以及新加坡廣播控股公司主席。蒂凡那辭
職後，前往美國治療酒精中毒三個月，蒂凡那需同意由新加
坡政府提供給他醫生，才能獲得年金，作為醫療費用。8 月
31 日，蒂凡那拒絕此一有條件的年金每月 5,000 新元，認為
此猶如「財政的壓制」（financial coercion）。[26]

圖 6-4：黃金
輝總統

以色列總統賀佐（Chaim Herzog）於 1986 年 11 月 18－
20 日訪問新加坡，引起印尼、馬來西亞和汶萊的不愉快。馬
來西亞新山有 500 名激進回教徒遊行示威，呼籲馬國與新國
斷交，把新國逐出東南亞國家協會（ASEAN），甚至要求切

圖 6-5：王鼎
昌總統

斷水供。印尼亦有媒體批評新國在東南亞為猶太復國主義播種。[27] 印尼總統
蘇哈托（Suharto）於 1987 年 2 月 6－7 日訪問新加坡，討論該一問題。[28]

李光耀在其執政時期，勵精圖治，改革吏治，要求公務員儉樸、效率、
清廉，採取嚴刑峻罰，以其律師性格，施行法治。同時推展經濟建設，吸引
外資，以建立其初級工業之基礎，接著建立跨國公司經營總部，循序漸進發
展經濟。在社會福利方面，最為人稱道的是建設組屋，即國民住宅，實施「居
者有其屋」。1967 年，購買組屋的有 3,000 人，1996 年增加到 7 萬人，共
建了 72 萬 5,000 間組屋。其中只有 9% 是租賃單位，其他都賣出去。[29]

---

25. 黃金輝為海峽華人（峇峇），精通馬來文。萊佛士書院畢業。1930 年，在**海峽時報**當廣
　　告部職員，後轉至採訪部。二戰後，加入美國合眾社，成為駐新加坡、馬來亞和婆羅洲
　　的通訊記者。1959 年，任**海峽時報**副總編輯。1973 年 9 月，任駐馬來西亞高級專員。
　　1980 年，任駐日大使。1984 年，任新加坡廣播局主席。參見**星暹日報**（泰國曼谷），
　　1985 年 9 月 18 日，頁 24。

26. *Keesing's Contemporary Archives*, November,1985, p.33995.

27. 曼尼蘇菲安撰，劉培芳譯，「新加坡在東南亞為猶太復國主義播種」，**南洋星洲聯合早報**，
　　1986 年 11 月 27 日，頁 17。

28. *Keesing's Contemporary Archives*, October 1987, p.35463.

29. 李光耀，**李光耀回憶錄**（1965-2000），頁 110。

另外透過「中央公積金制」（Central Provident Fund），將退休、醫療、儲蓄、升學、購買組屋（國民住宅）和政府公債等機制融為一體。為了提升官員工作效率，他採用高薪、年輕化的策略。整體而言，李光耀的治國理念是將國家經營視同公司經營，國家有賺錢，就分花紅給全體國民。李光耀也非常重視族群平等，憲法保障各族群平等權益，此與馬來半島不同，馬來西亞特別保障馬來族和土著之特權。在組屋居住政策上，強調每個組屋應包括各族群，禁止單一族群居住在同一棟組屋中。在高層官員中，亦很重視少數馬來族和印度族的甄選，唯比較而言，較傾向任用印度人。基本上，可能是人民行動黨不太信任馬來人，認為他們可能與馬來半島的馬來人利益和觀念較接近。

新加坡從 1977 年起，公積金會員需將月入的 1% 撥入一個特別戶頭，該一戶頭的存款可用來支付其本人和家人的部分醫療費，1986 年繳交率提高到 6%，頂額是 15,000 坡幣。任何超過該頂額的錢將轉入會員的公積金普通戶頭，會員可利用該筆錢攤還房屋貸款或用作其他投資。該一作法可同時加強家庭責任，亦即會員可將保健儲蓄戶頭內的存款用來支付其祖父母、父母、配偶和子女的醫藥費。[30] 該一作法是將公積金制和醫療衛生掛勾。

1978 年，新加坡政府允許公積金會員利用個人儲蓄不超過 5,000 元坡幣進行投資，購買新加坡巴士服務有限公司的股權，接著又允許購買住宅、商業與工業房地產、信託股、單位信託和黃金。至 1997 年，已有 150 萬名公積金會員投資購買證券和股票。1998 年，公積金會員有 280 萬人，存款高達 850 億元坡幣。[31]

1990 年，新加坡又推動非強制性的健保雙全計畫，以應付嚴重疾病的醫療費用，保險費可以從保健儲蓄戶頭中扣除。1993 年，設立保健基金，讓保健儲蓄和健保雙全保險已經用完，又沒有其他直系親屬可依靠的人可

30. 李光耀，**李光耀回憶錄**（1965-2000），頁 115。
31. 李光耀，**李光耀回憶錄**（1965-2000），頁 117-118。

以使用。他們可以申請全免，由保健基金代付醫藥費。

　　為了使公積金更具效力，新國政府規定用公積金購買的
組屋，只有建屋局有權處分，其他債權人無權處分。

圖 6-6：納丹
總統

第二節　有民主無自由的保守政治

一、1963 年頒布的內部安全法迄今仍在施行

　　馬來亞在 1960 年頒行內部安全法（Internal Security Act），當新加坡
併入馬來西亞時，在 1963 年 9 月 16 日將該法引入新加坡，為了適用於新
加坡，而將該法前言稍加修改。此一法令賦予政府預防逮捕（preventive
detention）權，以預防顛覆（preventive of subversion）、鎮壓有組織的暴力
以及其他偶發事件，[32] 任何人在未經司法程序下可被逮捕，且可在兩年內不
移送法庭審判。在拘押兩年後，控案移至顧問委員會（Advisory Board）審
理，該委員會由政府任命的 3 位委員組成，只擔任顧問角色。內政部長有
權制訂選任顧問委員之規則和程序。內政部長若認為案件對國家不利時，
可不必公開該案，且有權決定拘押的期限。在過去，有許多案件，人犯經
逮捕後，連其家人都不知其下落。[33] 內部安全法授予政府對違法者有專屬管
轄權，其是否必須再經法庭之審判，在 1989 年曾引起爭議，後經國會三讀
通過一項法案，確定內閣在內部安全問題上具絕對權力，法庭不能過問部
長的決定，即確定「以部長的主觀判斷為依歸」的原則。此外也廢除內部
安全案件向英國樞密院上訴的權利。[34]

---

32. http://statutes.agc.gov.sg/　2009/10/18 瀏覽
33. T.J.S. George, *Lee Kuan Yew`s Singapore*, Andre Deutsch Limited, London, 1975, Fourth
　　Impression, p. 117.
34. 南洋星洲聯合早報，1989 年 1 月 26 日，頁 1。

依新加坡政府之作法，凡違反內部安全法者在獲釋後，必須在電視或公開場合表示悔改。1967 年，新加坡政府有意釋放「社會主義陣線」領袖林清祥，[35] 但他不願公開悔改，於是他再被關兩年多才獲釋。犯人經悔改釋放後，也不保證能過自由的生活，仍將受到監視。依內部安全法之規定，政府可限制這些犯人的居所、就業，禁止他在特定時間出門，出門須向警察局報告其行蹤，禁止他參加任何組織及到外國旅行。必要時，政府還可剝奪其公民資格，使其變成無國籍的人。[36] 1963 年 2 月，新加坡政府即依內部安全法逮捕 133 名社會主義陣線的左派分子，至 1982 年 10 月才大部分釋放。[37]

基本上，新加坡走的是非共路線，從 1962 年起整肅左派的社會主義陣線後，即大肆逮捕共產主義分子。以後該一政策持續進行，1982 年 1 月逮捕 10 名「人民解放組織」的種族主義者和極端分子。[38]1987 年 5 月逮捕 16 名馬克斯主義分子，包括陳華彪、鍾金全、何元泰、陳書華、林發財等人滲透進入工人黨，他們透過文化團體和教會組織進行滲透活動。[39] 這些被逮捕的涉嫌共產主義分子人數增加到 22 人，其中 9 人於 1988 年 4 月 18 日發表一份聲明，他們是被拷打後才在電視上悔過。次日，這 9 人中的 8 人及其律師再度被捕。另一人唐芳荷（Ms Tang Fong Har）剛好在國外，所以逃過一劫。5 月 18 日，釋放 2 人；6 月 17 日和 19 日，分別釋放 1 人；其他 4 人則延長拘押。5 月 18 日，又逮捕周堅川（Chow Kheng Chuan）。在 1987 年 12 月 30 日新國政府解散親共的亞洲基督教會議（Christian Conference of Asia），它是世界教會組織（World Council of Churches）之一員。新國政府

35. 林清祥獲釋後，辭去社陣的所有職務，並宣稱對國際共產主義運動失去信心。然後前往英國定居，逝於 1996 年。李光耀，李光耀回憶錄（1965-2000），頁 129。

36. T.J.S. George, *op. cit.*, pp. 118-119.

37. Francis Daniel, "Singapore 20 Years After ' Operation Coldstore '," *Hongkong Standard*, February 15, 1983.

38. 南洋商報（新加坡），1982 年 1 月 11 日，頁 1。

39. 南洋星洲聯合早報，1987 年 5 月 27 日，頁 1；5 月 28 日，頁 8；5 月 30 日，頁 1。

指控該組織從事政治活動，要求其 5 位外國執事在兩個晚上內離開新國。[40]

依據美國國務院針對新加坡 2008 年人權報告，新國在一般刑法方面，仍遵守正當法律程序之規定，人犯在四十八小時內移送法院審理。至於內安法，目前是針對恐怖分子，截至 2008 年底，新國根據內安法逮捕 22 名恐怖分子，他們涉嫌參與伊斯蘭祈禱團（Jemaah Islamiyah）或菲律賓的摩洛伊斯蘭解放陣線（Moro Islamic Liberation Front）的恐怖主義活動。[41]

二、限制新聞報導

新加坡獨立後不久，**海峽時報**（*Straits Times*）批評李光耀破壞新加坡的自由，李光耀則指控該項報導有顛覆政府之嫌，他警告說：「任何主編、作家領袖、副編輯或記者意圖將馬國聯邦和新加坡之關係弄得緊張，將依公共安全法令加以逮捕。」[42]

馬來西亞在 1969 年 5 月爆發種族衝突，李光耀為避免此一種族衝突會蔓延到新加坡，尤其是**馬來前鋒報**的言論有敵視新加坡，煽動種族情緒，因此修改出版條例，規定所有報紙必須在新加坡出版、在新加坡設立編輯部，才有資格申請在新加坡印刷和銷售的准證。據此新條例，**馬來前鋒報**關閉了在新加坡的辦事處，也停止在新加坡發行。不久後，所有在新加坡出版的報章，都不能在馬來西亞銷售。[43]

新加坡政府在 1971 年 5 月 2 日逮捕**南洋商報**的總經理李茂生、總編輯及其他高階編輯，指控該報介入中國沙文主義，著迷於共產主義生活方式。政府表示假如該報同意改變其編輯政策，將釋放上述人員，但遭該報拒絕，堅持為新聞自由而戰。李光耀在 5 月 8 日演說中指出共黨陰謀透過傳媒顛

40. *Keesing's Contemporary Archives*, December 1988, p.36353.

41. http://www.state.gov/g/drl/rls/hrrpt/2008/eap/119056.htm. 2009/10/19 瀏覽

42. T.J.S. George, *op. cit.*, p. 145.

43. 李光耀，**李光耀回憶錄**（1965-2000），頁 268。

覆政府。後來新加坡政府又指控一家小型畫報**東方太陽報**（*Eastern Sun*）的所有權人從香港獲得中國的金錢資助，迫令該報關閉。李光耀也下令**新加坡先鋒報**（*Singapore Herald*）3 名外籍職員離境，進而取消該報出版執照，此報出刊只有十個月就關閉了。[44]

李光耀之所以要迫令**南洋商報**和**東方太陽報**關閉，有二種解釋。一種解釋是李光耀不讓人民認為他挑選**新加坡先鋒報**作為犧牲品。他把前二家報紙先納入整頓之對象，希望人民視之為一般性政策而已，目的在減低人民反抗的力量。另一種解釋是認為李光耀採取一石二鳥的作法。徘徊於獨立路線的報社是一隻鳥，當地有財勢的華商是另一隻鳥。當地華商反對政府採取引進外資和公司的政策，而與上述報紙結成一股力量加以抵制，所以政府必須採取行動。[45]

1980 年代中葉後，新加坡政府把矛頭轉向外國新聞媒體。1986 年 1 月，國會通過修改新聞與出版法（Newspaper and Printing Act），授權政府對未經事前聽證（hearing）而從事國內政治活動的新聞媒體加以限制。此後，有**時代週刊**（*The Times*）、**亞洲華爾街日報**（*The Wall Street Journal Asia*）、**遠東經濟評論**（*Far Eastern Economic Review*）和**亞洲週刊**（*Asia Week*）受到新加坡政府之處罰。

1983 年 1 月 26 日，**遠東經濟評論**新加坡辦事處處長史密斯（Patrick Smith），他是美國籍人，在該天接到新國政府通知，他的工作准證將在 2 月底屆滿，不得延長。第二副總理拉惹勒南在 2 月 23 日表示，史密斯的文章暗諷新國政府審判新加坡人民解放組織（Singapore People's Liberation Organization）的 10 名成員是基於政治理由，基於這 10 人是反對黨黨員，政府有責任保護新加坡，免受該種文章的傷害。[46]

---

44. T.J.S. George, *op.cit.*, pp. 150-153.

45. *Ibid.*, p. 153.

46. *Keesing's Contemporary Archives*, December, 1983, p.32569.

1985 年 12 月 11 日，最高法院判決**亞洲華爾街日報**因蔑視法庭罪而罰款 15,000 新元。該報主編在 10 月 17 日刊文質疑法庭審訊工人黨秘書長惹耶勒南的公正性，惹耶勒南在 1982 年因對其黨的帳目作偽證而在 1985 年 9 月被判處 3 個月徒刑。路透社（Reuters）新加坡通訊員歐琪瑪（Miss Marilyn Odchimar）在 1986 年 3 月 25 日因不負責任之報導而被判處在 48 小時內離開新加坡。3 月 15 日，新世界飯店（Hotel New World）倒塌，死 33 人，歐琪瑪之報導引述一位生存者說，他聽到一位搜救員向一位即將去世的婦人要求金錢。

國會在 1986 年 8 月 1 日通過 1974 年新聞出版法修正案，授權政府有權限制涉嫌干涉國內政治之外國出版品之銷售或分發。約有 3,700 份外國出版品在新加坡銷售。違反該修正案者將處以罰款 10,000 新元或 2 年徒刑，或二者並罰。[47]

1986 年 9 月 8 日，**時代週刊**刊載一篇「李光耀限制反對黨活動空間」（Silencing the Dissenters: Prime Minister Lee Restricts the Opposition's Maneuvering Room）的文章，同情工人黨秘書長惹耶勒南因在法庭作偽證而被判 1 個月徒刑和 5,000 新元罰款，以致喪失國會議員資格（依新加坡憲法第 45 條第 1 款第 5 項規定，公民犯 1 年以上之罪或 2,000 新元以上罰款，都不能擔任國會議員）。該文激怒了李光耀，李光耀的新聞秘書要求該刊主編更正，遭到拒絕。新加坡政府在 10 月 15 日宣布自 1987 年 1 月 1 日起，該刊在新加坡之銷售量從 9,000 份減為 2,000 份。該刊在 10 月 27 日刊登更正函，但 1987 年 2 月 1 日發行量再被減為 400 份。經談判後，新加坡政府允許其恢復正常的發行數量。

亞洲華爾街日報在 1986 年 12 月 12—13 日，因刊載一篇論及 1985 年麥克邱（Michael Khoo）法官調職故事及侮辱法庭之文章，同時報導新加坡中小企業成立一家新的證券交易公司，並懷疑其成功的幕後因素。新加坡

---

47. *Keesing's Contemporary Archives*, November 1986, p.34740.

貨幣局曾致函反駁，遭該報拒刊來函，且稱來函不必然損害報導者的名譽。
1987 年 2 月 16 日，新加坡政府將該報發行量由 5,000 份減為 400 份。2 月
20 日，該報要求准許其用影印方式將報紙寄送給訂戶，新加坡政府表示假
如廣告留白（即不能登廣告），可以接受這種變通辦法，該報不接受此議。
政府新聞部新聞秘書乃批評說該報沒有興趣使商業社會獲得資訊，祇想到
要賣廣告賺錢的自由。5 月 11 日，新加坡和美國交換外交照會後，該報向
法庭提出控告，一年後敗訴。

　　1987 年 5 月，新加坡新聞部出版一份 70 頁的小冊子**資訊公聽權**（*The
Right to be Heard*）。1987 年 5 月 26 日，貿工部長李顯龍在赫爾辛基舉行
的第四十屆世界報章出版人大會上發表演講，題目為「當報章報導錯誤
時」。他說報紙應保持公平原則，刊登要求更正不實報導的文章，俾讓讀
者看到和原文相反的看法，所以報章不刊登答覆信的權利，根本不應被視
為一種基本權利。他強調新加坡允許外國通訊員在新加坡工作，但禁止他
們干涉內政；外國刊物在新加坡發行，必須遵守刊登更正信和駁斥信的規
定。對於違反這些規定的外國報刊，新加坡政府可依 1986 年修正的新聞與
出版法減少其在新加坡的銷售份數。[48]

　　遠東經濟評論亦因報導內容不受新加坡政府歡迎而遭處分。1977 年 1
月初，**遠東經濟評論**新加坡通訊員何光平（Ho Kwon Ping）涉嫌不當取得
及散播「敏感資訊」而被控五項罪名。以後判決其中四項罪名不成立，但
一項有罪，即他不當持有新加坡軍事改組之資訊，結果被判處罰款。何光
平在選前亦撰文批評李光耀政府。提供該資訊的律師拉曼（G. Raman）在
2 月 10 日被捕。另外 10 名記者因涉嫌親共產黨活動，而在 2 月 16 日被捕，
其中包括**金融時報**（*The Financial Times*）和**經濟學人**（*The Economist*）的
新加坡通訊員森庫土萬（Arun Senkuttuvan）。[49]

---

48. 南洋星洲聯合早報，1987 年 5 月 31 日，頁 8。
49. *Keesing's Contemporary Archives*, March 25,1977, p.28256.

　　1985 年，**遠東經濟評論**一位記者報導新加坡馬來人的困境，新加坡政府遂要求該刊召回這名記者。1987 年 12 月 17 日，該刊報導新加坡政府與天主教會不和之消息，新加坡指控該刊從事「國內政治」，做不實之報導，將其發行量由 1 萬份減為 500 份。至 1988 年元旦，該刊不得不停止在新加坡之發行銷售。1988 年 12 月 12 日，**亞洲週刊**在新加坡之發行量也被削減為 500 份。[50] 李光耀非常關切外國報刊干涉新加坡內政，他在 1990 年 10 月 15 日於「大英國協」會議上演說，明白指出：「新加坡政府可以而且會堅持外國報刊不准干預新加坡的內政，辦法是堅持運用我們的答辯權。如果某家外國報刊不給我們答辯權，或繼續對新加坡作偏袒不公正的報導，以影響新加坡的政治情況，我們將限制這家報刊在新加坡的銷售量。」[51]

　　1986 年 8 月 1 日，國會修改新聞與出版法，10 月 15 日，美國的**時代週刊**成為遭到刪減進口份數的第一個外國刊物。新聞、通訊及藝術部部長黃根成（Wong Kan Seng）宣布從 1986 年 10 月 20 日起**時代週刊**在新加坡的進口份數每天從 18,000 份減為 9,000 份，從 1987 年起再減為 2,000 份。此事緣起於**時代週刊**拒絕刊登總理新聞秘書傅超賢（James Fu Chiao Sian）的一封信，該封信要求澄清**時代週刊**於 9 月 8 日的一篇報導，因為其對於修改國會法（**特權、免責權**）之報導有不確實之處。國會法修正案於 1986 年 8 月 25 日通過，其目的在維持國會秩序，對濫用特權的國會議員，將被解除議員身分或判刑。**時代週刊**報導該修正案企圖使惹耶勒南閉嘴。新加坡政府同時從 1987 年 2 月 16 日起不定期減少**亞洲華爾街日報**的進口數量。該報在 12 月 12 日批評新加坡第二股票市場，政府要求其更正，遭到拒絕。8 月 14 日，新加坡高等法院允許**亞洲華爾街日報**有權對新加坡政府的限制令提起上訴。

---

50. 有關四家報刊在新加坡遭受處罰之情形，引自 Michael Haas, "The Politics of Singapore in the 1980s," *Journal of Contemporary Asia*, Vol.19, No.1, 1989, pp.48-77.

51. **南洋星洲聯合早報**，1990 年 10 月 16 日，頁 7。

1987 年 10 月 14 日，**獨立報**（*Independent*）報導，新加坡政府最近減少**亞洲週刊**之進口量，從 9,000 份減為 500 份。該週刊的封面刊載著 1987 年 5 月和 6 月新加坡政府逮捕 22 名馬克斯主義者，新加坡政府發言人去函要求更正，遭到拒絕。

李光耀在 1987 年 3 月 27 日向馬來西亞高等法院提出控告馬來西亞**星報**（*The Star*）對其誹謗，該報刊登兩篇有關 The 自殺案的文章，誹謗李光耀。[52] **星報**在該年 2 月 1 日刊登「廉潔共和國裡的貪污行為」一文；在 2 月 22 日，**星報**又刊登「貪污事件的第二次震盪」一文。1991 年 5 月 13 日，雙方達成庭外和解，**星報**同意道歉和收回對李光耀的所有詆毀，並賠償他馬幣 27 萬元，其中 20 萬元馬幣是賠償名譽損失。其餘 7 萬元是訴訟費。除了賠償名譽損失和訴訟費外，該報還答應在 5 月 13 日以封面版顯著版位，刊登收回詆毀和道歉的啟事，以及雙方律師發表的聲明，有關的聲明也會在 5 月 19 日的**星報**星期刊重登。[53]

遠東經濟評論在 1988 年 2 月 4 日宣布停止在新加坡的印刷和分銷處，該報在新加坡印刷份數占其出版的 66%。新加坡高等法院在 5 月 18 日判決，認為禁止**亞洲華爾街日報**在新加坡發行之禁令是違法的。[54]

1988 年 1 月 11 日，新聞、傳播與藝術部長楊林豐博士（Dr. Yeo Ning Hong）向國會提案要求修改新聞出版法第 17 條，授權部長有權決定受限制流通之出版品的影印的銷售和分銷。該修正案規定受限制流通之出版品的影印需經政府之同意，銷售和分配除了成本外，不能有利潤。[55]

經濟學人東南亞通訊員在 1987 年 9 月初說，他被禁止會見新國政府官員，因為該刊物對新加坡的報導觸怒了新國政府。1988 年 8 月 24 日，**遠東**

---

52. *Keesing's Contemporary Archives*, October 1987, p.35463.
53. **南洋星洲聯合早報**，1991 年 5 月 14 日，頁 3。
54. *Keesing's Contemporary Archives*, December 1988, p.36353.
55. *Keesing's Contemporary Archives*, December 1988, p.36354.

經濟評論通訊員在選前禁止進入新國，新國政府沒有說明原因。**亞洲華爾街日報**吉隆坡辦事處的東南亞通訊員在 1988 年 8 月 24 日獲允進入新國，但他沒有取得工作簽證，所以移民官告訴他在 8 月 25 日午夜離開新國。[56]

　　1989 年 9 月，新加坡高等法院舉行有關李光耀控告**遠東經濟評論**誹謗案聽證會，該刊在 1987 年 12 月刊載文章批評新國政府逮捕天主教團體，他們涉及共黨陰謀。該刊引述**天主教新聞**（*Catholic News*）前任主編迪蘇薩（Edgar D'Souza）的話，迪蘇薩指控李光耀利用內安法對付教會，並欺騙新國樞機主教（Gregory Yong Sool Nighean）出席記者會支持政府的逮捕行動。李光耀認為他的目的在阻止宗教干預政治，以及阻止外國媒體介入新國內政。經過三星期的公聽會，法庭最後判決**遠東經濟評論**需賠償李光耀 23 萬新元。[57]

　　新加坡限制新聞報導之主要理由是新加坡與其他國家不同，新加坡不想讓其記者模仿美國或英國，採取敵對的與反政府的角色。新加坡領袖強調記者有責任協助而非阻礙國家的統一和團結，新聞媒體是建國過程的一部分，應鼓勵共識而非擴大歧見。[58]

三、禁止社團參與政治活動

　　依新加坡憲法規定，人民有結社自由權，可自由組織政黨和一般性社團，向政府登記的政黨有二十五個（截至 2008 年）[59]，歷屆選舉也是多黨競爭局面。新加坡政府對於政黨和社團之功能分得很清楚，政黨主要目的

---

56. *Keesing's Contemporary Archives*, December 1988, p.36354.

57. *Keesing's Record of World Events*, June 1990, p.37574.

58. Heng Hiang Khng, "The Media and Democratic Development in Asia：A Perspective from Singapore," 該文發表於 1990 年 9 月 28—29 日由**中國時報**舉行的「媒體與亞洲民主發展研討會」。

59. http://app.www.sg/who/18/Government.aspx.　2009/9/13 瀏覽

在從事政治活動,社團則僅能從事其原先申請設立之宗旨的活動,不能參與政治活動。根據社團法(Societies Act)第 24 條第 1 款第 2 項之規定,任何社團若違反原先設立之宗旨,將遭解散。新加坡政府在 1987 年 12 月 30 日下令解散亞洲基督教協會,並驅逐該組織的 5 名外籍工作人員,原因即是該協會違反社團法,[60] 該協會曾發表激進的政治言論,並暗中以金錢協助馬克斯主義分子。新加坡政府表示,亞洲基督教協會在 1974 年把總部從曼谷遷至新加坡,當初申請時曾保證不參與任何政治活動以及不准把經費撥作政治用途,現在該組織違背當初申請的宗旨,因此只有將之關閉一途了。新加坡政府對律師公會也採取同樣的措施,國會在 1986 年 10 月 27 日通過法律專業修正法案,規定律師公會只能針對政府提交給它的法案發表意見,不可對其他政治問題發表意見或批評。[61]

四、對抗批評政府領導人的言論

基本上,新加坡允許人民自由發表意見,但假如言論涉及毀損政府領袖名譽或捏造事實,李光耀及其同僚都不惜訴諸法庭裁判,討回公道。例如李紹祖醫生在 1973 年指責李光耀在選舉中使用「不合法或不正當的活動及各種各樣的壞事」,李光耀乃訴請法庭解決,結果法庭判決李紹祖應付給李光耀 5 萬新元的賠償和訟費。

1976 年 12 月 18 日,工人黨秘書長惹耶勒南在選舉群眾大會上批評李光耀搞族閥主義和貪污,遭法庭起訴。1978 年判決其觸犯公然侮辱罪,要賠償李光耀 13 萬新元。[62]

1978 年 11 月 17 日,政府宣布根據暫時中止令(suspension order)釋

---

60. 南洋星洲聯合早報,1987 年 12 月 31 日,頁 1。

61. 南洋星洲聯合早報,1986 年 10 月 28 日,頁 1。

62. *Keesing's Contemporary Archives*, May 25,1979, p.29621.

放林福壽醫生（Dr. Lim Hock Siew）和札哈里（Said Zahari），他們兩位在1963 年 2 月 2 日因涉嫌共黨活動而被逮捕。他們兩位分別被限制只能居住在德光比沙島（Pulau Tekong Besar）和巫賓島（Pulau Ubin），可在島上自由居住和工作，並與其家人團聚，接見訪客，但禁見以前的政治犯。沒有官方的許可，不可離開該島。[63] 札哈里依據 1979 年 10 月的限制令（restriction order）而被釋放，他簽署了今後不再參加政治活動之宣誓書後始獲允返回新加坡島。

國際特赦組織（The Amnesty International）在 1980 年 1 月 31 日公布對新加坡人權的報告，嚴格批評新國違反人權之事例，包括未經審判即逮捕何飄（Ho Piao）、李之東（Lee Tze Tong）、鮑蘇凱（Dr. Poh Soo Kai）。同時還批評新國實施內部流放，即將政治犯林福壽醫生流放到德光比沙島。鮑蘇凱曾在 1973 年被釋放，但 1976 年 6 月又因涉嫌參加共黨陣線而被逮捕。2 月 15 日，李之東獲得釋放，但仍限制在巫賓島。3 月 31 日，新加坡政府發表意見，反駁國際特赦組織所稱的新國拷打政治犯，並堅持逮捕政治犯是對抗顛覆的必要手段，至 1980 年依據內部安全法逮捕的政治犯有 34 人。[64]

惹耶勒南於 1982 年批評李光耀貪污，指李光耀為其令弟之利益而發銀行執照給達利銀行，李光耀也訴諸法庭，惹耶勒南被判 12 萬新元的賠償和訟費。[65] 新加坡統一陣線秘書長蕭麒麟在 1984 年 12 月大選期間批評李光耀及內閣部長貪污，誹謗他們的名譽，[66] 結果法院判決賠償 50 萬新元，其中

---

63. *Keesing's Contemporary Archives*, May 25,1979, p.29621.

64. *Keesing's Contemporary Archives*, September 12,1980, p.30460.

65. **南洋星洲聯合早報**，1984 年 12 月 20 日，頁 8。

66. 蕭麒麟誹謗李光耀及其閣員的言論如下：「彭由國是人才嗎？吃工會六百多萬，報紙只賣十多萬罷了，其實是六百多萬。現在是個大富翁在台灣做生意，你們知道嗎？現在 PAP 的人，多數的議員部長起碼都是有整百萬的，沒有百萬也有五十多萬，這是最少的。為了不要給人民誤會，他的新的議員全部公布他們的財產給我們知道，他們多少家產讓我們知道在還沒有中選之前。公布出來，做一個議員一個月多少錢？為什麼十多年有百萬家產？不可能的。一定有其他原因。空頭很多。只要捧李光耀要發財很快。所以，這種社會，政治部，這個貪污部是總理 control，你們要 complain，要上訴他的議員部長，

對李光耀名譽損失賠償 25 萬新元，對李光耀及 13 名內閣部長賠償 25 萬新元。此外，被告須負擔這件誹謗官司的訟費，又須支付這兩筆賠償金的利息，從 1984 年 12 月 21 日提訟至判決日止，以利率 8% 計算。[67] 1988 年 5 月 23 日，新加坡前總統蒂凡那在接受英國廣播公司（BBC）訪問時說：「我在蕭添壽（Francis T. Seow）的法定宣誓書中找不到任何對他自己與對他人有損的事件，而他也沒有做那些李光耀和我在大馬國會中擔任反對黨議員時以更顯眼的方式做的事情。」李光耀認為此言損及其人格及名譽，要求蒂凡那道歉、賠償損失及償付訟費。[68]

　　新加坡最高法院在 1986 年 11 月 11 日判決工人黨秘書長惹耶勒南因偽證罪罰款 5,000 新元，以及有期徒刑一個月。工人黨主席黃漢照（Wong Hong Toy）亦遭罰款和判刑。他們兩人在 1984 年 1 月被起訴，1985 年 9 月被判處 3 個月有期徒刑。最高法院之所以判處惹耶勒南罰款 5,000 新元，主要目的就是要讓他喪失國會議員資格。根據新加坡憲法之規定，國會議員被罰款 2,000 新元以上就自動喪失議員資格。12 月，惹耶勒南在出獄後向刑事上訴法院上訴，認為法庭額外對他處以罰款是政治考慮，結果失敗。隨後他向英國樞密院（Privy Council）上訴，又失敗。1987 年 2 月，國會特權委員會發現惹耶勒南在擔任議員時濫用其特權，惹耶勒南指控政府干涉司法。該委員會建議對惹耶勒南罰款 1,000 新元，另外對其對委員會之公聽會出版曲解之報告，應罰款 25,000 新元。[69]

　　1988 年 5 月 6 日，新國政府逮捕蕭添壽，因為他在 1987 年與美國駐新加坡大使館的一名參贊亨德里克森（E. Mason Hen-drickson）會面，亨德

你們不得直，他一手推掉。『紅哥里』拿去吃，外面的乾魚子，證明給你看，那個貪污我就抓。大貪污讓他逃掉。」*南洋星洲聯合早報*，1988 年 5 月 17 日，頁 1。

67. *南洋星洲聯合早報*，1988 年 5 月 17 日，頁 1。
68. *南洋星洲聯合早報*，1988 年 5 月 24 日，頁 1。
69. *Keesing's Contemporary Archives*, October 1987, p.35462.

里克森鼓勵他在下屆大選時領導反對黨。十天後，他認罪，他與美國大使館官員有密切聯繫，且到過華府，在國務院會見過亨德里克森的上司。美國國務院官員向他保證，倘若新加坡政府找麻煩，美國將給予庇護。[70] 7 月 16 日，他無罪獲釋。以後又被控以六項逃稅罪名，1988 年 9 月 20 日無罪獲釋。工人黨支持他參選 1988 年尤諾士（Eunos）集選區競選，結果失敗。

　　5 月 7 日，美國駐新國大使館政治秘書亨德里克森被驅逐出境，其罪名是與新國律師接觸，嗾使他們反政府。美國國務院在 5 月 26 日警告稱沒有根據的指控只會破壞美國和新國的關係。美國從 1989 年 1 月 2 日起取消新國的普遍優惠關稅制（Generalized System of Preferences, GSP）下的優惠。

　　新國前總統蒂凡那於 1988 年 5 月 23 日在接受英國廣播公司的訪問時說：「我在蕭添壽的法定宣誓書中找不到任何對他自己與對他人有損的事件，而他也沒有做那些李光耀和我在大馬國會中擔任反對黨議員時以更顯眼的方式做的事情。」蒂凡那在駁斥總理新聞秘書的一篇聲明中說：「大馬首任首相東姑阿都拉曼曾告訴他，當李先生是大馬最強硬的反對黨議員時，東姑掌握了一切使他有理由逮捕李先生的事實。」他又說：「李總理及人民行動黨同僚曾討好並與各個外國機構及反對勢力建立聯繫時所作的，和蕭添壽與美國國務院官員接觸時所作的沒有兩樣。而這些官員只是一些職位低微的官員。李先生當年所討好的是權力大得多的外國人物。」此一聲明等於是說李光耀與外國勢力勾結，以干預馬來西亞內政，從而顛覆馬來西亞的獨立及自主權，並因此犯下足以被逮捕與拘留的罪名。[71] 蒂凡那批評李光耀，要求李光耀下台，他雖然讚揚李光耀治下的經濟成就，但李光耀政治風格不好，不能見容異議者、自以為是的專斷。次日，李光耀要求他道歉。6 月 29 日，李光耀發出四十二頁的政府文件指控蒂凡那酗酒和與許多女性行為不檢，1985 年 3 月與女性出遊砂拉越。蒂凡那就是因為

---

70. 李光耀，李光耀回憶錄（1965-2000），頁 145-146。
71. 南洋星洲聯合早報，1988 年 5 月 24 日，頁 1。

3 月與女性出遊砂拉越事件而下台的。[72]

李光耀向法庭控告蒂凡那誹謗，官司在 1993 年 4 月 19 日告一段落，蒂凡那收回 1988 年的談話，重申無意中傷李光耀，並聲言李光耀和其他人民行動黨領袖行為正直。李光耀遂放棄要求名譽損失賠償和訟費。[73]

1990 年 6 月，新國政府有條件釋放 1987 年涉及共黨陰謀推翻政府的 22 名共黨分子中的最後一人。張淑倫（Teo Soh Lung）律師在被捕後的四個月，在電視上公開認罪，說明她在陰謀推翻政府的活動中扮演的角色，而獲得釋放。1988 年 4 月，張淑倫和另外 8 名被捕者發表一份聲明，強調他們是被迫上電視公開認罪的，張淑倫立即被捕。1990 年 6 月 1 日，內政部停止對她的拘禁，其釋放的條件是她不能再公開發表聲明，或與其他被捕者集會。她離開新加坡需經政府的同意，參與任何組織的活動亦需政府的同意。[74]

工人黨候選人黃漢金於 1992 年 5 月 2 日在工人黨的勞動節群眾大會上講演時，誹謗李光耀搞裙帶關係，以及副總理李顯龍並非靠自己的本事升上高職。李光耀委託律師準備控告黃漢金，黃漢金接到律師的信後，即表示願意公開道歉，並同意賠償李光耀和李顯龍名譽損失各 10 萬新元，及負擔全部律師費、登報道歉、保證今後不再做出同樣的指責。[75]

李光耀為進一步限制國會議員在國會內的言論，於 1986 年 9 月召開國會特別會議，修改 1962 年的特權、豁免與權力法（Privileges, Immunities, and Powers Act），禁止國會議員濫用特權，特別是廢除議員在議會內的言論免責權，違反此一規定者，可處以 23,500 新元罰款、徒刑或逐出國會。[76]

新加坡不論中文報和英文報，在經過政府加以改組後，由新加坡報

---

72. *Keesing's Contemporary Archives*, December 1988, p.36354.

73. 南洋星洲聯合早報，1993 年 4 月 20 日，頁 4。

74. *Keesing's Record of World Events*, June 1990, p.37533.

75. 南洋星洲聯合早報，1992 年 6 月 21 日，頁 1。

76. Michael Haas, *op. cit.*

業控股公司（Singapore Press Holdings）控制，中文報有**聯合早報**、**聯合晚報**、**新明日報**，英文有**商業時報**（*The Business Times*）、**新報**（*The New Paper*）、**海峽時報**（*The Straits Times*）、馬來文有**每日新聞**（*Berita Harian*），電視也是由法定機關新加坡廣播局管理，華文電視台有三家、英文電視台有四家、馬來文和淡米爾文電視台各一家。由於傳媒都在政府控制之下，因此無法聽到或看到批評政府的聲音或文字，儘管電視台有實況轉播國會辯論實況，但已嚴格限制議員之言論免責權。

五、干預指導產業、工運和社會生活

新加坡雖奉行自由企業制，但在許多方面政府的力量卻深入產業活動，特別是公營企業相當發達，政府持有或參加許多重要產業及商業活動，包括貿易、運輸、通訊、金融、建築、造船、電子、工程和其他製造活動，如 1961 年成立國家鋼鐵廠、第一麵粉廠，1972 年成立新加坡航空公司，1981 年成立新加坡私人投資有限公司等。至 1970 年代中葉統計，公營企業達 180 家，資金總數達 3 億 2,100 萬美元。[77]政府參加工業和企業活動，除了欲增加政府歲入外，目的還在於刺激工業化並引導重新調整經濟結構的方向。[78]

政府在引導經濟結構改變之過程中，面臨的最大問題就是勞方與資方之爭議。1946 年，新加坡共黨曾發動 47 宗罷工與停工事件，有 50,325 名工人參加，損失 845,637 個工作天。1955 年發生 275 宗罷工和停工事件，有 57,493 名工人參加，損失 946,354 個工作天。1969 年是新加坡工運史上

---

77. Linda Seah,「公營企業與經濟發展」，載於 Peter S. J. Chen 編，李子繼、李顯立譯，**新加坡發展政策與趨勢**（上），行政院經濟建設委員會經濟研究處編印，台北，1990 年 2 月出版，頁 192-243。
78. Peter S. J. Chen 編「新加坡的發展策略：一個快速成長的模式」，載於李子繼、李顯立譯，**前引書**，頁 1-36。

一個轉捩點,這一年沒有發生過任何一宗罷工或停工事件,但職工運動仍處於對抗時期。[79]

　　勞工運動之所以趨於沉寂,主因是政府控制了工會。1961 年,新加坡工會總會分裂為二:左翼工會會員組成了新加坡工會聯合會,溫和派則組成全國工會總會(National Trades Union Congress),前者遭取締,後者則獲得人民行動黨之全力支持。新加坡政府在 1960 年通過產業關係條例(Industrial Relations Ordinance)。1968 年後,新加坡的工運已為政府有效地引導,而全國工會總會也被認為是執政黨的一分子。國會在該年通過雇傭法令和勞資關係(修正)法令〔就業法(Employment Act)〕,以及修正了職工會法令,這些法令制訂了最基本的雇傭條件、裁員賠償、超時補貼和附加福利的上限,劃一週假、公共假日、工作日、年假、產假和病假的規定,讓資方重新掌握聘用、開除、擢升和調動雇員等在工潮迭起的年代被工會侵占的功能和權力。規定工會必須先通過秘密投票才能採取罷工或勞工行動,否則將被提控。該一規定也廢止了公開舉手的投票方式,以防杜遭受威脅。[80]

　　1972 年,成立由勞、資、政三方代表組成的全國工資理事會,協調增加工資的幅度,訂立一個原則,即加薪幅度不能大於生產力的提高。[81] 1980 年,成立了人民行動黨——全國工會總會聯絡會,以加強工會和執政黨的關係。[82]

　　新加坡由於地狹人稠,為解決人民之居住問題及工業發展所帶來的弱勢團體的生活問題,政府大量興建國民住宅。在這項住宅發展政策下,於 1966 年通過土地徵用法,強制徵收住宅發展所需的私有土地,政府在徵收的土地上興建國民住宅,再以低廉價格售予一般民眾。據估計在 1992 年以前,大約有總人口 80%−85% 的人將住在國民住宅中,這將使新加坡成為

79. 大公報(香港),1982 年 10 月 9 日。
80. 李光耀,李光耀回憶錄(1965-2000),頁 98。
81. 李光耀,李光耀回憶錄(1965-2000),頁 99。
82. Peter S. J. Chen 編,前引書。

唯一提供國民住宅給 80% 國民居住的非共產國家。[83]

　　在一般社會生活方面，新加坡也採取家長式的指導措施，如 1970 年代初實施的節育政策，對生第三胎的父母增加分娩費，不給產假，不給免稅額及較難分得政府組屋（即國宅），對第三胎本人也有選讀學校的限制；自 1984 年 6 月 1 日起實施低教育程度婦女的 1 萬元節育獎勵計畫，凡是三十歲以下婦女，在生育第一或第二個孩子後接受絕育或結紮手術，可獲 1 萬新元獎勵，但這筆錢是存入他們的公積金戶頭中，用來購買國民住宅。只有夫婦任何一方未完成中學學業，以及家庭收入低於 1,500 新元的家庭，才有資格獲得獎勵金。收取獎勵金後而生育第三個孩子的夫婦，必須原數歸還款項，另每年納利息 1 分新元。[84]

　　此外，新加坡政府還推行大專畢業母親所生之子女享有優先入學之優待，大力宣揚獎學金學生及其成就，由社會發展局推動為未婚的公務員做媒，及為未婚大專畢業生推行社交發展活動。這些運動之真正用意，乃在貫徹新加坡政府一直秉持的菁英主義理念。

六、干預南洋大學及教學語言

　　新加坡和馬來亞的華人，在戰後亟欲建立一所以華語為教學媒介語的大學，因此在 1953 年 1 月 16 日福建會館主席、新加坡中華總商會會長陳六使提議在新加坡設立南洋大學，2 月成立南洋大學籌備委員會，5 月，獲准以南洋大學有限公司名義註冊。此一設校活動，獲得新、馬兩地華人的支持，各行各業紛紛解囊，陳六使捐助 500 萬元坡幣。1956 年 3 月 15 日，英國總督為南大主持開幕式，正式招生。南洋大學開學時僅有文學院及理學院兩院。文學院設中國語言文學、現代語言文學、史地、經濟政治及教

---

83. Peter S. J. Chen 編，前引書。
84. 南洋星洲聯合早報，1984 年 6 月 3 日，頁 1。

育等五學系。理學院設數學、物理、化學及生物等四學系。報名商學院的新生，則暫時併入文學院經濟政治學系受業。翌年，商學院正式成立，設工商管理、會計銀行兩學系。總共有十一個系，學制四年。第一年招收新生 534 人。1960 年第一屆畢業生 437 人。

　　1956 年 5 月 2 日，新加坡教育部宣布，南洋大學必須向政府申請頒發大學文憑的權力。

　　林有福政府於 1958 年 4 月委任白里斯葛對於南洋大學之學術水平進行評估，白里斯葛在 1959 年 3 月 12 日提出報告書，7 月 22 日對外正式發表。該報告質疑南洋大學學位的學術價值，主要內容包括：南洋大學的規格是按美國式的大學來辦校，與南洋大學法令下的英國式的馬來亞大學的規格格格不入；學術決策應由學術單位負責；教師的薪金偏低；課程的最大缺點是課程太過繁重，必修課學分要求過高，大大超出其他在美國、中國與菲律賓的大學的學術要求；對校舍之建築設計、空間利用、建築素質提出批評；中文系應加強對現代作品的學習研究，馬來系應把握原資料豐富的優勢進行深入與廣博的研究；建議教職員應該加薪 50%、減少收生的人數、把大學學制由四年制改為三年制、把目前個別的華文大學與英文大學，改變為兩所馬來西亞大學，一所以英文教學，另一所以華文教學。[85]

　　新加坡政府在 1958 年 11 月 5 日提出南洋大學法令以管制南洋大學的活動。1959 年 3 月 4 日通過法令，正式在 5 月 27 日生效。該南洋大學法令規定南洋大學理事會的決定需由政府憲報公布後才能生效。南大是經由公司法登記而成立的大學，現在政府可透過大學法令管轄該大學。新立法把大學由公司法人地位提升為大學法人地位，方便政府加以管理。

　　7 月 23 日，由剛於 6 月 5 日上台的人民行動黨政府委任魏雅聆等 7 名委員組成白里斯葛報告書檢討委員會，對白里斯葛報告書進行檢討並提出

---

85. 新加坡文獻館，「白里斯葛報告書的內容」，2006/11/26。（http://www.sginsight.com/xjp/index.php?id=69　2010-03-13 瀏覽）

建議。另 6 名委員包括：翁姑阿都阿芝、符氣林、黃麗松、廖頌揚、連士升與史林尼哇山。成員多是來自或與馬來亞大學有關的人士。連士升是華文報業人士。秘書是謝哲聲與關世強。關世強也是白里斯葛委員會的秘書。

　　1959 年 11 月 29 日，魏雅聆提出報告書，在 1960 年 2 月 9 日發布。該報告書的內容包括：儘快將南大和馬來亞大學合併；建立新的大學體制、納入具教育知識的董事；建議設立一個財政委員會，由合格會計師統籌財政向副校長負責；美國大學的碩士學位資歷不足，應該聘請從英國大學畢業的博士；台灣來的師資英文水準不足，應該聘請本地學者；大學現有聘約與條件應該改正；大學課程缺乏系統化；美國式的學分制弊病百出；學年課程分配不理想；一年級的語义分量太重，應改為提高英文的入學水準；馬來文學習不夠程度；不應該有太多外語課程；以及考試與批卷方式不理想；馬來亞的學生人數超過 50%；90% 的學生來自華校；招收英文一科不及格的學生；減低學費，增加政府助學金，學生宿舍沒有老師監督；建議以 1949 年與 1958 年馬來亞大學法令作為藍本來發展南洋大學；儘快結束南洋大學有限公司，並讓新單位早日接收所有不動產；最後提出改組南大的作業程序。[86]

　　1960 年 2 月 10 日，新加政教育部長在立法議會發表演說，表示接受該報告書對南洋大學的建議，包括南大與馬大待遇平等，以馬大的經費預算為計算基礎來考量南大經費；重訂南洋大學將來的新生入學準繩；南大必須和馬大密切合作；新加坡政府只負責有關新加坡學生的經費；南洋大學必須把外國學生人數限制在總學生人數的 15% 之內。教育部長並批評沒有教育資格的商人不應辦教育。[87]

　　南洋大學學生會在 1960 年 3 月 5 日發表了「對於南大改革問題的聲

---

86. 新加坡文獻館，「魏雅聆報告書的內容」，2007/6/16。（http://www.sginsight.com/xjp/index.php?id=95　2010/3/13 瀏覽）

87. 新加坡文獻館，「新政府支持魏雅聆報告書」，2007/7/19。（http://www.sginsight.com/xjp/index.php?id=100　2010/3/13 瀏覽）

明」，支持在華文、英文、馬來文和印度文四種語文平等的原則上進行改革，接受馬來語為國語，支持學習馬來語文，不過，南洋大學是華文教育體系的最高學府。

1965 年 1 月由王賡武教授主持南洋大學課程審查會，他於 1965 年 5 月 14 日提出一份報告書，建議南大改為英文教學，以及關閉現代語言、教育和化學三個系，中文系改為漢語系，政治系改為政府與行政系，歷史系不應重中國歷史，應重馬來西亞史，不應只招收華文中學畢業生，應廣招其他來源留學生，[88] 結果學生在 1965 年 11 月 22 日抗議和罷課，許多學生遭軍警逮捕。罷課持續一個月，有一百多名學生被開除，對 200 名學生發出警告信，將開除的馬來亞學生驅逐出境，才使罷課事件平息。政府對於該罷課事件封鎖新聞。[89]

---

88. 新加坡文獻館，「王賡武報告書的內容」，2007/8/12。（http://www.sginsight.com/xjp/index.php?id=103 2010/3/13 瀏覽）

89. 許萬忠，*回憶雲南園*，1991 年 12 月 15 日出版。（http://www.sginsight.com/xjp/index.php?id=2298 2010-03-13 瀏覽）
事後，王賡武對於他所受到的批評，提出他個人的解釋：「1.新加坡當時剛參加大馬聯邦，並未獨立……所以新加坡各方面要適應大馬環境需要，無論教育、勞工、貿易、經濟……教育部……考慮到如何適應新的政治環境，故提出一個課程改革委員會。2. 新加坡退出大馬，報告書應被取消，因為它主要是為了新加坡參加大馬的一個新的政治環境而設的，既然新加坡退出，情況不同，報告書對獨立後的新加坡已無意義，報告書是給大馬之內的南大的。3. 報告書沒有把華語撇開，重英文輕華文，但後來形成這個現象，是新加坡獨立之後的事。在整個大馬的環境裏，是不會造成問題的，因為大馬……到現時還有獨立中學，新加坡獨立以後他們的教育政策是完全另外一個問題……報告書是寫給大馬整個地方……。」
「但新加坡文獻館的一篇文章反駁王賡武的說法，該文認為王賡武將責任推到與馬來西亞有關，不過是利用馬來西亞來轉嫁他所應負的責任。該文舉出下述理由：1. 新加坡在教育和勞工問題上有絕對的自主權。這是因為巫統要人民行動黨全盤負責解決學生與職工會的反政府運動。同樣地，新加坡在經濟財務上也有絕對的自主權，因為人民行動黨不允許巫統動財政上的歪腦筋。這是新、馬合併的政治交易。王賡武報告書是新加坡政府的問題，不能轉嫁馬來西亞政府。這是歷史事實。李光耀在 1964 年 11 月 9 日的南大演講承認：新加坡擁有教育自主權。2. 王賡武報告書並非是為了適應新政治環境，報告書是跟進白里斯葛報告書和魏雅聆報告書。李廷輝（1996：310）也是如此記載：『在重組南洋大學的各類改革中的一項事務，是改變大學課程。這是白里斯葛報告書和魏雅聆報告書所提及的。結果，在 1965 年 1 月成立第三個委員會稱大學課程審查委員會，由王賡武擔任主席，四個月後提呈報告書。』這也解釋了為什麼退出大馬後，人民行動黨還是按建議全盤西化南洋大學。重新詮釋歷史是件需要龐大資源的社會工程。耗費大

　　1970 年 8 月 11 日，李光耀應南大歷史學會邀請，前往演講，講題是「南大與我們的前途」，他說南大必須提升水準，以便有效地培養出能精通兩種語文的學生。南大必須鼓勵學生在寫作上能夠運用暢達的英文，在會話上應用流暢的英語。他同時強調南大要成為學術重鎮，其校長、院長和系主任必須在學術上有素養，而且能獻身於南大發展的學人。[90] 李光耀為貫徹他對南大的期許，在 1975 年委派教育部長李昭銘出任南大校長，任務在改變教學語言為英語，結果情況不如預期，無法將華語改為英語教學。1978 年，南大畢業的議員請求政府出面挽救南大的問題。在該年李光耀在徵得南大理事和評議會成員之同意，將南大師生遷入新加坡大學校園，接受新大教師的教育。此舉引起馬來亞南大校友的抨擊。

　　由於南大是使用華語教學，畢業生不易找到工作，於是有不少學生轉讀以英文教學的新加坡大學，因此學生數日減。李光耀說：「為了挽救頹勢，南大降低入學和及格標準，也進一步降低它的學術聲譽和學生的市場價值。」[91]

　　在南大併入新加坡大學後，約有 70% 的學生順利畢業。李光耀讓學生選擇南大學位、新大學位或聯合頒發的學位，結果學生都是選擇新大學位，所以李光耀進一步在 1981 年將兩校合併為新加坡國立大學。原南大校園在 1986 年成立南洋理工學院，附屬在新加坡國立大學之下。李光耀將原先南大帶有中國宮殿式建築全部拆除，改為西式建築，只留下行政中心的大樓。此外，亦將南大校門牌樓拆下，另安置在南大行政大樓前的花園內。李光耀的目的很清楚，就是要將具有強烈中華文化色彩的校舍予以拆除。

量國家的人力與物力去杜撰歷史。為了啥？」參見新加坡文獻館，「從王賡武談課程審查報告書說起」，2007/9/28。（http://www.sginsight.com/xjp/index.php?id=106　2010-03-13 瀏覽）

90. 新加坡聯合早報編，**李光耀四十年政論選**，現代出版社，北京，1994 年，頁 384。

91. 李光耀，**李光耀回憶錄**（1965-2000），頁 173。

圖 6-7：南洋大學校門牌坊
資 料 來 源：http://www.sginsight.com/xjp/index.php?id
　=2372　2010-03-13 瀏覽

圖 6-8：2000 年重修南大新牌坊
資 料 來 源：http://www.sginsight.com/xjp/index.php?id
　=2372　2010-03-13 瀏覽

1991 年，李光耀又將南洋理工學院改為南洋理工大學，並脫離新加坡國大而成為一所獨立大學。2000 年，南洋理工大學重新在校園內的雲南園豎立修復後的南洋大學舊牌坊。

　　新加坡同時將所有中小學改為以英語為教學媒介語，華語文成為第二語文。但為了保留華人文化的價值，特別是尊師重道、守紀律、講禮貌，所以李光耀推出「特選中學計畫」，保留九所最優秀的華文學校（稱為特選中學）。這些學校錄取全新加坡小學畢業考成績最佳的 10% 的學生。基本上他們仍是接受英語教學，唯他們需學習與英語一樣水平的華語。

　　由於新加坡華人來自中國南方各地，使用數種方言，在溝通上有困難，因此，李光耀在 1978 年推動「講華語運動」，每年為期一個月。此一政策已見成效，今天新加坡人都能講華語，有助於其人民至中國和台灣經商。

此外，新加坡也取消了電視台和電台所有的方言節目。[92]

七、一黨獨大

在 1960 年代中葉，人民行動黨利用嚴峻的法律和政治的手段限制反對黨，原先是用來對付親共的社會主義陣線，後來連非共的反對黨也受到影響，[93] 導致反對黨自 1968 年後一蹶不振。

試從歷屆選舉中各政黨參與競爭的情形，來瞭解新加坡一黨獨大形成的軌跡。1959 年，有十二個黨參選，在國會 51 席中，人民行動黨獲 43 席；1963 年，有五個黨參選，在 51 席中，人民行動黨獲 37 席；1968 年，只有人民行動黨和工人黨參選，其他政黨抵制不參選，結果人民行動黨囊括全部 58 席；1972 年，有六個黨參選，人民行動黨囊括全部 65 席；1976 年，有七個黨參選，人民行動黨囊括全部 69 席；1980 年，有八個黨參選，人民行動黨囊括全部 75 席；1981 年安順區補選，工人黨領袖惹耶勒南當選，突破人民行動黨長期獨占議席局面，唯他在 1986 年被判刑而喪失國會議員資格；1984 年，有九個黨參選，在 79 席中，人民行動黨獲 77 席，工人黨和民主黨各獲 1 席；1988 年，在 81 席中，人民行動黨獲 80 席，民主黨獲 1 席。從而可知，人民行動黨自 1959 年起至 1968 年間並非獨大政黨，其他政黨仍有抗衡餘地。自 1960 年代中葉鎮壓最大反對黨社會主義陣線後，人民行動黨才成為獨大地位。[94]

由於國會內長期沒有反對黨之聲音，人民行動黨認為此對新加坡政治不

---

92. 李光耀，**李光耀回憶錄**（1965-2000），頁 177-178。

93. Chan Heng Chee, "Political Parties," in Jon S. T. Quah, Chan Heng Chee, Seah Chee Meow(eds.), *Government and Politics of Singapore*, Singapore, Oxford University Press, 1985, pp.146-172.

94. 關於人民行動黨之發展過程，可參考 Thomas J. Bellows, *The People's Action Party of Singapore: Emergence of a Dominant Party System*, Yale University Southeast Asia Studies, New Haven, Connecticut, 1970.

利，乃在 1984 年實施非選區議員制，讓 3 名反對黨議員進入國會；1988 年又實施集選區制，讓少數民族進入國會，保障少數民族之代表性及其權益。

第三節　經濟發展

　　新加坡在獨立之初，經濟環境並不理想，各項建設落後，李光耀遂決心從修建基礎設施著手，然後建設裕廊工業區、吸引大型的跨國公司至新加坡投資、提供獎勵投資辦法、推動出口。在 1961 年時，新加坡共發出十二張新興工業證書，取得該工業證書的投資者，可免稅五年。1963－1965 年期間，新加坡併入馬來西亞，吉隆坡政府未發一張新興工業證書。至 1970 年底，已發出新興工業證書 390 張。1975 年，將免稅期延長為十年。諸如德州儀器公司、惠普公司、美國通用電器公司等大型公司紛紛到新加坡投資設廠。[95]

　　新加坡的經濟發展到了 1983 年 4 月已有顯著的成就，美國遂決定取消給予新加坡普遍優惠關稅制的優惠，新加坡認為能夠出口一些產品，但仍未達自力更生的工業基礎，工業結構仍有許多缺點，需要美國的援助。在 1982 年，美國貨輸入新加坡約有 35 億美元是免稅的，而新加坡出口到美國的貨物僅有 4 億美元享有普遍優惠關稅制的免稅優待。因此新加坡要求美國延後到 1985 年後才實施。[96]

　　新加坡經濟在 1984 年國內生產毛額成長率達 8.2%，但 1985 年卻下降為負 1.7%，失業率達 4%，出口率下降 1.5%。造成該一經濟不振的主因是新加坡主要貿易伙伴美國經濟衰退，國內勞工成本過高，以及金融市場的過度供應。新國政府採取減稅以及增加發展投資的手段，以挽救經濟。1985 年 4 月，成立經濟委員會（Economic Committee），由李顯龍出任該

---

95. 李光耀，李光耀回憶錄（1965-2000），頁 67-69。
96. 南洋商報（新加坡），1983 年 4 月 6 日。

委員會主席。7 月 26 日,李顯龍提出一連串短期經濟措施,總值 4 億 5,000 萬新元,其中 1 億新元將作為促進外商投資高科技以及貸款小企業減少利息之用。8 月 31 日,進一步宣布降低石油、柴油和燃料油價格。此外還進行工資和稅制改革、提升商業效率、促進服務業。1986 年 2 月 16 日,新國政府任命國務部長李顯龍升任代理貿易及工業部長。第一副總理吳作棟在 2 月 26 日向國會提出報告,將從 4 月 1 日新財政年度開始實施下述措施:減少雇主繳交「中央公積金」之比例從受雇者薪水的 25% 減為 10%,工資兩年不漲以及各種減稅方案。[97]

「公積金制」是一種強制儲蓄制,原先是由英國殖民政府創立的,規定由雇員繳交 5% 工資,雇主替雇員繳交 5% 金額,五十五歲退休時雇員可以領回這筆錢,作為養老之用。1968 年,修正中央公積金法令,雇員繳交率提高。雇員可利用累積的公積金儲蓄繳付 20% 的首期購屋款,也可利用公積金,在二十年內按月分期繳付購屋貸款。[98] 1984 年,雇員繳交公積金的工資比率增加為 25%。

由於美國經濟放緩,影響新國對美國的出口額;新國沒有新的大型建設要進行;公共建屋計畫放緩;煉油業、造船業及修船業等產量下降;新國國際競爭能力受到侵害;及新國內部反對黨在國會內贏得 2 席等因素之影響,導致外國投資者對新國政府信心減弱,新加坡在 1985 年出現嚴重的經濟衰退,經濟成長率出現負 1.7%。為因應該一情勢,新加坡立刻組成官方和民間參加的委員會,對經濟問題提出針砭意見。該委員會認為主要原因是生產力降低,乃提出各種改革方案,例如,凍結工資、減少公積金繳納率、降低工業賦稅率、減少所得稅及與財富有關的稅收、小型工業獲得低息貸款、吸引投資、開拓市場。經過這一番改革,新國經濟很快的在 1986 年復甦,成長率為 1.9%。新國經濟獲得成功的主要因素是內閣改換年

---

97. *Keesing's Contemporary Archives*, November 1986, pp.34740-34741.
98. 李光耀,**李光耀回憶錄**(1965-2000),頁 109。

輕的部長，例如由李顯龍出任貿工部長，增加外國廠商對新國投資的信心。
1987 年，經濟成長快速，達 8.8%。貿易順差達 23 億新元，較 1986 年順差
12 億新元多了 11 億新元。官方外匯存底也有 304 億新元。[99]

　　新國從 1986 年開始推動跨國公司經營總部計畫，當時是由貿工部長李
顯龍宣布的，成效日益明顯，至 1988 年已有 17 家金融和非金融公司獲得
營運總部地位，而該年又有 50 家跨國公司申請設營運總部。[100] 新國對於該
類公司只徵收 10% 公司稅。這類跨國公司除了從事製造業外，亦允許其經
營能增加附加價值的其他業務，例如產品設計、研究發展、工程支援、市
場促銷、財務管理和基金管理。

　　新加坡政府在 1992 年推行的兩大經濟策略是：一、使經濟走向環球化；
二、使當前的「生產推動式」經濟轉化為「創新推動式」經濟。新加坡的
生產力增長大大放緩，只是反映了經濟結構正在重整。新加坡政府的環球
化策略之一，是加強區域聯繫。首先是和馬國及印尼成立「成長三角區」。
其次，新加坡也大力支持成立東協自由貿易區。1992 年，新國的經濟成長
率已上升到 5.8%。

　　新加坡的科技企業，亦發展與中國之全面合作，準備把科研產品商業
化。1992 年，有 200 名中國科研人員受聘在新加坡工作，「創新推動」經
濟。中、新兩國的科技領域具有很強的互補性，中國的優勢是有大量科研
人員、科研成果及雄厚科研基地，而新加坡優勢是有先進管理、市場推廣
及靈通訊息，雙方的合作正好能夠各自發揮所長，這或許可視為新加坡經
濟的一個新動向。[101]

　　李光耀在 1992 年 11 月 15 日以人民行動黨秘書長身分在兩年一度黨幹
部大會上講話，提醒新加坡人如果過分安於現狀，不準備接受改變，勇於

---

99. 南洋星洲聯合早報，1988 年 1 月 3 日，頁 4。
100. 南洋星洲聯合早報，1988 年 10 月 24 日，頁 1。
101. 南洋星洲聯合早報，1992 年 8 月 11 日，頁 15。

到國外發展，則將成為新興經濟體的失敗例子，他籲請新加坡人認清這個問題的嚴重性。他的目的就是鼓勵新加坡人到海外投資。他說：「在海外投資最容易致富的方法，是到那些在技術與知識層面上，你都能占優勢的國家。新加坡人必須選擇到經濟成長率每年達 6% 至 10% 的國家投資。許多人到處於經濟低潮的澳洲去投資都觸礁，他們的工人生產力不高，經理人員幹勁不足，使到他們虧錢。」[102]

根據上述李光耀的指示，貿易局採取四大策略協助商家到海外投資，這四大策略包括：為商家提供海外投資資料；設立海外商業發展中心，減低商家在海外的投資成本；津貼商家在海外策劃投資的費用；在海外帶頭進行投資活動，為商家開闢更多投資管道。[103]

為了推行這項新任務，貿易發展局將改進和擴充現有的各項設施與服務。其中包括將現有的「市場發展協助計畫」改名為「市場與投資發展協助計畫」，讓那些公司在調查和研究海外投資的前景時，也可向政府要求高達 50% 的費用津貼。該局在 1993 年之前在世界各地設有二十四個辦事處，1993 年在斯里蘭卡的可倫坡（Colombo）、胡志明市和台北設立辦事處。

新加坡為彌補其有限的勞力資源，需依賴大量外國勞工，1992 年生活並工作在新加坡的外國勞工已達 20 萬人，其中受雇於建築業的勞工即達十多萬人，他們大多數來自馬來西亞、菲律賓、泰國、斯里蘭卡和印度。此外，在新加坡幫助家務勞動的菲律賓女勞工有 6.5 萬人。新加坡政府提出提高勞動生產率的奮鬥目標是，使新加坡工人的勞動生產率提高一倍，從每人每年 23,900 美元提高到西方七國集團的水平。新加坡中小企業的勞動力占全國總勞動力的 39%，而產值只占全國國民生產總值的 9%。因此，新加坡訂定從 1992 年至 1995 年的主要任務是，將全國的中小企業的勞動生產率也

---

102. 南洋星洲聯合早報，1993 年 1 月 3 日，頁 1。
103. 南洋星洲聯合早報，1992 年 12 月 39 日，頁 1。

提高到這個水平。[104]

　　在推動對外投資之政策下，新加坡私人企業界在海外的直接投資從 1976 年的 10 億新元增加到 1993 年的 130 億新元。在外國建立業務的新加坡公司從 1981 年的 1,000 間增加到 1993 年的 3,200 間。[105] 在國內生產總值中所占的比重，也從 7% 增至 18%。此外，在新加坡私人企業界，尤其是金融機構加速擴大海外資產的努力下，新加坡私人企業界在海外的總資產，已經從 1976 年的 370 億新元，猛增至 1991 年的 5,530 億新元，增幅高達 14 倍。[106]

表 6-4：新加坡公司（不含金融機構）海外直接投資資產

年　　份	資產值（百萬新元）	占國民生產總值的百分比（％）
1976	1015.1	7.0
1978	1291.0	7.3
1980	1615.9	6.7
1982	2086.9	6.6
1984	2399.3	5.9
1986	2597.6	6.6
1988	2993.9	6.0
1990	7784.3	11.7
1991	9698.0	13.1
1992	11262.1	14.0
1993	13061.3	14.5

資料來源：*南洋星洲聯合早報*，1994 年 8 月 31 日，頁 21。

---

104. *經濟日報*（中國），1992 年 9 月 24 日，頁 4。
105. *南洋星洲聯合早報*，1994 年 8 月 31 日，頁 21。
106. *南洋星洲聯合早報*，1993 年 7 月 15 日，頁 1。

第四節　一黨獨大制的未來

對於新加坡而言，選舉不僅是決定國會的任期而已，由於人民行動黨自 1959 年以來即長期執政，因此選舉已變成該黨新陳代謝的篩檢機器，若沒有選舉，沒有為了爭取年輕選民之支持，該黨將成為元老領袖長期執政的老化政黨，特別是在沒有強大反對黨壓力下更易造成此後果。因此，人民行動黨在每屆大選都推出新血，更新舊領導人，使黨保持活力。

不過，新加坡的人民行動黨跟許多開發中國家的政黨一樣，面臨嚴重的內部領導層的黨爭，李光耀在 1962 年鎮壓從人民行動黨脫黨而出的最大反對黨社會主義陣線後，將其領導人物關進監獄，人民行動黨才成為獨大地位。[107] 李光耀同時取締對政府提出批評的反對勢力，透過內部安全法及法律手段，肅清反對人物。

然而，當人民行動黨定於一尊之地位後，李光耀又開始擔心黨的僵化問題。人民行動黨透過積極物色人選的方式，讓黨更換新血，但同一個色彩的政黨無論如何換血，都難以保證能獲得選民的支持。隨著世代更換以及時代的演進，選民的態度是會改變的。從 1980 年和 1984 年兩次選舉結果顯示，李光耀已知道選民投反對黨的人數已逐漸在增加，選民對於人民行動黨的長期執政已開始感到厭倦，因此必須在每次選舉提出一些吸引選民的議題，或者改變政治結構，以使新加坡政治保持彈性和活力及使人民行動黨能繼續執政，譬如在 1984 年選舉曾提出民選總統制的議題，以及增設非選區議員，在 1988 年選舉依舊提出民選總統制議題，以及增設保障少數民族的集選區制，並準備從 1988 年到 1991 年實施市鎮理事會制，使議員能更深入基層工作，此一政策目標在為 1992 年大選奠下更堅實的基礎。

---

107. 關於人民行動黨之發展過程，可參考 Thomas J. Bellows, *The People's Action Party of Singapore: Emergence of a Dominant Party System*, Yale University Southeast Asia Studies, New Haven, Connecticut, 1970.

　　李光耀所提出的非選區議員制，目的是為了讓國會中有反對聲音，集選區制是為了保障少數民族的政治權益，市鎮理事會制是為了使現在居優勢的人民行動黨議員更深入中下階層人民居住的國宅區紮根，而最受爭議的民選總統制，目的則在防止將來李光耀卸職後出現一個不善理財、濫用儲備金的壞政府，屆時經他領導的政府所努力積攢的儲備金將失去保障，因此李光耀深謀遠慮地想出民選總統制，以民選總統來監督政府的作為。此一構想從1984 年提出，至 1993 年實現，顯示他相當謹慎地在策劃憲制改革。

　　從上述人民行動黨的積極進取作為來看，反對黨要從執政黨所布下的網羅中脫穎而出，顯非易事，除非李光耀退出政壇之外，或許反對黨還有機會，這也是李光耀所最擔心的，因此他在 1988 年大選過後表示將續留總理兩年，待新政府更穩固後才辭卸總理。在這兩年內，他在內閣中將扮演「大企業之主席」的角色，而吳作棟副總理則扮演「大企業之總裁」的角色。[108]

　　新加坡的一黨獨大制建立在議會民主制之基礎上，同時也因其實施小選舉區制和集選區制，而使一黨獨大制繼續維持不墜，當然，小選區制只是對大黨有利，並不一定會促成大黨長期執政。人民行動黨之所以能成為獨大政黨，最重要的因素還是李光耀一再地更新黨機器及提出一些創新的制度，例如集選區制，使黨保持隨時接受及回應挑戰的活力。在可預見的未來，兩黨制或多黨聯合政府將只是反對黨的一種理想而已，難以成為一種現實。

　　李光耀在 1990 年退休，由吳作棟接任總理，李顯龍則出任副總理。當時輿論認為吳作棟是過渡人物，政權最後會由李顯龍接掌。李光耀仍繼續掌握人民行動黨秘書長，至 1992 年 12 月，才將秘書長一職移交給吳作棟。李顯龍出任黨第一助理秘書長，黃根成為第二助理秘書長。李光耀除了在1957 年 8–9 月間沒有擔任秘書長外，他從 1954 年人民行動黨成立到 1992年擔任長期的秘書長工作。1957 年 8–9 月間，是由親共派知知拉惹律師

---

108. *南洋星洲聯合早報*，1988 年 9 月 12 日，頁 3。

擔任黨秘書長，不到三個星期即因健康理由以及親共派中委被捕而突然辭職。[109]李光耀遂得以重新掌控黨秘書長職務。[110]人民行動黨除了這一階段和1961－1962年與林清祥之社會主義陣線鬥爭外，其他時間各種職位變動，並未發生政爭，是世界上少見的現象。

李光耀於1996年6月7日在新加坡報業俱樂部及外國通訊員協會聯辦的晚餐講演會上，以「接受挑戰——新加坡沒有李光耀能否繼續生存？」為題發表了演講。李光耀認為，新加坡並沒有適合兩黨制生存的文化，因此它不可能行得通。此外，新加坡要取得成功，也不能在兩黨制下，讓它的內閣隊伍輪番替換。對於批判他的杭廷頓（Samuel P. Huntington），李光耀說，「我希望他活得夠久，因為他將看到他的第三波，或者第四波、第五波（民主）撞向石頭。」李資政也談到兩黨制的缺點，他強調在資源缺乏的新加坡，內閣是不能出錯的，因為一旦出錯，殘局就很難收拾了。[111]

李光耀在1997年接受**李光耀和他的思想**一書的作者韓福光對話時表示：「我會把自己稱為一個自由主義者。一個相信人人應當有平等機會，可以竭盡所能爭取最好的成績的人，一個懷有某方面的同情心，希望確保失敗者不會一蹶不振的人。我真的認為自己是個……（停頓）自由民主主義者。不是日本人指自由民主黨時用這個詞的意思。一個自由主義者，因為我要盡可能最有效的推行這個制度，但是也能夠容忍那些因為先天因素而跟不上，或者無法加把勁的人。」韓福光說：「你形容自己是個自由主義者也許會令一些人吃驚。」李光耀回答說：「你應當明白，我指的是一個在經濟意義上的自由主義者，不是美國人所用的『自由』中的『自由』。美國人的『自由』這個詞，意思是人家認為你應該允許每個人順其意願發展，做他自己要做的事。因此，那有特別的含意。但是，『自由主義者』

---

109. 南洋星洲聯合早報，1992年12月4日，頁1。

110. 李光耀，李光耀回憶錄（1923-1965），頁319-321。"Singapore from 1942-1964,"（http://www.essortment.com/all/historysingapor_ripo.htm　2009/8/18瀏覽）

111. 南洋星洲聯合早報，1996年6月9日，頁1。

的經典意義是指我並不固定於世界上或社會中的任何一種理論。我務實。
我願意面對問題，然後說，好吧，什麼是能夠克服困難，最讓人稱心如意
以及為最多人帶來安樂的方法，你怎麼叫它都行。」[112] 嚴格而言，李光耀
應是屬於經濟自由主義者，他奉行市場自由體制，此與新加坡的特殊地位
有關係，蓋不如此，則新加坡難以發展。但李光耀並不適合稱為政治自由
主義者，畢竟在他執政之下，有許多反對分子被他下獄，而且是使用不合
乎自由主義原則的內安法。

　　從李光耀維持一黨獨大，並促進新加坡經濟發展的角度來看，儘管引
起自由主義者的批評，但他的作法比起那些專權但搞得經濟落後的許多開
發中國家，更易博得世人的讚揚。許多遊客到新加坡旅遊，都會讚揚新加
坡的效率、乾淨、經濟繁榮。李光耀所建立的一個政經發展模式，應是獨
一無二的。只是李光耀過分地維護他自己以及為新加坡所建立的經濟成就，
而拘限了自己的眼光，未能擴展至為發展中國家發聲。其欠缺國際人道主
義視野，多少遮掩了新加坡對國際的貢獻。

第五節　多元種族文化矩陣下之外交作為

　　新加坡是個多元種族構成的國家，華族占 75%，馬來族 14%，次為印
度族及其他混血種人。基本上，李光耀從新加坡獨立起就主張及實施各種
族平等政策，這也是他與馬來半島上的馬來領袖意見相左之處，導致新加
坡最後退出馬來西亞聯邦。

　　從歷史來看，以華人為主體的政權，幾乎未曾在東南亞出現。華人從殖
民地時期起就是客卿地位，是外來的從事工礦商行業的少數民族，不得參與
當地政治。華人大都為不識字的工農階級，在西人優勢政治統治下，華人僅

---

112. 南洋星洲聯合早報，1997 年 10 月 12 日，頁 21。

能從事工商業，華人與當地土著一樣，成為被治者，不能與聞政治。因此，新加坡能成為一個獨立的華人國家，突破了當地土著的忌諱，應屬難能可貴。李光耀以其敏銳的政治嗅覺，深知要在東南亞建立一個華人政權，是有相當大的風險，他曾有一個譬喻：「新加坡是生存在一個馬來海中」，意即印尼群島和馬來半島是以當地土著馬來族為多數，在這中間出現一個華人政權，顯得突兀和不自然，會造成新加坡與周鄰國家間的族群緊張，所以新加坡不能變成一個純粹以華人文化為主體的國家。今天新加坡是以馬來語為國語，各族群可學習自己的母語，各族群在法律上平等，政府興建的組屋不可由單一族群居住，需考慮各族群在政府和國會的代表性。

在此多元種族結構下，李光耀如何擬定其外交政策？是一個值得探討的課題。首先觀察其外交部長的人選。星國從建國以來至今，總共有六位外交部長，依序為拉惹勒南（S. Rajaratnam）、丹納巴南（Suppiah Dhanabalan）、黃根成、賈古瑪（Shunmugam Jayakumar）、楊榮文、尚穆根（K. Shanmugam），除了黃根成和楊榮文為華人外，其他四位都是印度裔。星國基於政治上的考慮，不任用馬來裔為外長。事實上，星國其他部長也極少任用馬來裔。如果任用馬來裔為外長，難免會引發星國國際地位的問題，萬一該名馬來裔外長發表跟星國獨立主權不一樣的言論，或者跟馬來半島上的馬來人唱和，要求新加坡馬來人跟馬來半島上的馬來人一樣擁有優先權，則會帶來政治上的困擾。因此，從一開始，李光耀就不考慮任用馬來裔出任外長及駐外大使。

星國總統的選任也跟外長的考慮一樣，從獨立以來，總共有七位總統，依序為尤索夫‧賓‧伊薩、班傑明‧亨利‧薛爾思、琴加拉‧維蒂爾‧德萬‧奈爾、黃金輝、王鼎昌、塞拉潘‧納丹、陳慶炎，尤索夫為米南加保和馬來混血裔，薛爾思為英國人和華人混血裔，奈爾為印度裔，納丹為印度裔，黃金輝、王鼎昌和陳慶炎為華裔。因此，除了第一任總統尤索夫具有馬來血統外，其他六位總統均非馬來裔。

避免成為「第三個中國」

　　李光耀重用印度裔菁英，跟馬來半島上的兄弟黨——民主行動黨的作法類似，也是與印度裔合作，而與馬來裔有距離。但李光耀並未因此而與馬來半島上的華裔政黨馬華公會建立友誼，反而與之交惡。新加坡於 1963 年併入馬來西亞聯邦，李光耀積極爭取馬來半島上華裔的支持，引起馬華領袖的不安，最後他被迫退出聯邦。就此而言，李光耀是被馬來半島上的華巫領袖視為燙手山芋的人物，迫其退出聯邦以絕後患。此一歷史過程，顯示他由獨派變為務實的自治派，再變為野心勃勃的統派，以致最後孤立於小島上。新加坡面對周圍馬來人的包圍中，而馬來半島上的華人並不完全支持李光耀的作法，此使得新加坡在馬來半島的處境更為艱難。

　　此外，李光耀為了避開華人政權所帶來的敏感性，繼續以馬來語為國語，反對黨曾批評他不以華語為國語，他則回覆以華文沙文主義不利於新加坡的種族和諧。為了證明他的政策的可靠性，李光耀從建國以來不尋求與左派的中國建交，只維持貿易關係，也未與右派的台灣建交，但維持密切的軍事和經濟關係。

　　英國在 1950 年 1 月承認北京政權，因此中華民國撤除設在星、馬兩地的總領事館。至新加坡併入馬來西亞聯邦後，馬來西亞聯邦首相東姑阿都拉曼 (Tunku Abdul Rahman) 於 1964 年 12 月同意台灣在吉隆坡設立總領事館，但卻遭到李光耀的反對。[113] 李光耀當時外交路線採取左傾路線，跟隨英國的後塵，而東姑阿都拉曼外交路線親美。誠如東姑阿都拉曼說的，「我做的每件事，李光耀都要反對。」

　　新加坡獨立時，缺乏軍隊，李光耀起初尋求印度和埃及協助，但未獲正面回應，於是改向以色列求援。1965 年 11 月，以色列密派亞克・埃拉札里上校率領一小隊人員至新加坡。12 月又派 6 人至新加坡。新加坡建軍

---

113. *The Straits Times*, December 17, 1964.

的作法是模仿以色列，在中學成立全國學生軍團和全國學生警察團，讓人
民認同軍隊和警察。1968 年 1 月，以色列更換軍備而減價出售法國製造的
AMX-13 輕型坦克，新加坡買了 72 輛，後來又買了 170 輛 V-200 型四輪裝
甲車。[114] 以色列還協助新加坡建立海軍，紐西蘭訓練新加坡的水兵操作第
一艘高速巡邏艇。為感謝以色列對新加坡建軍的貢獻，1967 年 6 月以、阿
戰爭後，聯合國大會討論譴責以色列侵略案，新加坡投棄權票。1968 年 10
月，新國允許以色列設立商務處。1969 年 5 月，提升為大使館。[115]

　　新加坡為了加強建軍，另外尋求台灣的協助。1967 年，臺灣派遣了高
階官員前往新加坡，會見國防部長吳慶瑞及李光耀總理。12 月，台灣提出
了協助新加坡建立空軍的建議。當時新加坡急需訓練海空軍人員，而以色
列無法提供該項設施。當台灣向新加坡提出該項軍事合作案時，曾要求新
加坡在外交上承認台灣，但並未獲新加坡同意。

　　1968 年 11 月 14 日，臺灣與新加坡達成協議，同意在彼此首都互設商
務代表團，以促進貿易、觀光及其他經濟關係。此一商務機構，將代為處
理一般領事業務。1969 年 3 月 6 日，在新加坡設立「中華民國駐新加坡商
務代表團」，新加坡則遲至 1979 年 6 月才在台北設立「新加坡駐台北商務
代表辦事處」。但新加坡認為雙方互換貿易代表處並不代表雙方已在政府
和國家層次上相互承認，因為新加坡不願捲入中國聲稱它是中國唯一代表，
台灣是其一部分的糾紛中。[116]

　　儘管台、星在商務方面有進展，但新加坡不願得罪中國，在 1971 年關
於台灣在聯合國代表權之表決，對於中國代表權案是否為重要問題案，採
棄權投票。對於支持中國入會的「阿爾巴尼亞案」，則投下贊成票。

---

114. 李光耀，**李光耀回憶錄**（1965-2000），世界書局，台北市，2000 年，頁 15-21。
115. 李光耀，**前引書**，頁 28。
116. Lee Kuan Yew, *Memoirs of Lee Kuan Yew, From Third World to First: The Singapore Story:*
　　1965-2000, Singapore Press Holdings, Times Editions, 2000, p.620.

　　新加坡非常謹慎地處理台海兩岸的問題，跟台灣的關係繼續維持並升溫，以後台灣提供新加坡飛行教官和技術人員，而開啟了新加坡的空軍維修部門。1973 年 5 月 14 日，李光耀從日本訪問結束後，密訪台灣，並會晤了行政院長蔣經國。蔣經國邀請李光耀前往南部空軍基地參觀，然後前往日月潭度假，也開展了李光耀和蔣經國之間的私人友誼。1974 年 12 月，李光耀再度訪台，參訪了海軍和海軍陸戰隊。在數月前，李光耀政府即與台灣軍方會商在台灣訓練軍隊的事宜。而在這次的訪問中，李光耀便向蔣經國提出在台灣訓練新加坡軍隊的話題，獲得蔣經國的同意。

　　1975 年 4 月，台灣與新國達成協議，雙方簽署「訓練協助協定」（Training Assistance Agreement），開始執行「星光計畫」（Exercise Star-light），為期一年。新國派遣「星光」部隊，包括步兵、砲兵、裝甲部隊和突擊隊等前來台灣使用特定的軍事場地，每次約六到八週。台灣只酌收微薄費用。[117] 自 1989 年起，台灣與新國海軍每年在台灣附近海域舉行「基本戰艦訓練」，台灣海軍協助新國海軍從事訓練項目，在星光部隊舉行兩棲登陸、實兵對抗等演習時，提供必要的後勤支援、登陸艦及訓練場地，但雙方不舉行聯合軍事演習。[118] 新加坡還請一位退休德國將軍西格弗里德·舒爾茨指導演習。1970 年代末期，新國空軍人員則前往菲律賓的美軍的克拉克空軍基地受訓，1991 年美軍撤出克拉克基地後，新加坡空軍人員轉到澳洲和美國受訓。[119]

　　從此新國與台灣維持密切的政治和經貿投資關係，雙方高層政治人物時有互訪。直至 1990 年新國與中國建交後，台、星之間的關係出現冷淡，不再像以前那樣熱絡。雙方政府高層互訪變成非正式以及不見諸報章的方式進行。

---

117. Lee Kuan Yew, *op.cit.*, p.622.
118. **聯合報**，1995 年 5 月 14 日，頁 2。
119. 李光耀，**前引書**，頁 31。

星國與中國建交

新加坡是一個以轉口貿易起家的港市國家，早期跟中國貿易匯兌是透過中國銀行新加坡分行。該分行是在 1936 年 6 月成立。1949 年 10 月中共在北京建立新政權不久，英國就與北京建交，新加坡亦得以跟中國繼續做生意，所以中國銀行新加坡分行繼續營業。1963 年，新加坡和馬來亞合併，成立馬來西亞聯邦。馬國財政部長陳修信在 1964 年 12 月宣布準備關閉中國銀行新加坡分行，因為中華人民共和國透過該分行吸取資金，人民行動黨且透過該分行將資金匯至國外。為維護馬來西亞的財政安全，所以需關閉該分行。李光耀則辯稱，如關閉該銀行分行，則將減少新加坡對中國之貿易額，對新加坡經濟是一大打擊。結果馬來西亞政府在 1965 年 8 月 5 日以馬來西亞國家銀行（Bank Negara Malaysia）接管該分行。8 月 9 日，新加坡脫離馬來西亞聯邦獨立後隨即恢復該分行之營運。

儘管新加坡和中國維持密切的經貿關係，但李光耀無意和中國建交，因為擔心中國勢力滲透進入新國內部的華人社群，而引發國內動亂，同時也為了顧全印尼蘇哈托的安全考慮，因為印尼才經歷一場印尼共黨和中共聯合起來的政變陰謀，採取反共政策，清除內部的共黨分子。李光耀為了配合印尼的反共政策，遂宣布新加坡將在印尼和中國建交之後，才考慮和中國建交。此一聲明甚得蘇哈托歡心，以後兩國成為密切的友邦，關係超過新加坡和馬來西亞的關係。

李光耀在他的回憶錄中曾提及 1973 年 5 月他與蘇哈托建立關係的經過，他提及蘇哈托很關心新加坡的反共立場，蘇哈托的政治立場反共，李光耀向他保證新加坡不會讓中國共產黨利用馬來亞共產黨摧毀新加坡，也不讓中國勢力進入東南亞。[120] 印尼希望新加坡這個華人政權不應成為中國的「第五縱隊」，而是與印尼一樣採取反共政策，李光耀的說明，讓蘇哈

---

120. 李光耀，前引書，頁 304。

托大為放心。

在台灣的媒體界最常引為話題的就是，李光耀是台海兩岸信任的人，也是信息傳遞者。作為華人國家，新加坡在台海兩岸間無形中扮演了特殊的角色，李光耀在其**李光耀從政三十年**一書所收錄的文章及演講稿中，唯一找到他擔任兩岸關係的一段話，是他說新加坡只提供兩岸之間會談的場所，而非擔任兩岸之間的調人。這句話是指 1993 年辜汪會談在新加坡舉行，新加坡所扮演的角色。

李光耀是位務實主義者，為了使新加坡能進入中國大陸市場，一方面大肆鼓吹中國將來一定強盛，經濟前景樂觀，他希望由中國來帶動區域經濟發展。東協之所以願意和中國發展自由貿易區，即是在新加坡的積極鼓吹下的結果。另一方面，李光耀積極在中國大陸各地尋求投資，從西安、南京、蘇州、青島到海南島，無處沒有新加坡商人的腳跡。

新加坡是在印尼於 1990 年 8 月與中國復交後於 10 月 3 日與中國建交，當時新加坡為了不介入台海兩岸問題，做出了兩項重要決定，一是在與中國之建交公報中不提台灣問題，這是很少見的。二是不同意中國要求新加坡停止使用台灣場地進行軍事演習，中國且提議新加坡可使用海南島作為訓練場地，新加坡沒有接受。中國在同印尼建交時，亦做出兩項讓步，一是中國代表須前往印尼簽署建交公報，二是中國外交官員在印尼之活動，若要離開雅加達前往其他城市，需向印尼政府報備。中國在此時所以會對印尼和新加坡讓步，主因是在「六四天安門事件」後為了突破西方國家施加於中國的經濟封鎖。

李光耀積極拉攏中國經濟力量進入東南亞，獲得的回報就是新加坡在中國市場取得開發建設的工程案，例如海南島的新加坡富麗敦海灣酒店、蘇州新加坡工業園區、天津生態開發計畫等。但在新加坡和中國關係中卻有三個「不正常」案例。

第一個案例是蘇州工業園區之開發。在李光耀的鼓動下，新加坡和中

國蘇州市政府合作，在 1994 年由新加坡商人在蘇州建設工業園區，但工程進度落後，有許多的問題未能解決，更為嚴重的，蘇州市政府從該新加坡工業園區學習模仿，在另一邊自行開發一個工業園區，和新加坡工業園區打對台，開始招商進駐，土地價格只有新加坡園區的十分之一，導致新加坡工業園區銷售情況不佳。李光耀向中國抱怨，中國以更換蘇州市長作為回應，但新加坡工業園區還是虧損，於是李光耀只好做出結束的決定，在1999 年簽下備忘錄，新加坡持股由 65% 改為 35%，並由中國接手管理。

第二個案例是「湄公河號」事件。在 1995 年 6 月 23 日一艘新加坡籍貨輪「湄公河號」從新加坡航向柬埔寨，在行經馬來西亞里丹島 (Redang) 以北 72 海里處遭到中國大陸公安船的劫持，將船押返廣東汕尾，並強迫「湄公河號」船長簽下假口供，承認他們在大陸水域涉及香煙走私，且遭查獲。船上人員則被軟禁在汕尾的一家旅館，船貨香煙和攝影器材被沒收，船及人經二十天後始於 7 月 12 日被釋放。

「湄公河號」是在公海上被中國大陸公安船登船臨檢，而根據國際海事法例，任何人只有在獲得船隻註冊地的許可，才能在國際水域登船臨檢，否則是違反國際法的。事實上，「湄公河號」被中國大陸公安船劫持時船公司不知其下落，其對外通訊完全中斷。中國大陸也非在行使緊追權，因為「湄公河號」是從新加坡開出的，它不是在中國大陸 24 海里鄰接區海域內犯罪而被中國大陸公安船一路追趕到暹邏灣才被逮捕的，因此中國大陸公安船的行徑「類似海盜」行為，也就是對於在公海航行的船隻未確定其是否涉及犯罪及未通知其船公司或船籍國前就加以扣捕。然而，事發後新加坡政府忍氣吞聲，並未對中國發出抗議照會，低調沉默到難以理解。

李顯龍在擔任副總理時期，於 2004 年 5 月訪問北京，7 月以私人身分訪台，同行的還有國防部長張志賢，可以看出來李顯龍有意在兩岸間維持平衡，其作法跟李光耀類似，而且他之訪台，應該也經過李光耀的評估，認為可行。結果引發中國強烈抗議，對新加坡提出恫嚇之語。在這之前，

即使新加坡和中國已有邦交，內閣資政李光耀以非正式私人身分訪台，未曾引發中國強烈的抗議。中國何以對李顯龍如此嚴厲批評？原因是中國認為李顯龍的身分地位不及李光耀，不能仿效李光耀的作法。尤可見李光耀在中國領導人心目中有其一定的分量。

李光耀受到中國之歡迎，另有一個原因是他所主張的「亞洲價值觀」，跟中國的意識形態接近，他的主要論旨是西方民主觀念不能照搬至東方國家，因為新加坡需要秩序與有舉證的言論自由，而非西方所強調的兩黨競爭及任意的言論自由。李光耀利用「亞洲價值觀」作為聯合中國的一項策略，以贏得中國的支持，此一策略對新加坡而言是成功的。李光耀將「亞洲價值觀」發揚為具有拉攏威權主義國家的工具，中國即將新國的政治威權和經濟自由之模式當成學習的對象。

結語

李光耀所建構的新加坡政治和經濟結構，應是世界上獨一無二的，是李光耀的性格鎔鑄而成的政治模式。而此模式將會持續下去，新加坡才能以一個華人政權繼續存在於東南亞，也正因如此，新加坡必須和中國和台灣繼續維持關係，作為遠方支撐的來源。台灣與新加坡的經貿關係，將在雙邊的經貿伙伴協議下繼續鞏固，台、星經濟合作應可為台灣進入東亞經濟合作體的試金石。

第七章

後李光耀時期

第一節　政治變遷

　　李光耀於 1990 年 11 月 28 日辭去總理，由副總理吳作棟[1] 接任。吳作棟在 1992 年 12 月 2 日被選為人民行動黨秘書長，李光耀擔任該一職位長達三十五年，以後擔任該黨執委會委員。李顯龍則擔任第一副秘書長。吳

圖 7-1：吳作棟總理
資料來源：http://commons.wikimedia.org/wiki/File:Goh_Chok_Tong.jpg　2009/8/27 瀏覽

作棟是由財政部長韓瑞生提拔，1973 年起用吳作棟出任國營的海皇輪船公司董事經理，當時該輪船公司經營不善，有虧損，在吳作棟的努力下，使該公司轉虧為盈。[2]

　　自吳作棟上任以來曾嘗試進行「開放」的努力，例如開放「海德公園」式的言論廣場、允許酒吧舞蹈[3]、放寬酒店的夜店二十四小時營業[4]、高空彈跳、市鎮理事會、公民社會的推動等，但這些新事物並無法改變新加坡威權體系。新加坡如不廢止內安法以及允許言論自由，是很難走向自由化和民主化的。基本上，吳作棟是李光耀挑選和培植的接班

---

1. 吳作棟生於 1941 年，萊佛士書院畢業，考獲新加坡大學經濟學甲等榮譽學位，美國威廉斯學院發展經濟學碩士學位。1976 年，當選馬林百列區國會議員。1977 年 9 月至 1979 年，任財政部高級政務部長。1979 年 3 月至 1981 年 6 月，任貿工部長。1981 年 1 月，任衛生部長。1981 年 6 月，任第二國防部長。

2. 李光耀，**李光耀回憶錄（1965-2000）**，頁 771-772。

3. 吳作棟政府在 2003 年 8 月宣布允許跳吧台舞，俾吸引更多的觀光客。藍大周編輯，**新加坡年鑑 2004 華文版**，新聞、通訊及藝術部、新加坡國家檔案館、新加坡報業控股出版，新加坡，2005，頁 93。

4. 吳作棟政府在 2003 年 10 月 6 日放寬公共娛樂條例，允許在酒店執照署註冊之酒店裡營業的夜店二十四小時營業，只規定所有出入口處（除火警安全出口）不能設在酒店外面。此外，哥烈碼頭和珊頓道、濱海中心及聖淘沙等指定地區獲准二十四小時提供公共娛樂和售賣酒精飲料。藍大周編輯，**前引書**，頁 92-93。

人，其行事作風和政策走向難以脫離李光耀風格。換言之，兩人的威權主義典範並無多大改變。

表 7-1：新加坡歷任總理

姓　名	任　　期
李 光 耀	1959/6/5—1990/11/28
吳 作 棟	1990/11/28—2004/8/12
李 顯 龍	2004/8/12—

1991 年國會選舉

　　吳作棟接任總理後，需透過選舉來獲得其合法性。因此，為了準備國會選舉，1991 年 1 月，新國國會修改選舉法令，改變選區規模，集選區的議員從 3 名增加到 4 名，但集選區議員的總人數不能超過國會議員總人數的四分之三。選區劃分稍有調整，集選區從十三個增加到十五個，單選區從四十二個減少到二十一個。國會議員總數為 81 名。首度的民意考驗在 1991 年 8 月 31 日舉行國會選舉，選民總數有 172 萬 2,630 人，這次選舉投票率高達 95.03%，比上屆的 94.7% 還高。結果人民行動黨贏得 77 席，得票率為 60.97%，比上屆少 2.2%。新加坡民主黨贏得 3 席，工人黨 1 席。在這次選舉中，有 41 席是沒有競爭對手，所以沒有舉行選舉，這 41 席都是人民行動黨的候選人。另外 40 席是競爭選舉。這次選舉廢票率為 2.73%，比上屆的 2.23% 還高。[5]

　　這次選舉是對吳作棟支持與否的一次考驗，結果人民行動黨得票率略降，反對黨亦從 1 席增加到 4 席，為多年來首見，致使吳作棟聲望稍微受挫。吳作棟對於選舉結果表示失望。媒體對於此次選舉小挫，探討各種原

---

5. *南洋星洲聯合早報*，1991 年 9 月 1 日，頁 1。

因，包括執政黨候選人不會使用華人方言，競選時無法訴求選民內心感受；地鐵開通後，許多公共巴士路線重新調整，有些路線取消，引起民怨；反對黨候選人擅長於演講，批評政府施政獲得選民迴響；民生問題，生活費高漲，罰款過高；執政黨某些候選人人緣欠佳；反對黨的補選策略；希望國會內有更多反對黨分子等。[6] 總理公署前高級政務部長李炯才認為是因為執政黨候選人大都是使用英語，不能使用華語和方言與群眾溝通。新加坡國立大學郭振羽副教授認為是執政黨候選人缺乏群眾性和革命性，與基層群眾脫節。鍾志邦教授認為是執政黨人在民意反映的系統方面出了問題。[7]

1993 年 8 月 2 日，**經濟學人**（*The Economist*）週刊因拒絕全文刊登新加坡政府的一封回文，而遭到新加坡政府的處罰，規定該週刊在新國的發行量不能超過現行的 7,500 本。且規定該刊如果不在 8 月 14—20 日全文刊登新加坡政府的答覆，將逐步減少它在新國的發行量。同時，從 9 月 6 日開始，該刊如要繼續在新國發行和販售，需遵守海外報章和刊物的條例：申請准證、委任一位本地代理人、繳交 20 萬新元的保證金。該事件起因於該刊在 6 月 26 日—7 月 2 日的週刊中，刊登了一篇有關新加坡政府提控 5 人觸犯官方機密法令的報導。新加坡政府致函該刊要求刊登政府的答覆全文，但該刊以「版位有限」為理由，在 7 月 10—16 日的週刊中刊登經過刪減的答覆函，新國政府曾向該刊表示，如果文章太長新國可以自行刪減，遭該刊拒絕。[8]

新國法院在 1995 年 1 月 17 日判決 5 名報人有罪，包括**國際前鋒論壇報**（*International Herald Tribune*）的主編和發行人，罪名是輕蔑新國法院。5 名被告被處以罰款。美國國務院表示該案是不幸的，言論自由是所有人民之普遍權利。該報於 1994 年 10 月 7 日刊登一篇文章指稱新加坡國立大學

---

6. *南洋星洲聯合早報*，1991 年 9 月 14 日，頁 3。
7. *南洋星洲聯合早報*，1991 年 9 月 9 日，頁 3。
8. *南洋星洲聯合早報*，1993 年 8 月 3 日，頁 1。

前任資深教授林戈（Christopher Lingle）曾未指明批評亞洲一個政府利用聽話的司法機關迫使反對黨政治人物破產。法官認為該篇報導經由醜化新國政府達到輕蔑的目的。結果林戈被判處 10,000 美元罰款。林戈雖然在 12 月 10 日在報紙刊登道歉啟事，但李光耀還是對林戈及該報數名職員提起誹謗控訴。[9]

國際前鋒論壇報被吳作棟指控誹謗，1995 年 7 月 26 日高等法院做出判決，認為該報有明顯誹謗惡意，該報應賠償吳作棟總理 35 萬新元、李光耀資政和李顯龍副總理各 30 萬新元。該報之所以遭控告，是因為在去年 8 月 2 日刊登一篇由專欄作家菲利普‧鮑林所寫的「所謂的『亞洲價值』往往是經不起考驗的」文章，該文指責新加坡也存在著中國傳統的「王朝政治」。其論點如下：(1) 吳作棟總理是因為根據裙帶關係，委任了李光耀為資政和李顯龍為副總理。(2) 吳總理在委任這兩個職位時，已成了腐敗行為的同謀，並協助和允許李資政和李顯龍兩人在犧牲了國家利益的情況下，達到他們李氏家族的利益。(3) 李顯龍被委任內閣中的各個職位，以及他被吳總理委任為副總理，並不是因為他的才能，而是因為他是李光耀的兒子。(4) 李顯龍被委任的根據，與其他部長的有別。除了作者外，該報出版人和執行編輯一起被控告。該報三個當事人在 8 月 31 日刊登道歉啟事，但雙方對於賠償費未能達成協議，所以由法庭來裁決。[10] 在判決後，**國際前鋒論壇報**表示它的區域總部仍將繼續留在新加坡，並沒有撤走。

新加坡民主黨秘書長徐順全、黃漢照、古納蘭和關汝經等 4 人在政府醫藥保健津貼特選委員會的聽證會上陳情時，撒謊、捏造數據或企圖以不明確的數據來誤導國會和公眾等。衛生部長楊榮文准將在 1996 年 8 月 27 日向國會提出投訴該 4 人藐視國會，國會特權委員會經過聽審程序，決定對該 4 人提出罰款處分，徐順全罰款 25,000 新元，黃漢照罰款 13,000 新元，

---

9. *Keesing's Record of World Events*, January 1995, p.40367.

10. **南洋星洲聯合早報**，1995 年 7 月 27 日，頁 2。

古納蘭罰款 8,000 新元，和關汝經罰款 5,000 新元。[11] 從以上的描述可知，吳作棟執政時期對於人民之言論自由並沒有放鬆多少，政府領導人仍然依據法律手段維護其名譽以及證明政府是清廉的。

頒授太平局紳榮銜

在英國統治新加坡時期，對於有聲望的華人頒授太平局紳（Justice of the Peace）的榮銜，要求他們代為排難解紛。新加坡第一位太平局紳是 1846 年頒授的陳篤生。陳篤生是富商，1844 年斥資興建貧民醫院，以後改為陳篤生醫院。其子陳金鐘也被封為太平局紳。第二次世界大戰結束後，英國對於各種福利團體的會長、主席等，皆頒授太平局紳榮銜。新加坡獨立後，頒布太平局紳法令，規定在初級法庭法令下，總統得以委任社會上德高望重的人士為太平局紳。

太平局紳的法定職權為：有合法監誓權力；主持婚禮和簽發結婚證書；巡視監獄和感化院，確保監獄條例獲得遵守，囚犯獲得善待；為受虐待的兒童提供安全保護；下令驅散非法集會或騷亂的群眾；在營業時間內進入當鋪搜查；在不必擁有拘捕令的情況下，或在警方的協助下，拘捕任何擾亂治安的人；在沒有搜查令的情況下，進入被懷疑非法擁有武器的場所；自行或任命警方逮捕正在進行會議的非法社團的成員，並收押與非法社團有關的物件。

不過，社會的安寧使得新國的太平局紳除了監誓和巡視監獄外，幾乎都沒行使過其他的法定權力。

1989 年 6 月，新國政府宣布讓太平局紳負擔更大的行政與司法責任，並賦予他們更多權力。在這種情形下，太平局紳也有機會受委擔任副婚姻註冊官，有了主持婚禮和簽發結婚證書的權力。不過，並不是每名太平局

---

11. 南洋星洲聯合早報，1996 年 11 月 23 日，頁 1。

紳都自動享有更多權力，原因在於政府都會事先徵詢他們的意見，是否有意願擔任某項任務。

自新國獨立以來至 1994 年，有五次委任太平局紳，受委的人數共 88 人。這包括 1966 年 17 名、1973 年 2 名、1979 年 22 名、1989 年 18 名、1994 年 29 名。若太平局紳犯下不名譽的罪或破產，有可能被取消其榮銜，例如，1967 年 1 月，新國政府在憲報公布，總統根據初級法庭法令第 93 條第三節條文，取消 22 名太平局紳的資格。[12]

廢除向英國上訴程序

新加坡為英國前殖民地，法律體系採行英國制度，就連上訴案最後定讞機關也是英國樞密院。根據新國憲法第 100 條規定：「總統可以和英國女皇做出安排，讓女皇的樞密院審理來自（新加坡）最高法院的上訴。」其他相關的規定亦規定在「司法委員會法令」裡。該項「司法委員會法令」是在 1966 年頒布的，其序言說：「此法令賦予英女皇的樞密院屬下的司法委員司法權，以審理針對新加坡上訴法庭的判決的上訴。」

為使新國的司法體系更為獨立，考慮本身的需要和環境，不再依賴英國法律，於是在 1993 年制訂應用英國法律法令，廢除民事法律法令中的第五節，使法官在判決商業訴訟案時，不需要再根據英國法律行事。

另一方面，新國政府在 1989 年修改司法委員會法令後，一直到 1993 年之間，完全沒有刑事案件上訴到英國樞密院，民事案件上訴到英國樞密院的也只有兩宗。這是因為法令修正後，限制只有那些可能被判死刑的刑事案件，三司上訴庭無法做出一致判決時，才可上訴到英國樞密院。民事案件方面，訴訟各方得事先同意最終轉向樞密院上訴，才可這麼做。因此，基於上訴英國樞密院已無重要性之考慮，新國國會在 1994 年 2 月 23 日通

12. 南洋星洲聯合早報，1994 年 7 月 24 日，頁 33。

過廢除各類案件向英國樞密院上訴的權利。[13] 此後，新國的高等法院成為終審法院。

重提新、馬合併之議

1996 年 6 月 7 日，李光耀在新加坡報業俱樂部及外國通訊員協會聯辦的晚餐講演會上表示，假設新加坡可能重新加入成為馬來西亞聯邦政府一分子的條件，就是馬來西亞像新加坡一樣推行論功行賞政治（meritocracy），政府不會規定某一種族享有特別利益；以及馬來西亞在和新加坡追求同一目標時取得同等的成功，為人民帶來最多的經濟利益。[14] 副總理李顯龍歸納新加坡的建國兩大支柱就是任人唯賢和維護多元種族制度。[15] 此兩大原則應是當年新加坡與馬來西亞分離的最重要因素。

馬來西亞副首相兼財政部長安華（Anwar Ibrahim）於 7 月 5 日在倫敦說：「我想我們對我們的好鄰邦應有一點保留，因為馬來西亞有社會責任。我們談論的是分配上的公平。我們不要一些族群或集團被忽略。」他又說，新、馬聯盟或合併，目前肯定是言之過早。馬國外長巴達威（Abdullah Ahmad Badawi）亦表示，在馬來西亞和新加坡合併的課題上，以一個大國去遷就及迎合一個小國所提出的準繩，是不恰當的。[16] 馬國前外長加沙里（Tan Sri Ghazali Shafie）也認為儘管馬來西亞和新加坡唇齒相依，但與新加坡合併沒有必要，也不可能。[17] 馬國新聞記者評論說，馬國經濟進步，預定在 2020 年成為已發展國家，屆時馬國就不需要依賴新加坡出口其原料

13. 南洋星洲聯合早報，1994 年 2 月 24 日，頁 15。
14. 南洋星洲聯合早報，1996 年 6 月 9 日，頁 1。
15. 南洋星洲聯合早報，1996 年 8 月 26 日，頁 2。
16. 南洋星洲聯合早報，1996 年 7 月 6 日，頁 2。
17. 南洋星洲聯合早報，1996 年 8 月 26 日，頁 2。

了，所以新加坡有所擔心，才會提議與馬國合併。[18]

　　面對馬來西亞這樣冷淡的反應，吳作棟在 8 月 25 日作了一次回應，他說：「我國政府領袖最近談論新加坡重新加入馬來西亞的可能性，並不是政府要間接同馬來西亞政府討論新、馬合併的問題。我國政府積極看待馬來西亞對新加坡重新加入所提出的看法和所作的反應。」他又說：「我們必須尊重馬來西亞領袖的看法，因為如果是新加坡要重新加入馬來西亞，我們是沒有資格提出任何條件的。」他說：「請別誤會我們是在討論新、馬重新合併的問題，我們並沒有討論這個問題。當李資政提出這個問題時，我需要瞭解他為何這麼說。他向我解釋了個中的原因，我於是選擇是否要告訴人民他為何會提出新、馬合併的問題。我認為跟人民分享李資政對我所說的話對人民有好處。不過，我並不需要以此來號召和團結人民。那已是過去的事。」[19]

　　李光耀對於新加坡無法併入馬來西亞聯邦，以及他主張以各族群平等的立場而競爭成為聯邦領導人之理想無法實現，仍有遺憾。因此，在退出聯邦三十四年後還重提此事，尤見他對此事耿耿於懷。然而，吳作棟是該新、馬分家事件後成長的世代，對於新、馬合併事沒有李光耀那樣的熱心和情感，站在國家總理的位置，要如何回應該一問題，都是相當困難的，若當面否決該種看法，有拂逆李光耀的面子，但他很有技巧的迴避該一問題，表示這是過去的事，無須再去號召民眾支持該項建議。果然在很短的時間內，該一議題悄然消退，不再成為新聞討論的議題。

民選總統制

　　李光耀在 1984 年 8 月底新加坡國慶大會上表示，將考慮修改憲法，把

---

18. 馬・密迪雅，「馬來西亞進步使新加坡擔憂」，**南洋星洲聯合早報**，1996 年 6 月 21 日，頁 18。

19. **南洋星洲聯合早報**，1996 年 8 月 26 日，頁 2。

由國會選舉產生的總統改為由直接民選產生，而且享有政府動用儲備金的同意權。隨後不管部部長王鼎昌解釋李光耀建議的民選總統制並不是要取代國會民主制，也不會採用法國或斯里蘭卡總統制，民選總統制的作用在防止不負責任的政府濫用前幾任政府所積累下來的大筆儲備金，而現行的民選總理及其政府仍然有權解散國會和處理國政。[20]

1988 年 7 月 29 日，由第一副總理吳作棟提出民選總統白皮書，其要點如下：[21]

1. 目前的國會制度將繼續存在，總理與內閣繼續治理國政。

2. 總統由直接民選產生，任期六年。總統候選人之資格必須是新加坡公民，且曾任部長、公私機構的行政首長，有處理公共事務的經驗，對國家利益有深入瞭解。

3. 總統與副總統必須以兩人一組的形式參加競選。應設立一個 3—5 人的委員會審查總統與副總統候選人之資格。

4. 總統不可兼任其他職務，副總統則可擔任內閣部長或國會議員。

5. 副總統襄助總統，執行總統交辦的工作任務。總統在職時死亡，則由副總統繼任。副總統在職時死亡，則由國會多數票選出一位副總統。

6. 總統對於政府動用儲備金及任命重要政府首長，享有否決權。應設立一個總統保護儲備金委員會，給予總統諮詢和建議，以避免總統做出草率或獨斷的決定。

7. 如果政府覺得總統反對政府的決策是不合理的，政府可以在國會修改憲法，廢除或修改總統的權力，但必須獲得國會三分之二票數通過，而且必須經全民投票，獲三分之二選民之支持。

李光耀之所以要設立民選總統制，主因是在他領導的政府長期努力下已累積了 300 億新元的儲備金，以及維持了一個廉潔正直的公務員體制，

---

20. 南洋星洲聯合早報，1984 年 9 月 24 日，頁 3。
21. 南洋星洲聯合早報，1988 年 7 月 30 日，頁 1；7 月 31 日，頁 6-7。

為了維護這兩項資產，有必要在他辭卸總理職後，有一位民選總統來監督政府的作為。李光耀稱保護儲備金和公務員體制品質的二把鎖匙，將分別交給總理和總統保管，這等於是對人民權益的雙重保障。

　　此一白皮書於提交國會後，曾引起議員的激烈辯論，部分執政黨議員和反對黨議員提出的主要反對意見包括：白皮書沒有說明民選總統應否超越黨派；沒有說明如何罷免民選總統；副總統可以兼任部長或議員，不甚妥當；民選總統的權力有大過總理的危險，因為總統是由全民投票選出，而總理只是由國會中多數議員推舉出來，最後可能影響議會民主制的運作。反對黨議員詹時中則要求把民選總統制當作大選議題，讓選民去表決。國會在 8 月 12 日通過民選總統白皮書，接受白皮書的建議。[22]

　　當 1988 年選舉進入高潮時，新加坡廣播局邀請人民行動黨、工人黨、新加坡民主黨和國民團結黨在電視上辯論民選總統制問題。由於國民團結黨反對民選總統制，認為現行的總統地位並不需要進行任何身分或職務上的修改，而拒絕參加電視辯論。參加辯論的反對黨也主張民選總統制應交由公民投票，同時批評民選總統制將削弱國會民主制度。第二副總理王鼎昌則表示人民行動黨將對民選總統制進行周密的討論，並在必要時舉行全民投票。[23]

　　大選結束後，李光耀總理及政府部長在 9 月 4 日舉行記者會，吳作棟和李顯龍表示新加坡政府將徵詢反對黨有關民選總統制的意見，並讓全民投票來決定，執政黨不會濫用多數優勢，隨意通過法案。[24]

　　新加坡政府經過四年多的研究，於 1988 年 7 月 29 日向國會提出「保護金融資產及維護公共服務廉潔正直的憲法修正白皮書」（1988 年依總統命令提交國會的第 10 號文件），闡明提出此一白皮書的理由為：

---

22. 南洋星洲聯合早報，1988 年 8 月 13 日，頁 1。
23. 南洋星洲聯合早報，1988 年 9 月 1 日，頁 6。
24. 南洋星洲聯合早報，1988 年 9 月 5 日，頁 1。

1. 防止政府不負責任、揮霍無度、不當管理國家的財政，以免國家走向破產，經濟成長停滯。

2. 國家儲備金超過 300 億新元，其中大部分為人民的公積金[25]儲蓄，這些錢都屬於公積金繳交者的，它只是由政府代為保管，他們的儲蓄將受到保護。

3. 新加坡沒有天然資源，也沒有可耕地來生產足夠的糧食。如果我們胡亂花掉儲備金或破產，新加坡將會崩潰而無法復甦，即使是世界銀行或是其他國際財團也沒法挽救我們。我們在國際上的信用將嚴重的受到損害。

4. 現行憲法不足，毫無節制地授權給總理與內閣。現行國會中只要任何一個政黨超過半數，即可一夕之間更改政府，任意處置財務資產和儲備金。新加坡憲法原本並不是為一個獨立的國家而制定的，它是為馬來西亞聯邦內的一個州而制定的。1965 年新、馬分家後，它變成新國的憲法。但由於它本身的不足，馬來西亞的一部分聯邦憲法仍適用於新加坡。然後，這些馬來西亞的條款就被收進新加坡憲法內。在新加坡憲法中卻找不到許多其他憲法所具有的制衡作用。[26]

---

25. 新加坡在 1955 年開始實施公積金制，原先的宗旨在推行養老儲蓄計畫，後來發展成社會保障儲蓄計畫，擴大服務範圍包括照顧會員的退休、購屋、保健與家庭保障等需要。依據 1993 年 2 月新修訂的公積金辦法，參加公積金的會員，是以從事任何行業的員工為對象，繳納的公積金是按工資的 40% 扣繳的，雇主和雇員各繳一半，政府成立中央公積金局，負責公積金的管理。雇員繳納的公積金分別存進普通戶頭、特別戶頭和保健儲蓄戶頭等三個戶頭。(1) 普通戶頭是用作退休、購買組屋、支付保險費、投資與教育等用途。(2) 保健儲蓄戶頭是用作支付住院費、醫藥費與保險費。(3) 特別戶頭是用作養老。如果是自雇人士，也必須定期支付一定金額，唯只限於存進保健儲蓄戶頭。換言之，自雇人士沒有養老金。新加坡政府將人民繳的公積金存放在銀行，按照新加坡四大銀行之定期存款與儲蓄利率之平均數訂出利率，每半年調整一次。會員五十五歲退休時，便可將公積金存款領出來，不過必須在退休戶頭中存一筆最低存款以備年老之需。如果會員不幸在退休殘廢或永遠遷離新加坡，則可將公積金全數領出。存在退休戶頭的最低存款將每年根據通貨膨脹率而加以調整，會員可將這筆錢存在中央公積金局或銀行，政府保證會員每月至少可領新幣 230 元（合新台幣 3,080 元）。參見陳鴻瑜，「新加坡的公積金制」，**中央日報**（台灣），1993 年 12 月 2 日，頁 9。

26. **南洋星洲聯合早報**，1988 年 7 月 30 日，頁 1。

1988 年 8 月 11—12 日，國會就上述白皮書之內容進行辯論。執政的人民行動黨在國會 79 席中占 77 席，反對黨只有 2 席，但議會內辯論激烈，部分執政黨議員和反對黨議員都提出不少的批評意見。

新加坡政府針對各方所提出的論點重新整理，經過兩年之研議，於 1990 年 8 月 27 日向國會提送一份新的「保護金融資產及維護公共服務廉潔正直白皮書」，強調民選總統之兩大基本任務仍然是保護新加坡的金融資產，以及維護公共服務的廉潔正直。

新白皮書與 1988 年白皮書有二點不同，一是取消設立副總統，二是增加總統對政府宣布進入緊急狀態之同意權。由於不設副總統，所以對總統之繼任辦法加以特別規定，即如果總統無法執行職務，或者總統職位懸空，則大法官、或國會議長或國會委任的另一名有資格獲選為總統者，可依次執行總統的職務。[27]

1990 年 8 月 30 日，吳作棟副總理向國會提出新加坡共和國憲法（第 3 號修正）法案，其中增加了民選總統三項權力：(1) 監督內部安全法令；(2) 維持宗教和諧法令；(3) 督促貪污調查局工作。

10 月 4 日，國會對民選總統制之共和國憲法（第 3 號修正）法案進行二讀，法案中規定，在這項法案生效後，現任黃金輝總統將繼續擔任民選總統職位，直至 1993 年 8 月 4 日任期屆滿為止，他在所剩下的任期內，將行使民選總統所負起的職務和所擁有的權力。[28] 12 月，國會特選委員會舉行公聽會，聽取各方意見，綜合得出下述建議案：[29]

1. 總統候選人應有資格、經驗和才幹之限制。

2. 總統候選人須年滿四十五歲。

---

27. *南洋星洲聯合早報*，1990 年 8 月 31 日，頁 1。

28. *南洋星洲聯合早報*，1990 年 10 月 5 日，頁 1。

29. 陳青山，「民選總統法案特委會報告書修正建議要點」，*南洋星洲聯合早報*，1990 年 12 月 21 日，頁 12。

3. 總統候選人應以個人身分競選，而不是代表政黨競選，不過政黨可以替總統候選人拉票。

4. 憲法中規定國會任期不得超過五年和國會解散後三個月內必須舉行大選，建議如未經總統同意，任何政府擅自修改上述條文以延長特權將是無效的，除非他們也在全民投票中獲得三分之二選民支持。

5. 建議取消總統有權拒絕政府頒布緊急法令的條文，並加強保障防止政府規避或削弱總統在憲法下的權力。

6. 建議將總統顧問理事會的人數從 6 人減為 5 人，分別由總統和總理各提名 2 人，公共服務委員會主席提名 1 人。

7. 建議取消由大法官代行總統職權。總統出缺時之繼承順序為總統顧問理事會主席、國會議長、國會委任的人選。

8. 建議總統在委任公共部門重要職位的人選時，必須和總統顧問理事會磋商。

1991 年 1 月 3 日，國會就民選總統法案進行表決，結果以 75：1 票通過，唯一投反對票的是新加坡民主黨議員詹時中。為了配合此一法案之實施，國防部第二部長楊林豐在同一天向國會提出新加坡武裝部隊修正法案一讀，該法案規定武裝部隊理事會是武裝部隊的最高管理機構，由國防部長擔任主席，總統可以就總理所提名的其中 4 位成員行使同意權，包括三軍總長、陸軍總長、空軍總長和海軍總長。[30]

新加坡國會於 1991 年 7 月 29 日通過總統選舉法（Presidential Elections Act），11 月 30 日生效，對於選舉過程做了詳細的規定。

在 1993 年 8 月總統選舉中，總統選舉委員會共收到五份參選申請書，但官委議員謝世德後來撤回申請，工人黨秘書長惹耶勒南因曾犯刑事罪入獄和工人黨黨員陳樹芬（擔任一家進出口貿易公司的董事經理）則因為不

---

30. 南洋星洲聯合早報，1991 年 1 月 4 日，頁 11。

符合民選總統候選人之條件，而未獲批准。[31] 結果只有副總理王鼎昌和銀行家蔡錦耀二位參選。

8 月 18 日為總統選舉提名日，28 日為投票日，競選活動共有十天。競選方式是以沿戶訪問和電視宣傳方式進行。一般的國會競選是採取群眾大會、對話會、電視辯論與沿戶訪問等方式。由於民選總統候選人是以個人身分競選，加上競選開銷受到限制，所以競選方式也有所改變。新加坡廣播局原先有意為王鼎昌和蔡錦耀兩位候選人安排電視座談，但兩名候選人都表示要保持低調，婉拒了廣播局的好意。結果新加坡廣播局為兩位候選人安排兩輪的電視廣播宣傳，每種語言每次的廣播時間是十分鐘，分別使用英語、華語、馬來語和淡米爾語。[32]

1993 年 8 月 28 日，新加坡舉行首次的總統選舉，選民人數共有1,756,517 人，實際投票人數為 1,659,482 人，出席投票率為 94.5%，廢票36,611 張（占 2.2%），投票結果王鼎昌獲 952,513 張票（占 58.7%），蔡錦耀獲 670,358 張票（占 41.3%），[33] 王鼎昌 [34] 當選新加坡第五任總統。

---

31. Ian Stewart, "New Runner in Singapore Poll," *South China Morning Post*, August 9, 1993, p.11；"Jeyaretnam Barred from Presidential Election: Singapore Opposition Politician Rebuffed," *The Japan Times*, August 18, 1993, p.4. 據遠東經濟評論之評述，惹耶勒南於 1986 年犯詐欺罪而被剝奪國會議員資格，依新加坡法律規定犯此罪者將被褫奪公權五年。唯至總統登記日為止，此一褫奪公權之時效已過，應允許其參選。不過新加坡政府無意讓犯詐欺罪者參選總統。參見 N. Balakrishnan, "Singapore: Gentle Election," *Far Eastern Economic Review*, Vol.156, No.33, 19 August, 1993, p.13.

32. *南洋星洲聯合早報*，1993 年 8 月 19 日，頁 4。

33. *南洋星洲聯合早報*，1993 年 8 月 29 日，頁 1；Ian Stewart, "Protest Votes in Poll for President," *South China Morning Post*, August 30, 1993, p.8.

34. 王鼎昌於 1936 年 1 月 22 日生於新加坡，1955 年，華僑中學高中畢業。1961 年，澳洲阿德雷得大學建築測繪系畢業。1967 年，英國利物浦大學城市設計學碩士。返國後在國家及城市設計局工作。1972 年，當選國會議員。1975 年 6 月到 1978 年 6 月，出任交通部高級政務部長。1977 年 9 月到 1980 年，出任代理文化部長。1978 年 7 月到 1983 年 5 月，出任交通部長。1981 年 1 月到 1983 年 5 月，兼任勞工部長。1983 年 5 月，任職總秘書長，出任不管部長至 1984 年底。1985 年到 1990 年 11 月，任第二副總理。1990 年 11 月至1993 年，任副總理。參見*南洋星洲聯合早報*，1993 年 8 月 3 日，頁 3。

將部長薪資與企業主管之薪資掛勾

　　新加坡引以自豪的清廉，是李光耀執政以後長期努力的結果。他對西方選舉制度多所批評，他認為候選人在競選時花費愈大，當權後貪污就愈大。因此，他在 1959 年擔任反對黨領袖時，就建議首席部長林有福，規定投票是強制的，而且禁止用汽車載送選民前往投票站。在新加坡獨立後，李光耀認為應讓部長和公務員有足夠的薪水才能養廉。但是新加坡是個工商社會，民間企業經理人的薪資超過部長很多，因此不易從企業界吸引人才至政府部門工作，同時政府人才也會流失。李光耀在出任內閣資政後，於 1994 年在國會建議政府制訂一個公式，使部長、法官和公務員的薪資與私人企業界的報稅額掛勾，自動調整。1995 年，吳作棟總理提出部長和高級官員的薪水將等於私人企業界高級人員所得稅報表上呈報的收入之三分之二的改革案。以後部長的薪資將隨經濟成長高低而變動，1995 年，私人企業界收入減少，所以 1997 年所有部長及高級官員的薪資也隨之削減。[35]

　　2001 年爆發「911 事件」，恐怖分子以自殺航空飛機撞擊美國紐約的雙子星大樓。新加坡經濟也遭逢三十六年以來的衰退，該年新國第三季國內生產毛額（GDP）較去年大幅萎縮 5.6%，政府除了提撥 63 億美元作為振興經濟之用，也同時將高級官員和國會議員薪資減少 10%，發行保證最低股利股票給每位公民，每股票面值為 1 元坡幣，每人約可配到 1,000 股。「新加坡股票」不可在市場買賣交易，在 2002—2007 年之間每年可配息 3%。發行第一年，持股套現不能超過所配股票的半數，第二年起便沒有限制。[36]

　　2007 年，新國經濟好轉，公務員加薪 3% 到 33%。李顯龍的年薪從 250 萬元坡幣調高到 310 萬元坡幣。而當年美國總統的年薪是 40 萬美元（約合 60 萬元坡幣），新國政府首長的年薪比美國總統多五倍，其他高官也是

---

35. 李光耀，李光耀回憶錄（1965-2000），頁 191-195。
36. 中國時報（台灣），2001 年 10 月 13 日，頁 29。

高年薪。[37] 這是新加坡式的「高薪養廉」的作法。

1994 年和 1996 年修憲案

新加坡國會於 1994 年 8 月 25 日通過新加坡共和國憲法第 2 號修正法案，增訂第 100 條，規定總統在內閣建議下，指示成立特別法庭，針對可能引起爭議的憲法條文做出解釋。該特別法庭至少須由 3 名最高法院法官組成。它必須在總統發出指示的三天內，針對憲法條文向總統做出解釋。特別法庭的裁決將是最後的裁決。

另外修訂第 151（A）條，規定國防和保安開支是由總理、國防部長、三軍總長及國防部常任秘書決定。為了避免政府濫權，這方面的開支必須由三軍總長及常任秘書提出。且規定民選總統不必公開國防開支。[38]

最高法院三司特別庭在 1995 年 4 月 20 日做出裁決，民選總統無權根據憲法第 22（H）條，阻止政府修改該條文，其理由是從當初設立民選總統制的動機和本意來看，發生爭議的憲法條文並不曾賦予總統此一權力。其論點是：憲法第 22（H1）條所講的總統的否決權只限於非憲法條文，而不能包括第 5(2A) 條文中的憲法條文，包括第 22（H1）條文本身。[39] 所謂第 5（2A）條之爭起源於政府要修改第 22（H）條文，以削減總統在第 22（H）條下否決憲法修正案的權力。然而，第 5（2A）條文中也包括第 22（H）條文，總統一方認為，第 5（2A）條既然未生效，總統未能動用該條文下的否決權，那總統便有權力改為援引第 22（H）條文，防止政府修改第 22（H）條文本身。第 5（2A）條是規定以公民投票表決總統所否決的某些修憲案，但該一條文在 1991 年修憲時即規定暫予凍結，至今未生效。

---

37. 南洋星洲聯合早報，2007 年 4 月 10 日，頁 6。
38. 南洋星洲聯合早報，1994 年 8 月 26 日，頁 11。
39. 南洋星洲聯合早報，1995 年 4 月 21 日，頁 3。

　　吳作棟總理於 1996 年 10 月 1 日向國會提出新加坡共和國憲法（修正）法案，授權總統可以拒絕批准任何會遏制或剝奪總統的判斷權力的憲法修正法案。這項修正法案也規定，國會在三讀通過憲法修正案後提呈給總統批准時，如果他在三十天的期限內沒有作任何表示，就算是批准了有關法案，除非總統在三十天期限內，以書面表示要拒絕批准，或者是指明要交給法庭以聽取它對該法案的看法。在這個情況下，總統可以向法庭請示有關的憲法修正法案是否會遏制或剝奪他的判斷權。這項請示可以在總統拒絕批准法案之前或之後進行。如果法庭覺得憲法修正法案確實遏制或剝奪了總統的判斷權，總理可以把有關的法案交由全民投票來決定，如果有三分之二的選民投票支持，總統就得批准修訂憲法。

　　同樣地，在決定是否批准某些經國會三讀通過的修正法案方面，總統也可以在涉及可能影響他的判斷權的情況下，拒絕批准。或者，他也可以

圖 7-2：新加坡河邊的建築物
資料來源：http://www.greatmirror.com/index.cfm?countryid=368&chapterid=371&picid=3
&picturesize=medium　2009/8/23 瀏覽

尋求法庭的意見。

新加坡共和國憲法 (修正) 法案的其他建議還包括：

1. 在委任政府要員和主要法定機構與政府公司的主要職位人選方面，授權國會推翻總統的否決，如果他的否決和總統顧問理事會提出的建議有異。不過，國會必須得到三分之二的議員的支持，才能推翻總統的否決。

2. 增加總統顧問理事會的人數，從 5 名增加到 6 名，新增加的人數將在大法官的建議下，由總統委任。

3. 配合國會能在一些情況下推翻總統所作否決的權力，法案修改條文規定總統顧問理事會列明它向總統提出的建議是否是全體成員的一致意見，或者是列明有多少人支持或反對有關的建議。另外，法案也規定理事會把每一項建議的副本呈給總理和國會。由於理事會的成員將增加到 6 名，法案也設有條文讓理事會在會議中碰到票數相等的情況下，理事會主席或主持會議的理事也能投票表決。[40]

1996 年選舉修正案

吳作棟總理於 1996 年 10 月 1 日向國會提出兩項與國會選舉制度有關的修正案，即新加坡共和國憲法修正案，和國會選舉修正案，10 月 28 日國會三讀通過該修正案，其內容如下：

1. 集選區的候選人數目可定為 3 到 6 人。

2. 任何時候必須有至少八個選區不列為集選區。

3. 經完整地重新組合投票區而成的新選區，不必重新編制選民名冊。

4. 個別選區的計票工作可以在超過一個計票處進行。

5. 只允許單選區和集選區候選人的一名投票站代理人進入個別投票處。

---

40. 南洋星洲聯合早報，1996 年 10 月 2 日，頁 1。

6. 只允許單選區和集選區候選人的一名計票站代理人進入個別計票處。

7. 個別集選區候選人可從眾選舉代理人中委任一名首席選舉代理人。

8. 競選開銷增加，單選區候選人可根據對每名選民可花費 2 元 5 角來計算競選開銷。

9. 集選區候選人可根據選民人數除以候選人人數所得的人數，以對每名選民可花費 2 元 5 角來計算競選開銷。

新加坡政府為了確保多元種族的國會中有足夠的馬來人、印度人和其他少數種族代表，以維持種族和諧，而在 1988 年修改共和國憲法和國會選舉法令，以設立至少須有 1 名少數種族議員的集選區。在 1988 年的大選中，每一個集選區的議員人數按規定必須是 3 人。在 1990 年和 1991 年，新加坡政府先後通過國會修改憲法和國會選舉法令，把集選區的議員人數規定為 3 至 4 人。1991 年的大選，每一個集選區所代表的議席數目是四個。與此同時，集選區議員占全體國會議員的比例，也先後從一半增加到四分之三。[41]

吳作棟表示，之所以實施集選區制度，第一個原因是為了確保國會中的代表是多元種族的。第二個原因是配合成立市鎮理事會的計畫。市鎮理事會的成立，是為了讓居民在管理自己的住宅時，享有更多權利和負更大責任。通過社區發展理事會的成立，可以把更多權利下放到地方的社區裡。社區理事會將把政府和人民聯繫得更緊，並鼓勵社區進行自我管理。他還作了一個比喻，如同球賽一樣，球場範圍擴大，雙方派出比賽的人數還是一樣，勝負則決定於球藝。[42] 因此，他強調擴大集選區是為了政治穩定和選民利益。[43] 然而，吳作棟該種看法必須考慮雙方實力相當，才行得通，如果反對黨力量薄弱，根本無法湊出賢能的六個人，參選就注定會失利。

---

41. 南洋星洲聯合早報，1996 年 10 月 2 日，頁 1。

42. 南洋星洲聯合早報，1996 年 10 月 29 日，頁 6。

43. 南洋星洲聯合早報，1996 年 10 月 29 日，頁 1。*The Straits Times*(Singapore), October 29, 1996, p.1.

1997 年選舉

（甲）選舉經過

　　新加坡政府於 1996 年 12 月 16 日解散國會，政府憲報並公布九個提名站地點，候選人可在這些提名站接受提名為候選人。根據國會選舉法令之規定，任何一名候選人或一組候選人的提名表格，須獲得 6 名以上合格選民的簽名連署，該簽署的選民必須是候選人競選選區的合格選民。候選人須在提名日上午 11 時到 12 時期間將提名表格交給選舉官。每一名候選人須繳交 8,000 元新元的保證金。另國會選舉法令亦規定，每一參選政黨應有自己的政黨標誌，如沒有政黨的候選人，則可從選舉官批准的十二種競選標誌選擇採用，分別是馬、雞、大象、文憑、椅子、電腦、樹、小鳥、花、電話、飛機和輪船。[44] 至於少數民族候選人，則須先申請取得少數民族資格證明書。

　　1996 年 12 月 23 日提名候選人，1997 年 1 月 2 日投票。新加坡警方於 12 月 21 日公布了四十四個可以舉行競選群眾大會的地點。在大華銀行大廈前的新加坡河畔行人廣場是唯一可以在午餐時間舉行群眾大會的地方。舉行群眾大會的地點都選擇在空曠草場或體育場。各政黨候選人在取得警方選舉聯絡官的准證後，可以從 12 月 24 日起到選舉日前夕，每天早上 11 點 30 分到下午 2 點 30 分舉行午餐時間群眾大會。此外，亦可從 12 月 24 日起到選舉日前夕，每天早上 7 點到晚上 10 點之間舉行群眾大會。各政黨在舉辦群眾大會前，須同時呈交管理群眾大會地點之機構的書面同意書。

　　在競選期間，新加坡跟其他民主國家一樣，各政黨可提出各種政見，以爭取選民支持。人民行動黨在大選中提出政綱之五大支柱：包括為人民創造財富、與人民共享成功的果實、栽培下一代、照顧年老者和建立同胞情誼。人民行動黨候選人在競選活動時一再強調，如果當選，則選區將增

---

44. 南洋星洲聯合早報，1996 年 12 月 17 日，頁 4。

加許多新設施，包括組屋翻新、鋪設新人行道、建設新一代兒童遊樂場、設立迷你高爾夫球場、露天劇場、小型公園、社區圖書館、設新小學、學生托管中心、托兒所、提高工藝教育學院獎學金、人民行動黨將撥出 15 億新元為各校購置電腦，同時訓練所有教師、興建新的購物區、讓私人擁有更多的汽車、尤諾士市鎮理事會宣布將在未來五年內耗資 2,000 萬新元改進白沙新鎮、豐加集選區將擁有三所最先進體育館、增設地鐵站等。[45]

此外，人民行動黨的政見也說要在選區設立社區發展理事會，也就是將透過地方政府執行上述的各種發展計畫，如果人民行動黨候選人在任一選區當選，則其候選人所提出的發展計畫就會實行，否則就不會施行。人民行動黨強調這是一場「地方政府」的選舉，不是「補選」。人民行動黨所以要特別強調這不是「補選」，因為在以前的幾次補選中，選民認為人民行動黨反正還在執政，投給反對黨應不會有大影響，結果造成反對黨獲勝（1981 年安順區補選，工人黨候選人惹耶勒南首度打敗人民行動黨候選人進入國會）。吳作棟認為選民不能再持此看法，因為選民如不支持人民行動黨，其選區的建設將變得落後。人民行動黨將在集選區派出一名部長帶隊，選民在集選區內投票支持他們，便等於是選出一名政府內閣成員。[46]吳作棟將人民行動黨之競選策略歸納出三大項：把每個選區的選舉當成是地方政府的選舉；處理現有的民生課題，以應付當前的挑戰；提出新加坡的未來遠景以應付二十一世紀的挑戰。[47]

在人民行動黨所提出的政見中最受到批評的，就是將組屋翻新與投票掛鉤，人民行動黨關於這一方面的競選宣傳亦是相當直率，例如吳作棟在「南洋理工大學論壇」對大學生演說時表示：「年輕選民不能期望投選反對黨的同時也要執政黨的組屋翻新計畫。……反對黨選區組屋要十五到

---

45. 南洋星洲聯合早報，1996 年 11 月 20 日，頁 3；12 月 23 日，頁 2；12 月 25 日，頁 8。
46. 南洋星洲聯合早報，1996 年 11 月 16 日，頁 4。
47. 南洋星洲聯合早報，1996 年 11 月 19 日，頁 1。

二十年後才會翻新。」[48] 他在為執政黨其他候選人助選時也表示：「你投票給反對黨，等於是你反對行動黨候選人的組屋翻新計畫……。如果你的組屋區在二十、三十年內一直沒有翻新，將變成貧民窟，和整個新加坡格格不入。」副總理兼國防部長陳慶炎也說：「如果選民錯把選票投給反對黨，他們就沒有挽回的餘地，不管選出的議員表現是好是壞，選民都必須等待五年的時間才能再次做出決定。這些選民將會發現當其他選區的組屋正在不斷翻新、提升的時候，他們的住宅發展卻被拋在後頭。」[49]

新加坡民主黨出版的**民主報**批評執政黨以組屋翻新賄賂選民、組屋價格高漲、交通費用高漲、徵用土地賠償費太低、部長薪金高過生活費上漲幅度、雇主雇請外勞繳交過高的外勞稅、組屋區租賃商店及小販攤位租金過高、公積金制度不合理。工人黨主張廢除公積金和保健儲蓄制（Medisave），而另以養老金制及類似英國的全國保健服務制度（National Health Service System）加以取代。工人黨也批評政府不斷提高收費，實施3% 的消費稅，物價上漲，公積金制不合理，導致人民行動黨控制國家財富，部長及高級公務員薪水遠高於低層工友數十倍，政府應公開組屋擴建實際費用，內部安全法使新加坡人沒有自由。[50] 國民團結黨主張政府應增加教育開支，提供更多大學學額，反對人民行動黨的菁英教育和分流制度，因為這些措施過早壓抑學生的智力發展，並剝奪其發展機會；促請政府公開國外投資帳目、公開 1995 年或 1996 年期間從擁車證抽取的 19 億新元及從車輛稅抽取的 18 億新元用到哪裡。另外亦批評新國正走向一黨專政的邊緣，人民行動黨有意剷除國會中另一種聲音。[51]

---

48. 南洋星洲聯合早報，1996 年 12 月 21 日，頁 6。
49. 南洋星洲聯合早報，1996 年 12 月 23 日，頁 9；12 月 24 日，頁 1。
50. 南洋星洲聯合早報，1996 年 12 月 22 日，頁 7；12 月 28 日，頁 11；1997 年 1 月 1 日，頁 9。
51. 南洋星洲聯合早報，1996 年 12 月 27 日，頁 11；12 月 28 日，頁 13；12 月 29 日，頁 11。

另一個競選時的爭論，就是工人黨候選人鄧亮洪，他是受華文教育者，他批評執政黨領袖很多是受英文教育者、且為基督教徒，他主張應以華文和中華文化作為道德價值觀的基礎。執政黨領袖乃批評他具有華人種族主義的偏見，此對於新加坡是不能接受的。

選舉過程中也出現多起人身攻擊的言詞。除了前述鄧亮洪涉及誹謗人民行動黨之案件外，人民行動黨也有人身攻擊之情形，例如該黨麥波申支部向選區居民發出三封致全體新加坡人的公開信，信中指「新加坡民主黨秘書長徐順全背叛前新加坡民主黨秘書長詹時中，是個忘恩負義的人。」[52] 人民行動黨候選人顏來章批評人民黨候選人詹時中「判斷能力」有問題，不適合當領袖和國會議員。吳作棟批評鄧亮洪不立即起訴他和李資政，是個「懦夫和撒謊者」。李光耀也批評鄧亮洪是個「騙子」。[53]

關於競選海報及布條之張貼懸掛，候選人必須遵守以下規定：(1) 在張貼競選宣傳海報之前，須先把一張海報和一條布條交給選舉官；(2) 每一條競選布條和每一張競選宣傳海報，都必須蓋上選舉官的官方印章；(3) 所張貼的競選宣傳海報數目，不能超過核准的數目；(4) 沒有人可以進行任何競選活動，除非獲得候選人或其競選代理人所簽發的授權書。違犯上述規定者，可處以 1,000 新元以下罰鍰或一年以下有期徒刑。[54]

參選的政黨亦可分配廣播時段（包括電視和電台），但僅限於派出 6 人以上候選人的政黨。廣播時段長短係按各政黨派出候選人多寡來決定，人民行動黨派出 83 位候選人，分配到 12 分鐘，工人黨派出 14 名候選人，分配到三分半鐘，新加坡民主黨派出 12 位候選人，分配到三分半鐘，國民團結黨派出 7 人，分配到兩分半鐘。候選人可使用華語、英語、馬來語或淡米爾語廣播其政見。[55]

---

52. 南洋星洲聯合早報，1996 年 12 月 25 日，頁 4。
53. 南洋星洲聯合早報，1996 年 12 月 31，頁 1、10；1997 年 1 月 1 日，頁 12。
54. 南洋星洲聯合早報，1996 年 12 月 25 日，頁 4。
55. 南洋星洲聯合早報，1996 年 12 月 25 日，頁 6。

　　新加坡法令規定年滿二十一歲才有投票資格。投票採強制投票制，如未事前報備不能出席投票，將從選舉人名冊中除名，如要恢復投票權須繳交 5 新元（約合 3.6 美元）。選票上印有三欄，左方為候選人姓名，中間為候選人所屬政黨黨徽或標誌，右方為投選的方格，選民就中意的候選人方格內打一個「 X 」。如為集選區，則只投給政黨。選票上候選人排列順序，如為單選區，係按候選人姓氏的英文字母排序，如姓氏相同，再以名字排序；如為集選區，則先在每組按每組候選人英文姓名排序後，再以各黨第一個候選人的英文姓名排出各黨順序。

　　根據新加坡選舉法之規定，選區如只有一名候選人而未有競爭者，該候選人即告當選，不需再投票。此次選舉，人民行動黨在九個集選區沒有遇到競選對手，即贏得 47 席，剩下 36 席要競選。這些不須競選就宣告當選的人民行動黨領袖包括：吳作棟總理、李顯龍和陳慶炎兩位副總理、李光耀資政、賈古瑪（Shunmugam Jayakumar）外長、胡賜道財長。因此只有 40%、約 76 萬選民行使投票權。

　　這次選舉選區劃分如下，單選區有九個，集選區有十五個。集選區中，6 人一組的選區有四個，5 人一組的選區有五個，4 人一組的選區有五個。在九個須競爭的單選區，其中有七個選區是人民行動黨與反對黨一人對一人競爭，參加的反對黨有新加坡民主黨、工人黨、國民團結黨、民進黨，另外兩個選區則是三黨以上競爭。另有六個須競爭的集選區，是人民行動黨與反對黨一黨對一黨競爭，參加的反對黨有工人黨、新加坡民主黨和國民團結黨。唯一有獨立人士參選的是在蔡厝港單選區。

　　就推派候選人數來看，人民行動黨共派出 36 人，其次是工人黨有 14 人，新加坡民主黨 12 人，國民團結黨 7 人，人民黨 3 人，民主進步黨 2 人，獨立人士 1 人。[56] 有 96% 的選民出席投票，選舉結果，人民行動黨獲 81 席，工人黨 1 席，新加坡人民黨 1 席，而新加坡民主黨、國民團結黨、民主進

---

56. 南洋星洲聯合早報，1996 年 12 月 24 日，頁 1。

步黨則全軍覆沒。

表 7-2：1988、1991、1997 年三次國會選舉選民數及投票數

年份	有競爭選區選民數	投票數	投票率 (%)	廢票率 (%)	行動黨得票率 (%)
1988	1,449,838	1,373,064	94.70	2.23	63.2
1991	847,716	805,573	95.03	2.75	60.97
1997	765,332	734,000	95.91	2.35	64.98

資料來源：**南洋星洲聯合早報**，1997 年 1 月 3 日，頁 2。

表 7-3：1997 年選舉各黨得票率

政　　黨	得　票　率 (%)
人民行動黨	64.98
工人黨	14.17
新加坡人民黨	2.34
新加坡民主黨	10.62
國民團結黨	6.74
民主進步黨	0.70
獨立人士	0.45
合計	100.00

資料來源：**南洋星洲聯合早報**，1997 年 1 月 3 日，頁 1。

　　根據新加坡國會選舉法令，在大選中當選的反對黨候選人如少於 3 名，得票率最高的落選反對黨候選人將受委為非選區議員。由於此次大選只有 2 名反對黨候選人當選，因此得票率最高的 1 名反對黨落選候選人可以成為非選區議員。1 月 8 日，選舉官函請在大選中得票率最高的落選反對黨候選人，即角逐靜山集選區議席的工人黨 5 人組合在七天內決定 1 名非選區議員人選，結果由工人黨秘書長惹耶勒南當選為非選區議員。

（乙）選舉插曲：美國干涉內政及鄧亮洪事件

　　1996 年 12 月 24 日，美國國務院代理發言人丁格（John Dinger）批評新加坡執政黨將國民住宅的翻新計畫與新加坡全國大選掛鉤，該發言人批評說，美國深信在世界各地的選民應該能在不害怕受到政府報復的情況下投票。吳作棟立即於 25 日提出反駁，認為美國的這項行動是在干預新國的政治。他說美國政府也曾向人民許下醫藥保健計畫和其他計畫的承諾，而他所作的也只是向人民提出這些計畫，以獲得他們的支持。他並舉美國最近舉行的總統選舉競選活動為例，柯林頓（Bill Clinton）總統就曾向選民表示，如果美國人民要繼續享有保健福利的話，他們就應該投票支持他。新加坡外交部乃於 12 月 26 日發表聲明，反駁美國之說法，該聲明說：

　　「美國國務院新聞官發表有關新加坡競選運動的批評，是對新加坡內政的一種公然干預。美國官員已經不是第一次企圖影響新加坡的內政。新加坡政府曾在 1988 年，向美國政府抗議有關美國外交人員干預新加坡內政的不適當行為（這名官員過去栽培蕭添壽，並鼓勵他踏入政壇反對新加坡政府）。新加坡因而要求美國調回這名官員。

　　以政治廣告恐嚇選民，指出選民若把選票錯投給對方政黨，他們將失去享有醫藥和福利的權利的這種作法，在美國已被發揮到了最高境界。新加坡只不過做著同樣的事，但卻不使用政治廣告。

　　新加坡從來不對美國的選舉運動加以批評。假如新加坡政府選擇這麼做，美國的選舉運動提供了數不盡讓人批評的機會。可是，這並不是國與國之間的交往方式。我們希望美國官員能夠禮尚往來的對待我們。」[57]

　　美國國務院代理發言人丁格則強調其評論沒有任何不當，且再度強調任何地方的選民，其投票行使民主權利的過程，都應不受投票後果的威脅。他說看不出美國的聲明有任何爭議性。丁格也提醒美國媒體注意一項事

---

57. 南洋星洲聯合早報，1996 年 12 月 27 日，頁 1。

實，新加坡反對黨在 12 月 3 日的提名截止期限，僅提名 36 位候選人，參選八十三個改選的國會席次，這意味著吳作棟的執政黨不必等到明年 1 月 2 日的大選，即已穩獲下屆國會大多數席位。[58]

紐約時報也在 1 月 13 日的社論中批評新加坡缺乏自由，認為新加坡已取得不錯的經濟成就，如果統治者對他們所做的一切感到非常自豪，就應該允許活潑的公開辯論和完全自由的選舉，以驗證他們所獲得的支持。該社論說：「假如新加坡的統治者對其所作所為感到驕傲的話，則應允許強力的公開辯論及不受束縛的選舉來驗證他們所獲得的贊同。」[59]

新國駐美大使陳慶珠回應該一社論說：「新加坡並不缺乏自由辯論。反對黨過去出版書籍和刊物強烈批評政府的政策。他們都在公共場所售賣和分發這些書刊。報章也詳盡報導反對黨領袖冗長的來信。我們也針對主要課題如生活費和醫藥保健，召開特別聽證會，讓電視台和報章作詳盡報導，並邀請反對黨發表他們的看法以及為他們的論點辯護。」[60]

新加坡總理辦公室的不管部部長林文興（Lim Boon Heng）也於 1997 年 1 月 17 日在海峽時報（*The Straits Times*）撰寫「選民選擇人民行動黨的綜合計畫」一文，指出美國、日本等民主國家，「肉桶立法（pork-barrel）」政治相當普遍，其政黨亦經常在選舉時提出對某一特定選民有利的政見，以討好選民，但他強調新加坡的國民住宅翻新計畫與西方國家的「肉桶立法」政治不同，國民住宅翻新計畫是提供給所有選區，對全體新加坡人有利。它不是只對少數選區有利。那些反對好政府而希望從政府獲得好處的人，就如同想從那些投票支持政府的人獲得免費搭車的好處一樣。我們必須激勵人們投票支持好政府，而非鼓勵利用別人做免費搭車的人。這是必

58. 中央日報，1996 年 12 月 28 日，頁 11。
59. "Editorials: The steamroller in Singapore," *The New York Times*, January 13, 1997, p.A16.
60. 南洋星洲聯合早報，1997 年 1 月 26 日，頁 4。

須如此做且正當的。[61]

　　這次新加坡與美國之間發生齟齬，是官方層次的交鋒，雙方只各自表述意見後，就停止辯論，以免事態愈趨嚴重，影響雙方的外交關係。

　　至於另一個引起爭論的議題是鄧亮洪事件。從 1996 年 12 月 24 日展開競選活動後，反對黨工人黨候選人鄧亮洪[62] 在 12 月 25 日和 26 日的幾場政見會中，譏評吳作棟總理的內閣，形容它是受到基督教徒的支配，他認為這是沒有代表性的。吳作棟和李光耀為反擊此一批評，針對鄧亮洪在 1992 年無法成為官委議員的原因，解釋是因為鄧亮洪曾是強烈主張華文教育者，批評人民行動黨政府長久以來一直歧視受華文教育的非基督徒公民，他認為這樣持有偏激看法的人不能成為國會議員。吳作棟則批評他是「反英文教育及反基督教」的華族語文與文化沙文主義者。鄧亮洪乃發出律師信指李光耀和吳作棟蓄意對他做出指責與誹謗，已使他被視為「一個具有危險性格的極端主義者，不配成為國會議員」，因此減少了他當選的機會。吳作棟和李光耀則拒絕收回對鄧亮洪所作的指責，並找來 1992 年寫信給國會議長反對鄧亮洪出任官委議員的數位華文教育出身的國會議員，如莊日昆等證明鄧亮洪確是華文及華族沙文主義者。[63] 31 日，吳作棟、李光耀、張

---

61. Lim Boon Heng, "Voters chose PAP's comprehensive programme," *The Straits Times* (Singapore), January 17, 1997, p.59.

62. 南洋星洲聯合早報，1996 年 12 月 22 日，頁 9; 12 月 27 日，頁 6：12 月 29 日，頁 14。鄧亮洪生於 1935 年，1954 年參加中學聯的示威活動，也參加 1955 至 1956 年的所有學生騷亂。1957 年華僑中學畢業，1967 年新加坡國立大學法律系畢業，為一執業律師。1974 年出任華中初級學院及華僑中學董事部董事至 1996 年。1979 年至 1993 年擔任南洋美專董事主席。1992 年曾被提名為官委議員，但遭到人民行動黨的反對，而未獲選。1995 年在「民意處理組」的對話會上表示，新加坡的政治權力集中在受英文教育的菁英分子手上，受華文教育者都被排除在主流之外：由於政治家和高級公務員都被基督教徒壟斷，而基於他們的語言和宗教背景，他們所制定和推行的政策未必會照顧非主流人士的利益。1996 年 8 月 9 日，鄧亮洪參加一項研討會提出了嚴肅的「抬轎」話題，他說：「隨著 80% 華裔新加坡人會說華語，華文和華族文化已不再有消失的危險。因此受華文教育者沒有必要感到自卑。這麼說來，為何我們要替別人抬轎子？我們應該坐轎子。」他主張多增加小學的華文教學時間。1996 年 12 月 21 日加入工人黨，並同時成為該黨的國會議員候選人。

63. 南洋星洲聯合早報，1996 年 12 月 29 日，頁 14：12 月 30 日，頁 1。

志賢准將、莊日昆、歐進福、錢翰琮、柯新治和成漢通等人民行動黨要員向法庭控告鄧亮洪誹謗，因為鄧亮洪指他們「陰謀編造謊言」說他是個反基督教的華文沙文主義者的說法，已嚴重誹謗了他們的人格與信譽。

　　1997 年 1 月 1 日，工人黨秘書長惹耶勒南在競選群眾大會上批評吳作棟及人民行動黨領袖，他用手揮動一些文件說：「鄧亮洪剛剛把兩份他向警方報案的紀錄交給我看，你知道的，這是他針對吳作棟先生和他的同僚所報的案。」鄧亮洪在同一天向警方報案時聲稱吳作棟總理等 11 位行動黨領袖針對他所發表的言論，可能造成宗教極端分子，因懷恨於他，而對他及他的家人造成傷害。他要求警方提供保護。他說人民行動黨的領導人公然發布聲明，指他是反對受英語教育的人，讓民眾認為他是反基督徒的華文沙文主義者，上述聲明及指控純屬無稽，毫無事實根據，目的只在傷害他的名譽及誹謗他。[64]

　　1 月 10 日，鄧亮洪在接受*海峽時報*訪問時說：「假如我回返新加坡，我有可能被扣留，以及不給予機會為自己辯護。」當記者告訴他，總理已保證不會逮捕他時，他笑著說：「你認為我應該相信他嗎？」吳作棟乃據此報導第三度控訴鄧亮洪誹謗。1 月 23 日，鄧亮洪在接受*海峽時報*記者訪問時，曾表示：「政府領袖把這些起訴當作是把他擠出政治舞台的武器，並在政治上和財物上『埋葬』他。」[65] 吳作棟等 11 人乃再度向法庭控告鄧亮洪及惹耶勒南誹謗名譽。起訴人要求惹耶勒南在本地報紙刊登公開道歉函及賠償。結果惹耶勒南在*海峽時報*上刊登道歉啟事，但否認他的講話具有誹謗性。[66]

　　新加坡法庭於 1 月 27 日發出禁制鄧亮洪轉移資產令，因他被控誹謗名譽罪，附帶民事賠償。鄧亮洪申請展期兩週以呈遞其資產宣誓書，應在 2

---

64. *中央日報*，1997 年 1 月 3 日，頁 11。
65. *南洋星洲聯合早報*，1997 年 1 月 31 日，頁 1。
66. *南洋星洲聯合早報*，1997 年 2 月 2 日，頁 5。

月 18 日到期。但吳作棟於 2 月 17 日要求高庭委任接管人接管鄧亮洪夫婦名下資產，他向高庭提呈宣誓書，書中提及鑑於七大行為而要求接管鄧亮洪資產：

1. 不誠實地要求展開兩週以呈遞資產宣誓書，以便秘密轉移資產。

2. 公然違抗庭令。

3. 對庭令的性質和功效撒謊。

4. 繼續留在國外的行為表現。

5. 結束律師樓業務、出售辦公室家具及器材。

6. 在完全沒有合理的申請及上訴下提出申訴。

7. 不顧一切地加重及重複誹謗。[67]

至 2 月中旬為止，鄧亮洪共被控告十三件誹謗案。2 月 17 日，高庭發出庭令說，如第一答辯人鄧亮洪沒有遵照庭令的任何一項條款，起訴人可向高庭提出申請，要求撤銷鄧亮洪的答辯，同時做出判決，即下令鄧亮洪賠償損失。高庭的庭令係委任 Nicky Tan Ng Kuang 為接管人，接管鄧亮洪夫婦的資產達 1,120 萬新元，包括在華源道的一所房子，或該屋出售後的淨收益。但接管人在未獲法庭批准之前，不能拿走房子的使用權。須在兩名答辯人提出要求下，接管人才有權出售答辯人資產。此外，他必須是在認為這些交易真實無詐的情形下，才能行使權力。所有交易將以答辯人的名義進行。[68]

3 月 10 日，高等法庭判決鄧亮洪誹謗罪成立，法庭允許他在十四天內傳召證人，就他的賠償額作證。11 日法庭在聽審李光耀控告鄧亮洪案後，在媒體披露了 1 月 27 日李光耀向法庭申請禁制令，要求凍結鄧亮洪在星國的財產，李光耀在遞交法庭的宣誓書內容，由於該宣誓書中指稱：「他（即李光耀）對聲稱生命安全受到威脅的鄧亮洪離開新加坡到柔佛避難感到無

---

67. 南洋星洲聯合早報，1997 年 2 月 19 日，頁 4。
68. 南洋星洲聯合早報，1997 年 2 月 18 日，頁 5。

法理解……。柔佛是出了名發生槍擊、搶劫和攔路劫車的地方，一個生命受到威脅的人卻選擇到那裡去，是毫無道理可言的。」隨後，立即引起馬國朝野的不滿和指責。

馬國首相馬哈迪（Datuk Seri Mahathir Bin Mohamad）對於此一事件表示：「李資政的看法已使星、馬關係出現障礙，他必須糾正所提出之言論，馬國人民希望看到他做出補救。」

馬國副首相安華指責說：「柔佛市向來支持新加坡，卻獲得星國領袖李光耀如此批評，令人感到震驚，該問題會否影響星、馬關係，將視星政府處理的態度而定。」

馬國外長阿都拉·巴達威立即召見新加坡駐馬國最高專員，提出外交照會，要求新加坡公開道歉並立刻收回相關的不利言論。馬國各黨派、民間團體亦紛紛發表譴責言論，主要要點為星國應為此一事件道歉、禁止李光耀和他兒子進入馬來西亞、星國空軍侵犯馬國領空及柔佛市對新加坡供應食用水等政策應重新加以檢討。

李光耀於 3 月 13 日透過總理府新聞秘書發表文告，對其批評柔佛市一事公開道歉，並解釋該份文件原係供法庭內部討論而非對外公開資料。另外稱他本人自 1990 年卸下總理職後即未曾前往柔佛市，對當地情況均係由報導資料得悉。馬哈迪對於李光耀之道歉表示係改善雙方關係之誠意，但對於李光耀所作的補充部分卻頗不以為然，指將與內閣磋商後再決定是否繼續追究。

3 月 17 日，李光耀再度以親筆簽名函公開表示：「為順應馬國領袖之要求，決定向法庭申請刪除宣誓書對柔佛市冒犯字句。」[69] 馬國內閣最後接受李光耀的道歉，才解除兩國的緊張關係。

1997 年的國會選舉，除了新國選民再度肯定吳作棟所領導的政府外，

---

69. 南洋星洲聯合早報，1997 年 3 月 18 日，頁 1。

也凸顯了下述的意義。

第一，新國的一黨獨大制在特殊的選區制度下，益加鞏固。原先集選區剛提出時，甚受各族群及政黨之歡迎，認為有助於族群參政的公平性，孰料該一制度演變成 4 至 5 人集體參選，反對黨因為力量小，無法提出足夠合適的候選人，以至於在此次選舉中在 83 席中有 47 席未有反對黨競爭。換言之，透過此一高門檻的集選區制，即可輕易地封殺反對黨，除非反對黨的實力強大到足以提出集選區所要求的數名候選人。從另一個層面看，單選區數目減少，亦使得反對黨活動空間相對減少，而必須在少數的選區中自相殘殺。

因此，在新加坡的現實環境下，力量微弱的反對黨根本沒有條件發展成為成熟的反對黨，也不可能為選民提供替代性的政策，充其量只能保持現狀，即每屆大選選出一兩位像惹耶勒南、詹時中、劉程強這類較有實力或時勢造英雄的零星反對黨議員。所以，任何希望現有反對黨茁壯成長，繼而發展成為足以動搖人民行動黨統治地位的強勢反對黨，使新加坡出現兩黨制政治局面的想法，只能說是不切實際的政治夢。[70]

第二，新加坡的馬來人政黨新加坡馬來民族機構（巫統以前在新加坡之分部），因集選區制的推行，已無法推出候選人出來競爭。在 1991 年大選時，該黨推出 5 名候選人參加單選區的競選，結果有 3 名列在選票最低的 10 人裡面。這次因內部不和，沒在單選區派出代表，只派員參加集選區，在新加坡民主黨的旗下參選。獨立人士更難有施展活動的空間，在 1991 年有 7 名獨立人士參選，這次只有 1 名。

第三，華人及華人沙文主義再度成為政治議題。新加坡此次大選之結果，顯示新加坡人支持政府目前推行建立的多元種族、多元宗教的和諧社會，英語、馬來語是官方語言，而英語也是工作語言。在鄧亮洪參選的靜

---

70. 張從興，「新加坡有政黨政治的土壤嗎？」，**南洋星洲聯合早報**，1997 年 2 月 1 日，頁26。

山區，華人人口占 90%，其中大多數是受華文教育者，而在短短九天的競選活動中鄧亮洪獲得 45% 的選票，足見其獲得當地華人相當大的支持，亦不可忽略其所反應的意義。

在 1960 年代人民行動黨與「社會主義陣線」對抗時，即是英文教育者與華文教育者之間的鬥爭，最後是華文教育者失敗，直至 1980 年代初南洋大學被併入新加坡國立大學後，才使此一爭論消失於無形。儘管如此，以華人人口占優勢的新加坡，是很難使華人忘懷其母語及母文化的傳承，因此內心總是有所掙扎，希望華文及華人的利益應高於其他族群。但人民行動黨的領袖為了使新加坡不被當作是海外的另一個中國，而刻意貶抑華文，連帶地亦使得受華文教育者難以進入政府高層。換言之，這是因為政策的結果而導致政治利益分配出現不公平，所以才會出現鄧亮洪事件。

李光耀所以甘冒風險批判鄧亮洪，是為杜絕極端主義滋長，維護新加坡的多元性，以確保國家能生存下去。他說，馬來西亞為了要和中國打交道，改變了它對華文的立場，鼓勵華人和馬來人學華語。這對馬來西亞不會造成任何危險，因為馬來文已在國內根深蒂固。可是新加坡則不同，當華文逐漸崛起時，受華文教育者的反對力量將會因而興起。各個大國和鄰近國家決不允許東南亞有個中國大陸的基地，那對它們來說是件危險的事。為了表明新加坡不是中國大陸的基地，一個可行的辦法就是保持新加坡作為一個多元種族、多種宗教和多種語文的國家，這也就是新加坡繼續生存的保證。即使中國大陸發展成為另一個強大的國家，華文成為另一種主要的國際語言，明智的作法是讓新加坡保持現狀，堅持以英文為工作語文，但繼續提倡雙語教育，讓每個新加坡人信仰自由，並且都在平等的基礎上生活。華族社群必須對將來做出抉擇，假如他們要國家和平穩定，就有必要繼續接受英文為工作語言。[71]

71. 南洋星洲聯合早報，1996 年 12 月 31 日，頁 1。

　　吳作棟在選後的記者會上亦強調說：「我們並不是華人國家，我們也絕不容許華人沙文主義者把我們變成一個華人國家。」政治評論家帕特里克・丹尼爾也強調「在一個華人選區裡，堅持多元種族主義。」[72] 吳作棟所講的新加坡不是一個華人國家，意思是說新加坡不是一個以說華語的華人為主的國家，而是一個以說英語為主的新加坡人的國家。關於此一現代國家之觀點，可能今天還有不少的新加坡人無法理解。鄧亮洪事件反應的應該是傳統中華文化與現代國家觀念之間的衝突。[73] 不過，也有可能不是不理解，而是在政治角力之考慮下，為了獲得選民之支持，而不得不特別凸出此一議題。

　　第四，此次新加坡大選在選舉期間遭到美國之批評，在選後因鄧亮洪在馬來西亞新山發表反新加坡的言論，導致李光耀批評新山而使新、馬兩國發生外交風波，有些輿論認為係李光耀樹大招風所致。但此兩事件，多少跟李光耀執政時期與這兩國之積怨有關。

　　第五，吳作棟總理在選後曾致函所有的人民行動黨國會議員，列出他為國會議員所定下的行為準則，包括向他呈報個人所得、避免受他人利用來影響政府的決策、以謙虛的態度為選民服務、不可無故缺席國會會議、準時出席國家的重要慶典、不在國會中助長惡意和毫無根據的談話的傳播。[74] 以新加坡如此重視團隊精神的國度，其執政黨領袖可以訴諸行為準則要求其同黨國會議員遵守，這一點可能是台灣任一政黨所望塵莫及。

　　在這次選舉中，工人黨秘書長惹耶勒南於 1997 年 1 月 1 日指稱吳作棟是騙子，涉嫌誹謗吳作棟。鄧亮洪在 1 月 1 日向警方報案時，聲稱總理等 11 位行動黨領袖針對他所發表的言論，可能造成宗教極端分子因懷恨於他，

---

72. *南洋星洲聯合早報*，1997 年 1 月 8 日，頁 16。

73. 關於華文沙文主義問題，林任君有一個很好的譬喻，他說：「讓我們丟掉那台搖搖晃晃的轎子，登上新航噴汽機吧 —— 大家一起上！更重要的是，將那台落伍的轎子拋諸腦後，邁開生活的腳步吧！」（*南洋星洲聯合早報*，1997 年 2 月 1 日，頁 28-29。）

74. *南洋星洲聯合早報*，1997 年 1 月 10 日，頁 1。

而對他及他的家人造成傷害。吳作棟總理等 11 位行動黨領袖隨後就鄧亮洪的報案內容起訴他誹謗他們的名譽。吳作棟要求惹耶勒南賠償名譽損失 20 萬新元，高等法庭在 9 月 29 日判決，惹耶勒南賠償 20,000 新元。至於其他 10 位起訴人，必須在各自的官司中證明答辯人惹耶勒南的言論已經或明顯的影射他們，法庭將在這些起訴人成功證明上述論點後，個別的考慮他們應得的賠償。[75]

　　1997 年 7 月 31 日，國會三讀通過新加坡共和國憲法 (修正) 法案，把官委議員人數從 6 名增加到 9 名。

1999 年總統選舉

　　王鼎昌在 1999 年 7 月 16 日宣布決定不尋求連任的記者會上，曾批評政府，他提出四個課題：(1) 主計長將以一個人需要五十二年的時間來列出政府所擁有的有形資產清單。(2) 一個「不愉快的經歷」，他當時必須不批准一個法定機構的預算，因為這將會動用到過去的儲備。(3) 投資收益淨額（net investment income）是否應該歸納為現有的儲備或是過去的儲備。(4) 他感到「失望」，因為政府改變投資收益淨額的處理方式，使到在不需要他批准的情形下，便可動用過去累積的儲備來推行削減成本的配套。政府對這些問題提出答覆，財政部長胡賜道在 8 月 17 日發表聲明，提出四點說明：(1) 在向總統呈報動用儲備的問題方面，沒有政府官員失職。(2) 投資收益淨額一直是屬於現有的收入，政府沒有改變這一點。(3) 政府沒理由要求總統動用過去的儲備。(4) 要完成完整的政府有形資產估價，一個人需要五十六年的時間。[76] 吳作棟總理也在國會中高度評價王總統的貢獻，並說政府不支持他尋求連任是由於他的健康問題，而不是因為政府與王總統的工

---

75. 南洋星洲聯合早報，1997 年 2 月 2 日，頁 5；1997 年 9 月 30 日，頁 1。
76. 南洋星洲聯合早報，1999 年 8 月 18 日，頁 1。

作關係出現困難。從總統與政府之間出現緊張關係，顯示王鼎昌在擔任總統時是盡責的，他認為他盡責查明有關儲備金的來龍去派，以至於新國政府部門有人視他為「很麻煩」的人。[77]

王鼎昌在 2000 年 3 月初接受**亞洲新聞**的專訪時表示，如果他當年在競選總統時沒有獲得政府的公開支持，他會更快樂，他認為如果只有工運分子和受華文教育的廣大組屋居民支持，他的情況會更理想。因為他自認為他的得票率可超過 70%，但公務員和在珊頓道工作的上班族卻支持一個像蔡錦耀那樣的中立獨立人士。他也透露他當選總統後首度前往國會發表演講時，講稿是由政府擬定的，他不過照稿念而已。他說既然講稿要他保管資產儲備，則 1999 年 4 月政府同意將儲蓄銀行賣給發展銀行，儲蓄銀行是法定機構，也涉及儲備，都是總統應管的職權，但政府並沒有通知王鼎昌，他是通過報紙才知道此事。[78]從而可知，新加坡政府不過只是想讓總統扮演儀式上監督政府的人，並非要他執行監督而與政府成為作對的角色。李光耀在 1999 年 8 月 11 日對於總統的角色曾做了一次闡明，他說：「民選總統的設立並不是要挑戰政府的權力，事實上，除非我國出現會濫用儲備金或有損公共服務素質的政府，總統的角色只是在禮儀上發揮作用。」又說：「總統是被人民委任來進行一項特定任務，來阻止一個壞政府進行不良的行動。他沒有執行權力來倡議任何權力，或阻止政府做任何東西，除了浪費國家儲備金和委任不恰當人選任職。」[79]

由於王鼎昌公開批評政府的若干措施，引起人民的疑慮，以為這是政府不支持他連任總統的主要原因。然而，吳作棟在 8 月 17 日在國會中表示，政府不支持王鼎昌連任總統，並非雙方工作關係不好，而是因為王鼎昌在

---

77. 南洋星洲聯合早報，1999 年 8 月 18 日，頁 14。
78. 南洋星洲聯合早報，2000 年 3 月 10 日，頁 5。
79. 南洋星洲聯合早報，1999 年 8 月 12 日，頁 6。

一年前已發現淋巴癌轉為危險，是基於他的健康考慮而沒有支持他連任。[80]

　　1999 年 8 月 18 日，舉行總統選舉，候選人巡迴大使納丹（S.R. Nathan）[81] 在沒有其他候選人競爭的情況下，沒有舉行投票，宣布當選為新國第二任民選總統，也是新國第六任總統。納丹是由新國內閣推舉的人選，他是印度裔，是由李光耀挑選的三名人選之一，李光耀將這三人名單送交內閣後，由內閣決定推舉納丹參選總統。

開放局部言論自由

　　吳作棟在 2000 年 3 月表示，將開闢類似英國海德公園的言論自由區「演講者之隅」，演講者需向警局事先登記，但演講者不得違反法律、觸犯種族和宗教法令。演講者可以自由發抒意見。

　　新國政府從 2000 年 9 月 1 日開始實施局部言論自由，就是允許人民在指定的芳林公園為「演說者角落」可以自由發表意見，剛開始時有不少人登記發表意見，同一年有 400 人次發言，以後每下愈況，到了 2006 年，只有 26 人登記發言。最主要的困難是無法形成政策辯論，以至於人民對於這類言論失去興趣。

---

80. **南洋星洲聯合早報**，1999 年 8 月 18 日，頁 1。

81. 納丹於 1924 年 7 月 3 日在新加坡出生。1954 年畢業於馬來亞大學社會系。1955 年進入民事服務部門，成為一位醫藥社工，並曾擔任工業關係協調員和行政官員等工作。1962 年，借調至「全國職業工會總會」，協助設立研究署。1966 年 2 月在外交部任助理秘書，1967 年 12 月升任外交部副秘書、內政部代常任秘書。1971 年任國防部常任秘書。1974 年 2 月初，日本赤軍和巴勒斯坦解放人民陣線游擊隊的恐怖主義分子挾持一艘「拉裕號」渡輪，並挾持了船上五個人為人質，前後長達八天。日本政府後來接受他們的條件，並保證他們的安全之後，派出一架日本航空公司客機載他們前往南葉門。納丹當時是國防部安全與情報署署長，自願當人質，隨機陪同這些恐怖分子離開。隨行的還有 12 名新加坡官員。1979 年任外交部第一常任秘書。1982—1988 年，任海峽時報集團執行主席。1988 年 4 月，任新國駐馬來西亞最高專員。1990 年 7 月，任新國駐美國大使。1996 年 4 月，任巡迴大使。同時擔任南洋理工大學國防與戰略研究院院長。**南洋星洲聯合早報**，1999 年 8 月 7 日，頁 12；1999 年 8 月 8 日，頁 12。

　　新加坡民主黨秘書長徐順全等人在 2005 年 11 月到 2006 年 4 月在沒有領取准證下，到裕廊西、兀蘭及義順等公共場所演講，涉嫌牴觸公共娛樂與集會法令，2006 年 11 月 23 日被法庭判決有罪，徐順全被判罰款 5,000 元新幣或徒刑五個星期，新加坡民主黨黨員甘迪安巴南被罰款 3,000 元新幣或徒刑三個星期，新加坡民主黨支持者葉景和被罰款 2,000 元新幣或徒刑十天。[82]

　　儘管新國政府有局部放寬言論的想法，但對於外國媒體對新國政治的批評還是不能容忍，2006 年 7 月，**遠東經濟評論**刊登了一篇題目為「新加坡烈士：徐順全」（Singapore's Martyr: Chee Soon Juan），文中對於新國政府處理 NKF 基金會事件的方式提出批評，還引述徐順全對李光耀和李顯龍的批評。李光耀和李顯龍因此控訴該刊物總編輯雷斯塔爾（Hugo Restall）誹謗罪。[83] 新加坡高等法庭在 2008 年 9 月 23 日宣判**遠東經濟評論**敗訴，必須賠償名譽損失，也不得在新加坡售賣、分發或傳播被指誹謗的文章。9 月 12 日，新國政府也起訴**亞洲華爾街日報**（*The Wall Street Journal Asia*），指該報最近刊登的三篇文章影射新國司法不公、缺乏誠信及獨立性而藐視法庭。[84]

　　國際律師協會的人權研究所於 2008 年 7 月 8 日提出一份新加坡人權報告，批評新國的言論、集會、媒體及司法制度受到政府控制，還要求新國提升人權標準，以達到世界水平。該報告最後對新國提出 18 項建議，包括：儘早簽准公民與政治權利國際公約、不要對政治辯論中所發表的言論提出誹謗訴訟、鼓勵反對黨參與辯論、修改報章與印務館法令、加強國際和國內媒體的言論自由、允許和平示威、以及法律學會應更積極參與關於修正法案的討論等。新國政府提出反駁，指責該項報告未能提出確切的證據。[85]

---

82. **南洋星洲聯合早報**，2006 年 11 月 24 日，頁 16。
83. **南洋星洲聯合早報**，2007 年 4 月 21 日，頁 11。
84. **南洋星洲聯合早報**，2008 年 9 月 25 日，頁 14。
85. **南洋星洲聯合早報**，2008 年 7 月 10 日，頁 6。

不過，李顯龍政府為了能反映該項人權研究報告的批評，於 2008 年 8 月 17 日新國國慶時宣布，將放寬禁令允許人民在「演說者角落」自由示威，並將原先由警局核准改為由國家公園局管理。[86] 這是新國開國以來首次允許人民示威，不過，新國人民對於示威的興趣不大，從該項政令宣布至目前為止，尚無示威案件發生。

2001 年國會選舉

1999 年 4 月 15 日，國會通過選舉法修正案，修正要點是：(1) 選舉官可通過蓋章、劃記號和簽名證實選票真實性，以取代以前在選票上打孔的方式。因為這些打孔器都是在 1950 年代所購買，已相當陳舊。同時，選舉官也可能因為不熟悉打孔器的操作，使得選票被夾在打孔器內，往往造成選票破損。(2) 選舉註冊官將根據 7 月 1 日以前從國民登記處所獲得的選民地址，來準備選民登記冊。選民如在 7 月 1 日以後更換地址，將不會反映在選民登記冊內。此一修正，使選舉註冊官不須重複準備選民登記冊兩次。(3) 集選區的競選代理人有權指定投票站代理人和計票站代理人。在過去，只有首席競選代理人擁有這項權力。(4) 總統選舉法中相關條文也將做同樣的修正。總統候選人有權委任不超過二十個競選代理人，其中 1 人可受委為首席競選代理人。選舉官必須通知首席競選代理人關於計算選票的地點。而且也只有首席競選代理人和總統候選人能在主要計票地點出現。(5) 總統候選人的開支如超過 1,000 新元，便須由首席競選代理人支付。過去是由唯一的競選代理人支付這項費用的規定。新修正法案規定，首席競選代理人也必須為總統候選人呈報競選開支，並通知選舉官有關候選人在每一個分區所設立的選舉辦事處。[87]

---

86. **中國時報**（台灣），2008 年 8 月 20 日，頁 A7。
87. **南洋星洲聯合早報**，1999 年 4 月 16 日，頁 12。

2001 年 11 月 3 日，舉行國會選舉，人民行動黨贏得競爭選區的選票 75%，八十二個席次，反對黨工人黨 1 席，新加坡民主聯盟（Singapore Democratic Alliance）1 席。社會民主黨則一無斬獲。在 84 席中，有 55 席是沒有競爭的，人民行動黨提名的候選人，立即成為當選人。

表 7-4：2001 年新加坡國會選舉各黨議席數

政　黨	議席數	得票數	得票率 (%)
人民行動黨	82	470,765	73.67
新加坡民主聯盟	1	75,248	11.78
工人黨	1	19,060	2.98
社會民主黨	0	50,607	7.92
其他	0	9,587	1.5
廢票	—	13,716	2.15
官委議員	6	—	—
合計	90	638,983	100.0

資料來源：*Keesing's Record of World Events*, Vol.47, No.11, 2001, p.44459.

2004 年政權移交李顯龍

新加坡政權移交具有固定的模式，就是沿襲過去李光耀的作法，李光耀是在精心培養接班人的理性思考下，特意培植吳作棟為其接班人。果然，吳作棟不負其期望，順利扮演好接班人的角色。然而，此一接班只做了一半，而不完全，因為吳作棟不過是執行總理而已，李光耀還在後面指導。新國如何處理這種過渡權力關係？他的安排是讓李光耀出任資政，而資政是可以出席內閣會議的，此與台灣過去的總統府資政角色不同，台灣的資政只是一種不參與政府治理的顧問性質，沒有實權，而且經常是很少被諮詢國政要務。李光耀資政既然要出席內閣會議，難免令其他閣員在會議時發言有所拘限，吳作棟也難以放手做事。因為李光耀扮演的是監國的角色，對重大國務，仍享有重要的發言地位。

　　2003 年，全球爆發呼吸道感染（SARS）傳染病，新國經濟受到影響，幾乎陷入衰退。吳作棟在該年 12 月表示，只要新國經濟成長率回升到 3-4%，他就會考慮交棒，讓政權在穩定中過渡。2004 年 5 月 22 日，新國內閣同意由李顯龍接任總理，28 日，新國國會贊同該案，31 日，人民行動黨中央執委會通過由李顯龍接任吳作棟擔任總理。[88] 8 月 12 日，李顯龍正式接任總理。一般認為吳作棟代表溫和派，施政溫和寬容，而李顯龍跟其父親一樣，是強硬派。李光耀從內閣資政改任國務資政（Minister Mentor）。吳作棟亦是國務資政。

　　2004 年 7 月初，李顯龍以私人身分非正式訪問台灣，卻遭到中國的報復，批評其違反「一中」原則，李顯龍的行為對於中國和新國的合作關係產生嚴重後果，由新國承擔全部責任。中國並取消中央銀行行長周小川訪新計畫。[89] 新國國家發展部長馬寶山原訂前往四川訪問，亦被告知行程暫緩。中國之反應，明顯是在嚇阻其與台灣發展實質關係，同時警告周邊國家，勿蹈新國覆轍。從另一個角度來看，過去李光耀數度以私人身分訪問台灣，都沒有遭到中國如此強烈反應，顯見中國對李光耀相當尊敬。中國對李顯龍的態度，則有意加以懾服。

　　2005 年 8 月 14 日，新國

圖 7-3：李顯龍總理
資 料 來 源：http://commons.wikimedia.org/wiki/
　　File:Lee_Hsien_Loong,_June_3,_2006.jpg
　　2009/8/27 瀏覽

---

88. 自由時報（台灣），2004 年 6 月 1 日，頁 7。
89. 中國時報（台灣），2004 年 7 月 14 日，頁 A13。

總統選舉委員會宣布總統候選人納丹當選為新國總統，因為登記的其他參選人資格不符，所以納丹不戰而勝，獲得新的六年任期。

2006 年國會選舉

2006 年 5 月舉行國會選舉，在 84 席中，單選區要選出 9 席，5 人集選區九個要選出 45 人，6 人集選區五個要選出 30 人。單選區都有競爭選舉，而集選區中有 38 席有競爭。選舉結果，人民行動黨贏得 82 席，另外兩席為反對黨工人黨劉程強、民主聯盟黨詹時中贏得。此次選舉亦是對李顯龍之一次合法性肯定，通過民意的考驗。

2011 年國會選舉

2011 年 5 月 7 日，舉行國會選舉，單選區共有 12 席，4 席的集選區有兩個，5 席的集選區有十一個，6 席的集選區有兩個。參選的反對黨相當多，有新加坡民主黨、新加坡人民黨、工人黨、國民團結黨、民主聯盟、革新黨、新加坡民主聯盟。在李光耀參選的丹戎巴葛（Tanjong Pagar）5 席的集選區，因為反對黨社陣主席黃德祥遲到 35 秒，未能完成參選登記，遂被取消參選資格，以至於該一選區變成沒有競爭的選區，李光耀等 5 人自動當選。因此在總數 87 席中，有 82 席有政黨競爭。由外長楊榮文所參選的阿裕尼（Aljunied）集選區竟然落敗，由工人黨獲勝 5 席。此外，工人黨在後港（Hougang）單選區亦贏得 1 席。

工人黨將全黨菁英放在阿裕尼集選區，最後脫穎勝出。劉程強是該黨秘書長、林瑞蓮是該黨主席，陳碩茂具有美國史丹福大學法學博士學位，從事律師業，另兩位是新人，畢丹星是印度裔，莫哈默費沙是馬來裔。該黨的政綱亦頗具有吸引選民之處，例如，「邁向第一世界國會」的理念、

降低選舉年齡至十八歲、支持公民自由、強制醫療保險、制訂「信息自由法案」，允許公眾向政府索取數據、應定期發紅利給公積金會員、組屋價格應更便宜、廢除居民委員會和公民諮詢委員會，讓基層活動自行發展。這些主張多少會打動選民的心，因為如果這些主張實現的話，則會擴增人民的社會活動空間。

反對黨工人黨總共贏得 6 席，人民行動黨贏得 81 席。人民行動黨的得票率從上屆 2006 年大選的 66.6% 下降至這一次的 60.14%

這次反對黨所以會小贏，乃是透過網路系統串聯。近幾年，由於網路系統發達，民意反應遂透過這些新興通訊系統在民間流傳，像部落客、臉書、推特等，成為這一次選舉的新興管道，對政府的不滿或者有新的期望，都在民間網路系統中流傳。可以明顯的看出來，使用這一類通訊系統的人大都是年輕人，他們可說是享受新加坡經濟好處的一代，但對於政治卻沒有管道可以表達，他們應不會像他們的上一代人只追求經濟的利益，而甘願接受政府的言論管制。

根據選舉結果，有 3 席不分區國會議席分別給予工人黨 2 席、新加坡人民黨 1 席。2013 年 1 月 26 日榜鵝東區補選，工人黨又贏得 1 席，使得工人黨擁有的國會議席增加到 9 席。

2011 年總統選舉

8 月 27 日，舉行星國第四屆總統大選，有 4 人參選，是自 1993 年第一屆大選以來參選人數最多的一次，候選人有前副總理陳慶炎、前國會議員陳清木、前民主黨員和前公務員陳如斯、前職總英康首席執行官（NTUC Income Chief Executive Officer）陳欽亮，依憲法規定，總統參選人不得為任何政黨黨員，所以他們都是以無黨籍身分參選。這次選舉競爭非常激烈，得票數相近，陳慶炎獲得 745,693 張選票，得票率為 35.20%；陳清木獲得

738,311，得票率為 34.85%。陳如斯獲得 530,441，得票率為 25.04%。陳欽亮獲得 104,095，得票率為 4.91%。[90] 結果由陳慶炎當選為總統，他曾為人民行動黨黨員、國會議員、教育部長、貿易及工業部長、財政部長、衛生部長、國防及安全統籌部長、副總理、新加坡國家科研基金會主席、創新及創業理事會副主席、報業控股集團董事會主席等職務。

2013 年反人口政策示威

　　新加坡自 1980 年代以來就很少示威活動，因為工會都已由人民行動黨掌控，加上經濟條件好轉，工人無須上街頭示威以要求加薪。2013 年 1 月 29 日，新加坡國家人口及人才署發表「人口政策白皮書」，白皮書指出新加坡出生率長期低於替代率，人口老化問題將日益惡化，甚至在 2025 年出現人口萎縮，危及經濟發展。針對人口增加造成的問題，會在未來十七年增建 70 萬個住宅單位、將現有地鐵網路延長一倍，以及增添更多綠色空間。因此預定將目前 531 萬人口在 2030 年增加至 690 萬人的目標。[91] 2 月中旬，星國國會通過「人口政策白皮書」。此一新人口政策引起一部分新加坡人不滿，認為新移民帶來許多社會問題，諸如交通擁擠、房價上揚、社會關係緊張等問題，特別是批評引進的中國移民「沒有禮貌」、「喜歡在公共場所喧嘩」，而中國女性則「被視為是搶別人老公的女人」。2 月 16 日，約 3,000 名新加坡民眾在芳林公園參加示威。白皮書後來做出修改，刪去「人口政策」字眼，並寫明是「人口預測」，而總理李顯龍也重申， 690 萬是規劃未來基礎設施時的人口參考數字。[92]

---

90. "Singaporean presidential election results, 2011 ," *Election Department of Singapore*,（http://www.eld.gov.sg/elections_past_results_presidential.html#Y2011 2016 年 9 月 12 日瀏覽。）

91. 「新加坡 2013 人口政策白皮書」，新加坡文獻館，2013 年 1 月 30 日。（http://www.sginsight.com/xjp/index.php?id=9401 2015 年 9 月 12 日瀏覽）

92. 蔣銳，「新加坡民眾示威反對政府增加外來人口」，BBC 中文網，2013 年 2 月 16 日。

李光耀逝世

　　新加坡的建國者李光耀生於 1923 年 9 月 16 日，逝於 2015 年 3 月 23 日，享年九十二歲。除了李光耀之外，沒有一位華人曾在海外建立一個獨立的國家。李光耀成為國際上知名的政治人物，並不是他的華人背景，而是他有效的治理新加坡，使得新加坡成為富有和有秩序的國家。他獨特的治理經驗，曾為許多落後國家取法學習和諮商的對象。

　　新加坡從一個英國殖民地的島嶼港口變成獨立國家，要歸功於李光耀的高超的政治見解和魄力，遠超過當時的英國政治人物，他在新加坡併入馬來西亞聯邦前一天，突然宣布獨立，讓英國和馬來半島的政治領袖措手不及，他讓新加坡以一個獨立國家之身分和馬來西亞合併，他是挺直腰桿把新加坡嫁入馬來西亞聯邦。此跟從英國殖民地地位被英國併入馬來西亞聯邦有很大的不同意義。

　　李光耀知道新加坡地小缺乏天然資源的缺點，因此長期以來他一直想在馬來半島上求發展，無奈個人能力高強，鋒芒畢露，引來馬來半島上的馬來人、甚至華人領袖的疑懼，對他有所顧慮，處處給予掣肘，讓其有志難伸。最後為形勢所迫，而從馬來半島上退出。他未能成為馬來半島上的領導人，應是他一生最大的遺憾。儘管他在 1996 年重提新、馬合併之議，唯其理念與馬來西亞領袖格格不入，難以如其所願。

　　新加坡是一個華人政權，它被包夾在馬來族的兩大政權之間，一個是馬來西亞，另一個是印尼，李光耀非常敏銳的嗅覺出其所處之環境，華人要在這樣的族群環境下生存，並非易事，未免得罪這兩個國家，李光耀宣布其國語政策是以馬來語為國語，貶抑華文之地位，且強調要在印尼之後才與中國建交，以印尼為師成為新加坡生存之外交政策綱領。換言之，李光耀知道要

---

http://www.bbc.com/zhongwen/trad/world/2013/02/130216_singapore_immigration.shtml
2015 年 9 月 12 日瀏覽。

先處理好立足的問題，才能談下一步發展的問題。李光耀成功之處在於讓馬來半島上的馬來人討厭併吞新加坡，而又非得與新加坡發展經濟合作關係，南方的印尼人支持其脫離馬來西亞，討厭新加坡併入馬來西亞，在這樣微妙的國際環境下，才使得一個華人政權成功地在馬來海中生存。

　　李光耀治理新加坡成功，使得他經常會在國際社會闡述其成功之道，也因此他喜歡對國際議題發表高見，然而這些國際論述，大都在為新加坡謀利，而非代表國際上某一集團發言，因此，無法將新加坡歸類為世界某一集團的發言人。即使新加坡屬於東協集團，新加坡也經常跟其他東協成員國出現不同步調，可以這樣說，李光耀是十足的新加坡主義者，而非兼善天下的國際主義者。

　　到底李光耀如何治理新加坡呢？李光耀將治理國家當作經營公司，公司之存在在於其能否賺錢，因此，李光耀與商業界來往並不避諱，他經常率領商界領袖陪同他出訪各國，由政府牽線交涉促成簽署商業合同，這一點跟台灣有很大的不同。新加坡所建構的是政商合作架構，政府領頭協助商人進入國際市場，不用擔心政商勾結，因為廉政公署能有效運作。當政府有賺錢，會發紅利給人民；當政府財政吃緊，先從閣員減薪做起。這樣的作法使得政府之掌控具有節奏感，不會失去彈性。

　　不過，人民行動黨長期執政，李光耀也會感到憂心，蓋一黨獨大長期控制政權，必然會走向驕傲及懈怠。如何避免該一情況發生？李光耀想出了一個點子，讓未當選的三名得最高票的反對黨候選人進入議會，李光耀稱之為讓執政黨議員有在議會中練拳的對手。這可能是議會政治的一種創舉。又，為了讓族群和諧，他特別設立了集選區，讓集選區的三到六名候選人中需至少包括一名少數民族代表，這是非常有創意的族群代表制。

　　李光耀自從年輕時就投身政治，身膺總理大任後，就勵精圖治不懈，沒有他，不可能有今天的璀璨耀眼的新加坡，他一生所作所為，都是為了新加坡，稱其為最愛新加坡者當不為過。

2015 年國會選舉

2015 年 8 月 25 日，新加坡總統陳慶炎應李顯龍建議解散國會，9 月 11 日舉行選舉，單選區有十三個，4 人集選區六個，5 人集選區八個，6 人集選區二個，總共要選 89 席。這次是自新國建國以來首次每一個選區都有反對黨參選，競爭激烈。1991 年李光耀參選的丹戎巴葛選區從單一選區改為 5 席的集選區後沒有競爭對手而自動宣布當選，這次有反對黨參選，該一選區選民二十四年來首次投票。年滿二十一歲的公民都擁有投票權。選民總數是 2,460,977 人。

工人黨派出 28 名候選人，角逐五個集選區和五個單選區議席，是反對黨當中陣容最大的團隊。其次是國民團結黨，共有 12 名候選人。其他參選政黨包括新加坡民主黨（11 名候選人）、革新黨（11 名候選人）、國人為先黨（10 名候選人）、新加坡人民黨（8 名候選人）、新加坡民主聯盟（6 名候選人）和人民力量黨（4 名候選人）。[93]

有 230 萬 4,331 名選民投票（其中包括 47,315 張廢票），投票率高達 93.56%。人民行動黨贏得八十三個議席，獲得 69.86% 的選票。工人黨則贏得六個議席，繼續維持國會最大的反對黨位置。新一屆國會將有三個非選區議員。阿裕尼區因有效選票差距不超過 2%，進行重算。最終工人黨以 50.95% 的微弱優勢戰勝行動黨，保住了這個 5 人集選區。工人黨候選人方榮發在後港單選區贏得勝選。

這次是李光耀去世之後的首次選舉，引發各界關注。李顯龍在沒有父親監國之情況下，能獲得如此高的選民之支持，足證他個人的領導能力獲得選民的肯定和支持。值得注意的，在這次選舉中，各反對黨之政見完全是針對政府之施政措施提出批評，而未見有誹謗之言論，可說是一次高水

93.「全國選民今天前往 832 投票站履行公民義務」，**南洋星洲聯合早報**（新加坡），2015 年 9 月 11 日。

準的競選。

第二節　與馬來西亞的恩怨情仇

　　新加坡與馬來西亞毗鄰而居，本應和睦相處，但兩國因種族及政治因素，雙方領導人經常發生齟齬，而發生齟齬的原因包括：共組共同市場、新加坡邀請以色列總統來訪、新加坡讓美國使用其軍事設施、李光耀批評新山治安、新加坡重回馬國聯邦之言論、新加坡批評馬國領導人搞裙帶關係、馬國庇護新加坡反對黨分子、馬國供水問題、新加坡填土擴島、白礁領土主權、馬來亞鐵路遷移等。在這些齟齬聲中，可以觀察到大部分發生在李光耀執政時期，或者他下台後對於馬來西亞的發言引發的爭端。在吳作棟和李顯龍執政時期，則相對較少與馬國有所爭端。而在李光耀執政時期，正好馬國是由馬哈迪執政。新、馬在該一時期的齟齬都能適時化解，跟馬哈迪的個性有關。馬哈迪對於新國的談話語氣沒有那麼尖銳，不像安華或其他政府部長、國會議員的發言語帶火藥味，馬哈迪對新加坡的批評相當自制，這可能是後來新、馬兩國在齟齬後還能周旋往來的原因罷！從此亦可看出來，馬哈迪處理與新加坡關係的外交手腕相當靈活，知道有一個底線不能逾越，適時即必須剎車，然後透過談判解決兩國間的問題。

　　新、馬關係中較為引人注目的是新、馬合併問題。1996 年 6 月 7 日，李光耀在新加坡報業俱樂部及外國通訊員協會聯辦的晚餐講演會上表示，假設新加坡可能重新加入成為馬來西亞聯邦政府一分子的條件，就是馬來西亞像新加坡一樣推行論功行賞政治（meritocracy），政府不會規定某一種族享有特別利益；以及馬來西亞在和新加坡追求同一目標時取得同等的成功，為人民帶來最多的經濟利益。[94] 副總理李顯龍歸納新加坡的建國兩大

---

94. 南洋星洲聯合早報，1996 年 6 月 9 日，頁 1。

支柱就是任人唯賢和維護多元種族制度。[95] 此兩大原則應是當年新加坡與馬來西亞分離的最重要因素。

馬來西亞副首相兼財政部長安華（Anwar Ibrahim）於 7 月 5 日在倫敦說：「我想我們對我們的好鄰邦應有一點保留，因為馬來西亞有社會責任。我們談論的是分配上的公平。我們不要一些族群或集團被忽略。」他又說，新、馬聯盟或合併，目前肯定是言之過早。馬國外長巴達威（Abdullah Ahmad Badawi）亦表示，在馬來西亞和新加坡合併的課題上，以一個大國去遷就及迎合一個小國所提出的準繩，是不恰當的。[96] 馬國前外長加沙里（Tan Sri Ghazali Shafie）也認為儘管馬來西亞和新加坡唇齒相依，但與新加坡合併沒有必要，也不可能。[97] 馬國新聞記者評論說，馬國經濟進步，預定在 2020 年成為已發展國家，屆時馬國就不需要依賴新加坡出口其原料了，所以新加坡有所擔心，才會提議與馬國合併。[98]

面對馬來西亞這樣冷淡的反應，新加坡總理吳作棟在 8 月 25 日做了一次回應，他說：「我國政府領袖最近談論新加坡重新加入馬來西亞的可能性，並不是政府要間接同馬來西亞政府討論新、馬合併的問題。我國政府積極看待馬來西亞對新加坡重新加入所提出的看法和所作的反應。」他又說：「我們必須尊重馬來西亞領袖的看法，因為如果是新加坡要重新加入馬來西亞，我們是沒有資格提出任何條件的。」他說：「請別誤會我們是在討論新、馬重新合併的問題，我們並沒有討論這個問題。當李資政提出這個問題時，我需要瞭解他為何這麼說。他向我解釋了個中的原因，我於是選擇是否要告訴人民他為何會提出新、馬合併的問題。我認為跟人民分享李資政對我所說的話對人民有好處。不過，我並不需要以此來號召和團

---

95. 南洋星洲聯合早報，1996 年 8 月 26 日，頁 2。

96. 南洋星洲聯合早報，1996 年 7 月 6 日，頁 2。

97. 南洋星洲聯合早報，1996 年 8 月 26 日，頁 2。

98. 馬‧密迪雅，「馬來西亞進步使新加坡擔憂」，南洋星洲聯合早報，1996 年 6 月 21 日，頁 18。

結人民。那已是過去的事。」[99]

　　李光耀對於新加坡無法併入馬來西亞聯邦，以及他主張以各族群平等的立場而競爭成為聯邦領導人之理想無法實現，仍有遺憾。因此，在退出聯邦三十四年後還重提此事，尤見他對此事耿耿於懷。然而，吳作棟是該新、馬分家事件後成長的世代，對於新、馬合併事沒有李光耀那樣的熱心和情感，站在國家總理的位置，要如何回應該一問題，都是相當困難的，若當面否決該種看法，有拂逆李光耀的面子，但他很有技巧的迴避該一問題，表示這是過去的事，無須再去號召民眾支持該項建議。果然在很短的時間內，該一議題悄然消退，不再成為新聞討論的議題。

　　2007 年 9 月，李光耀接受美國著名時事專欄作者普雷特訪問，指只要馬國能公平對待國內華人及印度人、實行績效制及成就能超越新加坡，新加坡即可能考慮重新與馬國合併。馬國政府首長對於李光耀的談話大都持負面態度，馬國首相署部長納茲里說，新加坡國務資政李光耀已經是個「老人家」，而不是掌權的總理，因此不必回應他重提加入馬來西亞的談話。首相巴達威不願置評。副首相納吉（Najib bin Abdul Razak）說，李光耀指新加坡會考慮重新加入馬國的談話，純粹是在開玩笑，因此他無須回應。「我不要引起爭論與歧見，最重要的是，我們以本身的方式治國，而這個方式也已獲得證明，是成功的。」[100]

　　馬國各反對黨反應不一。馬華公會副總會長翁詩傑同意新加坡內閣資政李光耀認為馬國擁有多元化優勢，若充分利用，馬國成就一定會超越新加坡的言論。至於新加坡要重新加入馬來西亞，這是李光耀個人意見。在執行上，他也必須要尊重新加坡人的選擇及馬方的意願。巫統宣傳主任莫哈末泰益說，李光耀沒有看到馬國財富公平分配的一面，馬國馬來人不會

---

99. 南洋星洲聯合早報，1996 年 8 月 26 日，頁 2。

100.「馬首相署部長：不必回應『合併』言論，李光耀已是『老人家』不是掌權總理」，南洋星洲聯合早報，2007 年 10 月 15 日。

像新加坡的馬來人般受忽略，並落後當地華人。[101] 他說：「我們不需要新加坡，就如（前首相）東姑阿都拉曼當年指出，新加坡還是單獨成為一個國家比較好。」[102]

民主行動黨秘書長林冠英針對李光耀此一談話，在接受**星洲日報**訪問時說，李光耀清楚知道馬國不可能符合條件。「在世界趨向自由貿易的今天，新經濟政策根本是盲人摸象的政策，馬來西亞應覺醒，要成為先進國的先決條件是團結國人、發揮人力，以使國家經濟繁榮發展。」另一反對黨人民公正黨宣傳主任蔡添強受訪時表示，李光耀提出三個條件作為和馬國合併的前提之問題，是不尊重馬、新人民的作法。「兩國會否合併不是單一領袖能決定的事，李光耀不該把新加坡當成自己的產業；馬、新分家已數十年，兩國人民對彼此是否還有認同感？李光耀的言論顯然沒有把人民放在眼裏。」他批評李光耀的談話並非實際的方程式及有建設性的談話，而只是李光耀與馬國之間的角力。[103]

伊斯蘭黨署理主席納沙魯丁（Nasharudin Mat Isa）表示，馬國是個獨立自主的國家，擁有自己的法律和治國方法，若有國家要加入，應該是他們必須符合馬國的條件才對。「但新加坡卻提出馬來西亞必須符合他們所說的三項條件，才可能考慮與馬來西亞合併，顯示他們並不是真的要重回馬來西亞，這只是李光耀個人的政治言論，大家不用太認真。」[104]

101.「馬華副總會長同意李光耀言論：馬若充分利用優勢會超越新加坡」，**南洋星洲聯合早報**，2007 年 10 月 12 日。

102.「李光耀言論反應 巫統宣傳主任：新加坡最好還是維持現狀」，**南洋星洲聯合早報**，2007 年 10 月 13 日。

103.「林冠英：李資政三『合併』條件是在諷刺馬國現行政策」，**南洋星洲聯合早報**，2007 年 10 月 16 日。

104. 同上。

供水問題

　　自 2002 年 10 月以來，新、馬兩國為了修改供水合約，雙方展開言詞批評。新加坡島小，缺乏水資源，其食水係來自馬來半島。新、馬在 1961 年和 1962 年簽訂供水合約，馬國以每千加侖（4500 公升）馬幣 3 分錢的價格供水給新加坡。馬國想提高水價，而引起雙方的爭議。

　　馬哈迪指出，現有的水價每 1,000 加侖馬幣 3 分是在 1927 年由英殖民地政府制定，水價對新加坡有利，因為新加坡與柔佛當時是受英國保護的州屬。因此，雙方在談判中，馬國政府要求新加坡以每千加侖超過馬幣 45 分的價格購買生水。而新加坡只同意以每千加侖馬幣 12 分的價格購買。11 月 1 日，馬哈迪聲稱，李光耀曾經建議把水價提高到馬幣 45 分，直到 2011 年。但馬國表示應該調高到 60 分，雙方爭議不下。

　　新加坡和馬國在 1961 年及 1962 年簽署兩份供水協定，根據 1961 年供水協定，馬國每天從蒲萊山蓄水池、地布佬河及士姑來河售賣 8,000 萬加侖生水給新加坡，直到 2011 年。屆時柔佛州政府將接管目前由新加坡公用事業局管理的蒲萊山和士姑來河的兩座濾水站，以及地布佬河生水供應站。根據在 1962 年簽署的供水協定，馬國每天從柔佛河售賣 5,000 萬加侖生水給新加坡，直到 2061 年 9 月為止。1962 年簽署的第二份供水協定則允許新加坡從柔佛河抽取生水。新加坡公用事業局在 1990 年根據第二份供水協定，在柔佛河上游興建林桂（Linggiu）水壩及其濾水設施，這份協定將在 2061 年屆滿。

　　新、馬第一份供水協定 2011 年屆滿後，柔佛州政府接管由新加坡管理的士姑來濾水站。州政府也將接管其他濾水站。第一份供水協定屆滿後，只剩下林桂水壩及其濾水設施不受影響，繼續由新加坡公用事業局管理。[105]

105.「新馬第一份水供協定 2011 年屆滿後柔政府將接管士姑來濾水站」，**南洋星洲聯合早報**（新加坡），2008 年 11 月 15 日。

　　柔佛州政府每天購回 2,700 萬加侖由蒲萊山濾水站處理過的淨水，提供笨珍縣居民的日常所需。位於哥打丁宜的濾水廠在 2003 年 6 月竣工，柔佛州可自給自足，每日提供 6,500 萬加侖的淨水。柔佛州從 2003 年中開始停止向新加坡買水。

　　馬哈迪表明，雖然馬、新兩國對水價意見分歧，成為供水談判絆腳石，但馬國不會利用供水作為對付新加坡的武器。他說，馬國也向新加坡保證，不會切斷供水。

　　新加坡為解決飲水問題，在 2016 年建設另一座廢水處理廠，2017 年再建設一座海水淡化廠。目前新國的廢水和海水淡化設備，足以供應新國所需用水的 55%。一旦這些新設備完成，就可供應新國所需用水的 70%。[106]

白礁主權爭議問題

　　白礁（Pedra Branca）主權爭議起源於 1970 年代，新、馬兩國在 1991 年同意把它提交給國際法院（International Court of Justice）裁決。當馬、新兩國在 1991 年達致共識，要把白礁主權爭議帶上國際法院時，新加坡堅持要把原本沒有引起爭議的中岩礁（Middle Rocks）及南礁（South Ledge）一起交由國際法院裁決，否則就不簽特別協議。馬國外長賽哈密（Datuk Seri Syed Hamid）說，這兩個小島的主權問題原本不存在，因為它們位於馬來西亞領土範圍，但是，如果新加坡不簽特別協議，則無法把白礁爭議帶上國際法院，馬國只好照辦。他說，馬國這麼做，是為了確保白礁主權爭議不受阻撓，把這兩個小島聯同白礁交予國際法院定奪，是最好的方法。

　　在提出仲裁前白礁是由新加坡占領。2003 年 1 月 9 日，馬來西亞國防

---

106. "Concern over Singapore's water supply from Malaysia: Vivian," January 19, 2016. （http://www.straitstimes.com/singapore/environment/concern-over-singapores-water-supply-from-malaysia-vivian　2016 年 3 月 20 日瀏覽。）

部長納吉（Najib bin Abdul Razak）說，自 1964 年起，馬國軍隊就已在白礁水域巡邏，而且在白礁主權的紛爭完結之前將會繼續巡邏，不會退縮。

在新山，柔佛州務大臣阿都干尼（Abdul Ghani Othman）聲稱，柔佛蘇丹和英國在 1844 年簽署的一份協議，可證明白礁的主權屬於馬國。他指這份協議是關於白礁被選中為商船導航，以及防止海盜襲擊的地點。他說，以英屬東印度公司為首的商界促當局在白礁建造燈塔，方便商船航經該處水域。白礁被選中之後，英國派遣代表團會見當時的柔佛蘇丹阿布巴卡。蘇丹同意，於是天猛公阿布都爾拉曼在 1844 年 11 月 25 日代表蘇丹跟英國簽署協議。他強調，這份協議並未提到柔佛蘇丹把白礁的主權移交給任何人，只是允許在白礁建造燈塔，並由英國人管理。他又說，若從距離來看，根據柔佛州政府的測量，白礁距離柔佛邊佳蘭 12.8 公里，距離新加坡超過 60 公里。這個小島確實位於柔佛水域內。此外，他也聲稱，根據歷史文件，新加坡在 1824 年割讓給英國時，只包括新加坡島及沿岸 10 英里（16 公里）的海域。

新加坡本來提議在 2003 年 1 月 27 日東協與歐盟會議在布魯塞爾舉行期間與馬國簽署特別協議書，將白礁爭議送請國際法院審理。但馬國首相馬哈迪說，這項特別協議必須在馬國簽署。1 月初，一艘新加坡巡邏艇在白礁海域被一艘英國輪船撞毀，死 6 人，馬國外交部長賽哈密 1 月 5 日說：「對於這起事件造成的人命損失，我們向有關家屬和新加坡政府致哀。」他也建議由新加坡和馬國在白礁水域進行聯合巡邏，避免類似意外重演。在吉隆坡，馬國國防部長納吉透露，馬國已允許新加坡搜救隊進入馬國水域，以及動用馬國軍方直升機和船隻，搜救兩名失蹤女兵。

最後國際法院於 2008 年 5 月 23 日裁定對於白礁的判決理由，簡略說明如下：

1. 馬國沒有任何文件足以證明它擁有白礁的地契。它所提交的歷史檔案也沒一份直接提到「白礁」這個名稱。國際法院之前曾判決若所

提呈的歷史檔案上沒有直接提到某個島的名字，爭奪主權一方就不能用它來作為證明主權的證物。

2. 1953 年 6 月 12 日，新加坡英殖民地秘書曾經致函柔佛州蘇丹的英籍顧問，詢問有關白礁島的主權狀況，以確定新加坡的海域。同年 9 月 21 日，柔佛代州秘書回函說，柔佛州政府並未擁有白礁島的主權。國際法院認為雙方在 1953 年的來函顯示，柔佛州瞭解到它並未擁有白礁島的主權。

3. 新加坡的立場是白礁在 1847 年以前是個無人荒島，而新加坡從 1847 年至 1851 年之間取得該島主權（sovereignty）之後，直至今日都擁有白礁主權。倘若國際法院認為無法確定白礁當年的擁有權歸誰，而只能比較雙方誰在有效行使主權，那新方已清楚地證明擁有白礁的主權。

4. 國際法院在 2008 年 5 月 23 日裁定，新加坡、馬來西亞兩國間存有主權爭議的白礁主權歸新加坡所有，中岩礁主權歸馬來西亞所有，南礁則屬於它位在那個國家的領海內的國家。[107]

馬來西亞外交部長萊士雅丁（Rais Bin Yatim）在 2008 年 6 月 1 日表示，隨著國際法院判決新加坡保有白礁主權，政府已重新尋找證據，以證明它屬於馬國。馬國可在十年內找到新證據，就可要求國際法院檢討判決。國際法院裁決新加坡保有白礁主權，同時允許馬國在發現新證據之後提出再訴，但必須在十年內進行。

萊士雅丁因此指示外交部官員設法搜尋當年英國總督巴特衛（Colonel Major-General William John Butterworth）寫給柔佛天猛公及蘇丹的信件，以證明英國當時確有要求柔佛天猛公及蘇丹批准在白礁建造燈塔。[108]

---

107. 有關國際法院之判決，請參見 http://www.icj-cij.org/presscom/index.php?pr=2026 &pt=1 &p1=6&p2=1 2016 年 2 月 3 日瀏覽。

108. 南洋星洲聯合早報（新加坡），2008 年 6 月 2 日；2008 年 7 月 19 日。

　　根據前述國際法院的判決以及後續馬國外交部的作法，可見國際法院判決之依據有二，第一是歷史文獻，第二是有效管轄。二者是有關連的，就是有效管轄亦需視歷史的證據予以支撐。國際法院之判決理由是馬來西亞無法提出有關擁有白礁的歷史證據，退而求其次，而以有效管轄的證據作為判決理由。馬國政府之後續動作是將在未來十年努力找尋歷史證據，再上訴國際法院，尋求翻案。從而可知，歷史證據對於領土主權極為重要。

德光島和大士港口填海工程問題

　　新加坡政府制定了到 2020 年將人口增加到 650 萬的方針，所以就必須填海造陸，以容納新增的人口。根據 2001 年發表的發展概念總藍圖，新加坡的長遠計畫是再填出 80 平方公里的土地。至 2016 年新國填土的面積已較其原初之領土面積增加 22%，此不僅改變環境，而且影響海岸線及國界。

　　新加坡從 2002 年起在東北邊的德光島和新加坡本島西部大士港口進行填海工程，以擴增領土面積。星國預計在大士填土 10 平方公里的土地。但馬國認為該項填海工程影響馬國海岸生態和環境，乃向新加坡提呈一份德光島填海工程影響生態和環境的科學研究報告。結果遭到新國的反駁，不予接受，繼續填海工程。新加坡政府認為該項填海工程活動是在新加坡境內進行，不同意馬國干涉其內政。馬國在 2003 年 9 月 5 日向德國漢堡的海洋法國際法庭（International Tribunal for the Law of the Sea）提起訴訟，要求在星、馬對填海爭執尋求國際仲裁期間，禁止新加坡在德光島和大士進行填海工程。

　　馬國指控稱，星方在大士的填海工程侵犯了馬國的領土，而在德光島的填海工程，也破壞了馬國的海洋環境。星國認為馬國並不擁有填海地帶的主權，而且提呈了詳細的環境調查報告，證明該項填海工程並沒有破壞環境。星國說馬國聲稱一個稱為「第 20 點」（point 20）的海域是它的領

海範圍，是不可靠的說法。馬國在 1979 年發表的一張地圖中，曾將大士南面的所謂「第 20 點」海域劃入它的領海範圍，此舉違反了雙方在 1927 年及 1995 年所簽署的兩份海界條約。在兩國談判 1995 年條約的十四年中，馬國也從未提到「第 20 點」屬於它的領海範圍。結果法庭二十三位法官在 10 月 12 日一致判決新加坡勝訴，並且要求兩國必須就填海問題成立一個專家團進行監督，俾讓馬國獲知填海工程之進展。該獨立的專家團必須在法庭下判之後的一年內提交新加坡填海工程所造成的影響之研究報告。[109] 兩國過後庭外和解，並簽署協議，儘管馬國無法提出實質證據證明填土計畫影響漁民，新加坡則向馬國漁民發出 16 萬新元（35 萬令吉）的補償金，使事件得以落幕。[110]

然而，該一問題不能僅只討論新國的填土，還必須考慮馬國近年為了開發新山，也在新山南部海岸開發填土，進行「森林城市」計畫填海工程，即使星、馬都在各自的領海內填土造陸，最後終將導致柔佛海峽愈來愈窄，將來柔佛海峽可能被填平而不見了。

星國填海所需之泥土和砂石早期來自馬來西亞和印尼，馬來西亞在 1997 年就禁止砂土出口；印尼鑑於盜採砂石嚴重，有不少島嶼因被盜採砂石而消失，故在 2007 年 1 月 23 日禁止出口砂石，在此之前，新加坡每年從印尼進口砂石 1 億 2,000 萬噸到 1 億 6,000 萬噸。[111] 最後新國轉向柬埔寨、

109.「新加坡在星馬填海工程國際訴訟案中勝訴」，**大紀元時報**，2003 年 10 月 10 日；「海洋法國際法庭判新加坡勝訴 我國可繼續填海」，**南洋星洲聯合早報**（新加坡），2003 年 10 月 13 日。

110. 蕭德湘，「填海工程改變柔佛巴魯風貌 越填越小 柔佛海峽或不復在」，**東方網**，2014 年 10 月 11 日。（http://www.orientaldaily.com.my/features/dm50550553 2016 年 3 月 20 日瀏覽。）

111. Jody Ray Bennett, "Soil smuggling in Indonesia," *Geopolitical Monitor*, June 18, 2010. （http://www.geopoliticalmonitor.com/soil-smuggling-in-indonesia-3955/ 2016 年 3 月 25 日瀏覽。）
Uma Shankari and Vincent Wee, "Indonesia bans sand export," *Business Times Singapore*, January 25, 2007. （http://www.wildsingapore.com/news/20070102/070124-7.htm#bt 2016 年 3 月 25 日瀏覽。）

越南、馬來西亞、緬甸、菲律賓和孟加拉進口砂土，在 2010 年從柬埔寨進口的砂土占當年新加坡總進口砂土的 25%。過去七年，柬埔寨科空（Koh Kong）河口的砂土就有 5 億噸被運至新加坡。[112] 從馬來西亞來的砂土是走私進來的。柬埔寨政府在生計受影響的 1,500 名漁民的陳情後於 2009 年禁止河砂出口，但未禁止海砂出口。越南也在 2010 年底禁止砂土出口。[113] 而這些砂土禁運的對象大都是針對新加坡，因此新國只有多方尋求砂土之供應，此已成為新國之戰略安全問題。

馬來亞鐵路問題

根據 1990 年「馬來亞鐵道公司在新加坡土地發展協議要點」，馬國於 2011 年遷出位於新加坡的火車地段，該地段則歸還新加坡。馬來西亞首相與新加坡總理於 2010 年 5 月及 6 月舉行兩次會談，兩國同意在 2011 年 7 月 1 日，將設於丹戎巴葛的火車站，分階段遷移至兀蘭。雙方也同意將新加坡地鐵銜接至柔佛新山的輕快鐵捷運，以及在柔佛州的依士干達經濟特區開發保健概念城市等合作項目。[114] 兀蘭火車站成為旅客前往馬來西亞的出入境驗關關口。

112. Lindsay Murdoch, "Sand wars: Singapore's growth comes at the environmental expense of its neighbours," *The Sydney Morning Herald*, February 26, 2016.（http://www.smh.com.au/world/sand-wars-singapores-growth-comes-at-the-environmental-expense-of-its-neighbours-20160225-gn3uum.html 2016 年 4 月 20 日瀏覽。）

113. "Where does Singapore come from?," *Through the Sandglass*, September 1, 2011.（http://throughthesandglass.typepad.com/through_the_sandglass/2011/09/where-does-singapore-come-from.html 2016 年 3 月 25 日瀏覽。）

114. 「柔州大臣：先解決鐵道公司和水供課題 才討論建新橋計畫」，*南洋星洲聯合早報*（新加坡），2007 年 7 月 11 日。

第三節　推動外向型經濟

　　新加坡地小民寡，要發展高科技工業，先天性不足，唯有採取外向型經濟發展策略，才能維繫其經濟生產力。副總理兼貿工部長李顯龍在 1991 年 8 月指示新國經濟發展局今後的工作重點有三：協助建有特別綜合性能的工業、鼓勵新國公司國際化、提高科技水平。[115]

　　新加坡為了推動成為東西方商業中心的地位，特別鼓勵西方國家的廠商在新國設立跨國公司經營總部（OHQ），至 1992 年，已有四十多家跨國公司在新國設立區域經營總部。[116]

　　1993 年 2 月 2 日，經濟發展局發表五大經濟發展的重點，包括：加速本地企業的海外和區域投資步伐；爭取更高素質的外來投資；協助本地企業發展為具有世界級水準的國際企業集團；通過全國性的管道，協助處在不同發展階段的本地企業不斷擴展和壯大；以及為西元 2000 年的製造業制訂未來發展方向。[117]

　　為了邁向已發展國家，吳作棟在 1993 年 8 月 15 日國慶群眾大會上發表演講時，表示新國要在二十一世紀成為發達國家，必須採取以下四大策略，並維持一個優勢：

1. 進行大量投資，開展教育和培訓計畫，以訓練受過高深教育的高級管理人員，同時在各層次上訓練出許多受過良好教育的工人。

2. 繼續有選擇地網羅各地人才，以增加新國人口，維持新加坡社會的活力。

3. 通過兩項措施，以增加新加坡人直接擁有的資產。

　　(1) 新加坡電信公司在 1993 年 10 月上市時，以折扣價格出售特別折

---

115. 南洋星洲聯合早報，1991 年 8 月 2 日，頁 21。

116. 南洋星洲聯合早報，1992 年 9 月 22 日，頁 16。

117. 南洋星洲聯合早報，1993 年 2 月 3 日，頁 1。

扣股給新加坡公民的中央公積金局會員。

(2) 推行建屋局店屋出售計畫，並逐步出售熟食中心與濕巴剎（按：指售賣魚類水產和蔬菜之市場）小販攤位給攤主。

4. 推行「小家庭輔助計畫」，幫助貧窮家庭改善生活。[118]

至於維持一個優勢就是維持社會凝聚力，保持競爭優勢。

吳作棟於 1993 年 5 月 21 日在經濟發展局主辦的「跨步區域」經濟論壇上發表演講，他提出跨步區域五大方針，作為新國分散投資的指導綱領。這五大方針包括：

1. 分散投資。不要把所有投資都集中在同一個地方。這在經濟和政治上都是正確的決定，因為本區域各處都充滿機會。

2. 鞏固和建立新加坡在傳統區域的經濟實力。馬來西亞、印尼和其他東協國家都和新國有傳統的經濟聯繫，新國不應該削弱和這些傳統伙伴的歷史性聯繫。

3. 在進入新市場時，採取長遠的眼光。新國應該建立穩固和持久的關係，而不應該急於牟利。

4. 讓接受投資的國家能從中受惠。應該慷慨地轉移科技和提供人力訓練，並不斷再投資和擴展。

5. 作為投資地的良好企業公民。應該參與和支持當地的文化、藝術、體育和民間活動，並把一些利潤投資在改善投資地人民的生活方面。

吳作棟為促進經濟快速成長，亟需尋求擴展經濟版圖基礎，而新加坡腹地狹小，因此他鼓勵前往海外投資。他提出三種作法，使新加坡的海外投資取得更大的成果。這三種作法是：

1. 讓商人根據本身的直覺，到自己認為最有機會成功的地方投資。政府將透過經濟發展局和貿易發展局，給予他們必要的協助與支持。

---

118. 南洋星洲聯合早報，1993 年 8 月 16 日，頁 1。

2. 由政府或新加坡財團在不同區域的一些城市物色幾個大規模的發展計畫。這些計畫必須能夠使新加坡的能力與專長派上用場，並且使新加坡能和這些地方建立聯繫，讓更多的新加坡公司能在那裡發展。新加坡在印尼的峇淡島和民丹島的發展就是其中一個例子。

3. 選擇一些國家中有潛能成為新興工業經濟體，而地方領袖又熱衷於吸收外國經驗與專長的省分，協助他們制訂和實行經濟發展計畫。這樣的作法將讓新加坡有機會和其他國家的地方政府建立廣泛和深入的關係，從而方便本地商人爭取到一些發展工程。[119]

新加坡經濟發展局於 1994 年 4 月又推動六大經濟發展策略，其要點如下：

(1) 協助星國企業發展成為具有世界級水準的企業集團。(2) 把新加坡發展為國際商業中心。(3) 透過「新加坡資源無限」的方式推動區域化計畫。(4) 協助具有潛力的本地企業發展為土生土長的跨國公司和工業界未來的領導者。(5) 促進各個經濟環節的合作，以加強社會的凝聚力和星國的競爭力。(6) 把經濟發展局發展為一個精益求精，不斷求知的法定機構。此外，新國將繼續推動將勞力密集的傳統製造業分散到成本較低的投資地點，並設法使其恢復活力。[120]

新加坡於 1995 年被「經濟合作暨發展組織」（Organization for Economic Cooperation and Development, OECD）列入已開發國家的行列。新加坡的製造業的產值保持在國內生產毛額的 25%。星國已經轉向發展高科技工業，1986 年以來淘汰了勞力密集生產作業。據新加坡統計局的資料顯示，星國製造業在總產值和雇用員工的比率，仍保持在 48% 和 28% 的水準，並無下降趨勢。而服務業的產值則擴大了，從 1983 年的 39.2% 增加至目前的 45.9%，其中以商業、金融和商業服務行業的成長最快，分別從 11.2% 及

---

119. 南洋星洲聯合早報，1993 年 5 月 22 日，頁 1。
120. 貿易快訊（台北市），1994 年 4 月 12 日，頁 3。

11.6% 增至 13.6% 及 13.8%。[121]

　　然而，新加坡政府對於被列入已發展國家表示反對，要求「經濟合作暨發展組織」更改排名，該組織經過評估後，於 1996 年 1 月 1 日起將新加坡和其他五個國家，包括巴哈馬、汶萊、科威特、卡達、阿拉伯聯合大公國改為「先進的發展中國家」（more advanced developing country），其理由是「時機未成熟」，未達已發展國家所需要的深度和廣度。例如，科技知識大都是外來的，而非本土的；勞工中僅有 27% 的人受過中學以上教育；新國還有搶劫等犯罪問題，未達優雅社會的水準。[122]

　　新加坡政府財政日益健全，沒有財政赤字。1980 年，新加坡政府外債有 9,370 億新元，1990 年下降到 680 億新元，1994 年為 50 億新元，到 1995 年已無政府外債。但新國還有私人外債，1995 年有 98 億 100 萬新元，1996 年有 123 億 4,100 萬新元，1997 年有 164 億 9,000 萬新元，1998 年有 147 億 3,400 萬新元。[123] 值得注意的是，在金融危機後，新國的私人外債呈現減少，反映新國經濟體質不錯，足以因應東南亞金融危機。

　　1995 年，共有 23 家跨國公司和本土公司獲得經營總部（OHQ）和商業總部（BHQ）地位，其中有 11 家獲得經營總部、12 家獲得商業總部的地位。這些公司總業務開支達到 6 億 4,000 萬新元，比 1994 年增加 90%。獲得區域總部地位的公司，主要來自電子、酒店、工程服務、化學、服裝及其他業務。1995 年以電子和化學公司占了一半，包括第一家服裝公司李維（Levi Strauss）牛仔褲公司。新國從 1986 年推行經營總部計畫以來，至 1995 年已有超過 60 家公司獲得經營總部地位證書。而商業總部計畫是從 1994 年 2 月推行，至 1995 年已有 21 家公司獲得地位證書，每年管理超過 190 億新元的銷售和費用的收入。1995 年獲得商業總部地位的 12 家公司，

---

121. 貿易快訊（台北市），1995 年 7 月 20 日，頁 3。

122. 南洋星洲聯合早報，1996 年 1 月 17 日，頁 1；*The Straits Times*(Singapore), January 17, 1996, p.1.

123. 南洋星洲聯合早報，2000 年 2 月 1 日，頁 26。

其中 7 家是來自歐洲，反映出歐洲公司對亞洲市場的興趣濃厚。[124]

然而，至 1995 年，因為新國生產成本過高，外商紛紛移出。新加坡除了公司營業稅較低外，在製造業廠商最關注的工業土地成本及勞工成本方面卻十分高昂。一家跨國公司在新加坡支付的勞工工資為馬來西亞的兩倍以上，幾乎是泰國工人的七倍。在工業廠房價格方面，新加坡的工業土地價格每平方公尺比馬來西亞貴 127%，比泰國貴 210%，比印尼更貴了 424%。[125] 這些都增加生產成本，有些外商移出到中國上海，威脅到新加坡的經營總部的地位。

表 7-5：東亞地區製造業成本比較表

國　別	公司營業稅（%）	工資（美元／每小時）	工業土地成本（美元／每平方公尺／每年）
新加坡	27	5.12	220
馬來西亞	30	1.80	97
泰國	30	0.71	71
印尼	30	0.28	42
中國	33	0.54	—

資料來源：**貿易快訊**（台灣），1995 年 1 月 23 日，頁 3。

為因應新加坡在 1996 年成為「先進的發展中國家」後所面臨的挑戰，李顯龍副總理在 1995 年 7 月提出六大經濟策略，包括創造財富；人才與人力資源的發展；改進有利於商業活動的環境；制訂工業政策；深化科技基礎，需發展成立創意中心。在新加坡的跨國公司必須開始自行發展科技，以利用科技轉移支援其他地點的業務；促進區域化。[126]

---

124. **南洋星洲聯合早報**，1995 年 12 月 30 日，頁 1。
125. **貿易快訊**（台灣），1995 年 1 月 23 日，頁 3。
126. **南洋星洲聯合早報**，1995 年 7 月 11 日，頁 1。

因應金融危機的對策

泰國在 1997 年 7 月初爆發金融危機，金融風暴影響周邊國家，新加坡亦受到波及。新元兌美元的匯率約下跌 5%，與跌幅介於 22–45% 的其他東南亞國家貨幣相比，明顯較穩定。而且，新元兌美元的跌幅也較全球主要貨幣（如馬克、日圓）少。這須歸功於新加坡良好的經濟基礎和管理制度。[127]

泰銖在 7 月 2 日貶值以來，危機波及到菲律賓、馬來西亞和印尼等地，連香港、台灣、韓國和新加坡的貨幣也不能倖免。新加坡並沒有受到嚴重的國際投機客狙擊，李光耀表示那是因為基金經理知道新加坡每年都有預算盈餘和經常帳目盈餘、沒有外債、外匯儲備高達 800 億美元。而且新加坡銀行在亞洲獲得穆迪和國際銀行信貸分析的最高的信貸評級。[128]

新加坡在 1997 年的經濟成長率是 7.6%，比預估的 7% 還高，新加坡受金融危機的影響不大。但金融危機是從 1997 年下半年慢慢擴散，需到 1998 年才能看出實際上的影響。新加坡政府遂將 1998 年經濟增長預測調低到 2.5 — 4.5%。

新加坡金融體質還算正常，新加坡公司並無大量借貸，銀行體系健全，只有新元兌美元有微幅下降之影響，所以在金融危機時有能力協助周邊國家，例如，新加坡援助印尼 50 億美元經援，接著又遊游說世界各國政府為印尼開的信用狀給予保證。另外亦答應泰國將提供 10 億美元作為國際貨幣基金會救泰國經濟配套之用。[129] 為了杜絕國內的不同意見，副總理李顯龍在 1998 年 2 月 19 日表示，將在各國同意為印尼銀行發出信用狀做出擔保後，新加坡才會撥出 20 億美元協助印尼取得貨物進口信貸。而這 20 億美元屬於 50 億美元備用貸款之一部分。[130] 然而，印尼政府最後沒有接受新加

---

127. 南洋星洲聯合早報，1997 年 9 月 17 日，頁 2。

128. 南洋星洲聯合早報，1997 年 10 月 25 日，頁 1。

129. 南洋星洲聯合早報，1998 年 2 月 16 日，頁 10。

130. 南洋星洲聯合早報，1998 年 2 月 20 日，頁 6。

坡的經援，因為印尼認為新加坡提出的貿易擔保限制太多。[131]

至 1998 年 4 月，金融危機對新加坡開始出現衝擊，新元已貶了 17%，而證券市場損失高達 35% 的股值。房地產的價格則下挫了將近 20%。在 1998 年第一季的業績呈報裡，自 1995 年以來，新加坡上市公司加總起來的收益第一次下降。以 1997 年 12 月 31 日為財政年度末尾的 187 家公司，加總起來的收益共為 48 億新元，比前一年低了 26%。[132] 1998 年的經濟成長率只有 1.3%，至此時才看出來亞洲金融危機對新加坡經濟的衝擊力道。

推動「工業 21」計畫
使新加坡成為本區域一個知識主導型工業活動的領導中心

新加坡經濟發展局在 1993 年推出「製造 2000」計畫，主要是使製造業對新國經濟的貢獻至少達 25%，並維持 20% 的就業市場。這些目標到 1998 年已達成。從 1993—1997 年，新國吸引了 330 億新元的製造業投資，並製造了七萬一千個就業機會。至 1998 年，製造業對經濟的貢獻是 23%，並雇用 23% 的就業人口。

為應付未來，經濟發展局推出了「工業 21」（Industry 21，指二十一世紀的工業）計畫，以取代「製造 2000」計畫。

新聞及藝術部長兼貿工部第二部長楊榮文准將於 1998 年 6 月 13 日為西門子松下元件私人有限公司主持開幕時，宣布「工業 21」計畫。在該計畫下，製造業對國內生產總值的貢獻將繼續維持在 25%。而製造服務業的貢獻則從 1997 年的 3%，於 2010 年結束前提升到 6%。在每年所創造的一萬五千個工作機會中，至少有三分之二是為知識和技術工人而提供的。為

131.「吳作棟總理國慶群眾大會演說」，*南洋星洲聯合早報*，1998 年 8 月 24 日，頁 7。

132. 義斯曼・阿末（Yusman Ahmad），「新加坡避免不了受鄰國的拖累」，*南洋星洲聯合早報*，1998 年 4 月 9 日，頁 18。

落實這些目標，新國將採取如下五項策略：

1. 使新國製造業更加多元化，以減少個別工業起落對新國經濟的影響。目前新國的製造業主要是由電子、化學和工程三種行業組成。新國將讓各工業組合走向多元化，同時提升對製造服務業的重視。

2. 以世界級工業實力作為新國的目標，鼓勵跨國企業在本地建立世界級設施，並將有發展潛能的本地企業提升到世界級水平。

3. 通過多項措施，在新國提倡一股創新的文化。例如，建立起本地的研究與開發設施、進一步提倡企業家精神、修訂法律和條例來鼓勵高科技工業。

4. 通過教育，將國民的潛能發揮到極限，並鼓勵他們終身不斷學習。新國的工會已和政府及企業管理層合作，努力提倡延續教育和培訓。但因為本地無法製造所有的人才以滿足經濟上的需要，所以新國的人力政策是長期引進國外人才。

5. 進一步加強新國和全球各地的聯繫，將全球當成新國的市場和人才的泉源，從世界各地引進資本、知識、思想、人才和靈感。因為無論是在經濟上或政治上，新國都須要朋友和夥伴。[133]

上述計畫的目的是將新加坡發展成為知識主導型工業的全球中心 。它將包括製造和製造服務業，以及可出口服務業，例如保健和教育等。換言之，該計畫之目標就是使新加坡成為本區域一個知識主導型工業活動的領導中心。這是指加強新加坡作為區域總部中心的地位，以增加在全球從事研究與開發、製造、銷售和管理的公司之數量。

副總理李顯龍在 2000 年 9 月 21 日更清楚的指出，新國要面對全球化之大挑戰，因為跨國公司已成為強勁競爭對手。他強調，要使經濟充滿活力，不僅要依靠科技技術，還必須要有企業家，特別是科技企業家。新國政府將鼓勵新國和外國科技企業家在新國設立起步公司。此外，新國政府

---

133. *南洋星洲聯合早報*，1998 年 6 月 14 日，頁 1。

也設立一個 10 億美元的創業基金，與私人企業共同投資新國的起步公司。而建設一個集科學園、大學、辦公室、商店、娛樂設施及住宅一體的科技城，是新國長期的目標。[134]

因應 2001 年經濟衰退

在 2001 年，以出口導向為主而且是依賴美國市場的亞洲國家，受到美國經濟不振之影響，經濟成長下降，科技產業持續低迷，以電子產品出口為主幹的新加坡經濟首當其衝。新國 2001 年第三季國內生產毛額（GDP）較去年同期大幅下跌 5.6%，較市場原本預期的衰退 4.8%。這是繼新國第二季 GDP 衰退 0.7% 之後，GDP 連續第二季呈衰退。2001 年第一季，新加坡 GDP 則還有高達 4.8% 的成長水準。此一下滑情況，為新國建國三十六年以來最嚴重的經濟衰退紀錄。[135]

為因應此一衰退經濟情勢，新國副總理兼金融管理局局長李顯龍在國會提出 63 億美元的經濟振興方案。該方案除了對企業及個人大幅減稅與增加公共工程外，還包括高階公務員與全體國會議員從 2001 年 10 月 1 日起減薪 10%，為期一年；發行保證最低股利的「新加坡股票」給每位公民，協助攤販取得融資等方法。「新加坡股票」總計 27 億新元，每股發行面值為 1 新元，免費配給新加坡公民。「新加坡股票」雖不能在市場買賣交易，但保證在 2002 年至 2007 年之間每年至少配 3% 股息，股息配發將視新國的經濟表現而定。「新加坡股票」的持有者可隨時向政府套現，但發行第一年內，套現部分不能超過所配股數的一半，一年之後便沒有任何限制。據推估，每位星國公民約可獲得 1,000 股的「新加坡股票」。[136]

---

134. 南洋星洲聯合早報，2000 年 9 月 22 日，頁 6。
135. 中國時報（台灣），2001 年 10 月 11 日，頁 23。
136. 中國時報（台灣），2001 年 10 月 13 日，頁 29。

在另一方面，中國從 1990 年代中期以後取得穩健的經濟增長，此一發展已影響作為亞太區域營運總部的新加坡的地位，一些跨國公司和金融機構已把亞太區域營運總部的業務，從新加坡移至中國的外圍香港和東京。[137]甚至有些移至上海，此對於新國的經濟影響甚鉅。面對此一衝擊，新國採取幾個策略加以因應。一是在新國設立賭館；二是積極吸引高科技人才；第三是透過淡馬錫控股公司在海外進行購併。

財政盈餘分紅

新加坡在 2007 年因房地產稅增加，而有 64 億新元的財政盈餘，所以新國政府在 2008 年 2 月撥出 18 億新元作為分紅。年滿二十一歲的低收入居民，可獲分紅 400 新元；超過六十五歲的居民，則另可額外獲得 200 新元的樂齡分紅；中收入者，則可分到 300 新元分紅。住私人住宅者，可分到 150 新元，超過六十五歲者另可分到 75 新元。年收入超過 10 萬新元者，不論住屋類型，可分到 100 新元。戰備軍人、退役軍人及全職軍人，則另獲 100 新元。[138]

新國政府在 2005 年 4 月批准設立兩個賭館，投資 50 億美元設立 Las Vegas Sands' Marina Bay Sands Resort，在 2010 年 4 月開業。Genting International's Resort World Sentosa 在 2010 年 2 月開業。[139]

因應全球金融海嘯

2008 年爆發全球金融海嘯，各國經濟深受打擊，新加坡也不例外，出

---

137. 聯合報（台灣），2001 年 2 月 1 日，頁 21。
138. 南洋星洲聯合早報，2008 年 2 月 18 日。
139. http://www.state.gov/r/pa/ei/bgn/2798.htm　2010/12/6 瀏覽

口萎縮、公司裁員、失業率攀升，新加坡兩大主權財富基金之一的新加坡政府投資公司（GIC）因全球資產價格大跌，而遭受約 330 億美元的投資損失。新加坡另一個主權財富基金淡馬錫控股公司也是損失慘重。新加坡財政部兼交通部高級政務部長陳惠華表示，淡馬錫投資組合之價值在截至2008 年 11 月底的八個月期間縮水了 31%，亦即跌掉 580 億新元，只剩 1,270億新元。[140] 2008 年新國經濟增長率僅為 1.5%。為因應此一金融海嘯，總理率先減薪 19%，唯其年薪仍近 200 萬美元。半官方的淡馬錫控股公司對外投資失利，在 2009 年脫售美國銀行（Bank of America）全部股權，導致虧損 23—46 億美元。[141]

未來長期發展重點

在歷經金融海嘯後，新加坡憑著其靈活的經營策略，很快的恢復經濟活力，重新擬定其未來的發展重點，包括：

（一）電子業，為新國工業化的重點工業。2009 年在製造業中，電子業占製造業國內生產總值（GDP）的 30.6%。2013 年，電子業產值占新國國內生產總值 5.3%，占製造業國內生產總值的 29%。在全球 15 大無晶圓半導體廠中，有 9 家設在新加坡，將近有 30 家設計中心；有 14 家矽集成電路（IC）晶圓製造工廠，包括排名前三大的晶圓代工廠；15 家半導體封裝測試業務公司，包括排名前五大的外包組裝和測試服務公司；6 家集成設備製造商；3 家硬碟媒體製造商；全球排名前五大電子製造服務（EMS）供應商中，有 4 家設在新加坡。[142]

---

140. 工商時報（台灣），2009 年 2 月 19 日。

141. 南洋星洲聯合早報，2009 年 5 月 16 日，頁 1。

142. "Electronics Industry in Singapore," *Future Ready Singapore.*（https://www.edb.gov.sg/content/edb/en/industries/industries/electronics.html 2015 年 9 月 15 日瀏覽。）

（二）**生物醫藥業**。2009 年，生物醫學之產值占新加坡 GDP 的 20.8%。新國政府從 2000 年推動生物醫藥研究，從 2000—2005 年為第一階段，專門從事基礎科學實驗；第二階段是從 2006—2010 年，重點在轉化研究和臨床實驗（translation and clinical research）；第三階段是從 2010—2015 年，將設立新的一站式中心，加強該一領域與企業間的合作，新國將撥出 37 億新元從事該階段的工作。在新加坡有 7 家生物醫學研究機構和 5 家財團研究機構，包括臨床科學、基因組學、生物工程、分子／細胞生物學、醫學生物學、生物影像及免疫學重點領域。有五十多家企業公司正在開展生物醫學科學研發，包括藥物研發、轉化和臨床研究，他們經常與前述研究機構合作。[143]

（三）**簽訂自由貿易協議**。新加坡是在 1993 年簽署東協自由貿易區協議，但不以此為滿足，從 1999 年開始尋求與他國簽署雙邊或多邊自由貿易區協議。至 2015 年，新加坡與三十二個國家簽署二十一項雙邊自由貿易協議和區域自由貿易區協議，有助於讓新加坡商人藉消除進口關稅加強跨境貿易、消除投資障礙、改善智慧財產權辦法、打開政府採購機會。與新加坡簽署雙邊自由貿易協議的國家包括：澳洲、中國、哥斯大黎加、海灣合作理事會（Gulf Cooperation Council，包括巴林、科威特、阿曼、卡達、沙烏地阿拉伯、阿拉伯聯合大公國）、印度、日本、約旦、南韓、紐西蘭、巴拿馬、秘魯、美國和歐洲自由貿易協會（European Free Trade Association，包括瑞士、冰島、列支敦士登公國、挪威）、歐盟。新加坡亦在 2006 年與汶萊、智利和紐西蘭成立「跨太平洋戰略經濟伙伴」（Trans-Pacific Strategic Economic Partnership, or P4），以建立自由貿易區為目標。2010 年，澳洲、馬來西亞、秘魯、美國和越南加入該一組織，該組織名稱改為「跨太平洋伙伴組織」（Trans-Pacific Partnership, TPP）。2012 年 10 月，墨西哥和加拿大加入該組織。2013 年 7 月，日本加入該組織。[144]

---

143. "Pharmaceuticals & Biotechnology," *Future Ready Singapore*.（https://www.edb.gov.sg/content/edb/en/industries/industries/pharma-biotech.html 2015 年 9 月 15 日瀏覽。）

144. "FTAs overview," Minister of Foreign Affairs, Singapore.（http://www.mfa.gov.sg/content/

新加坡在 2013 年 11 月 7 日與台灣簽署「新加坡與台灣、澎湖、金門及馬祖個別關稅領域經濟夥伴協定」（Agreement between Singapore and the Separate Customs Territory of Taiwan, Penghu, Kinmen and Matsu on Economic Partnership，簡稱 ASTEP），於 2014 年 4 月 19 日生效。

新加坡經濟發展成功的因素

1. 優秀的菁英領導，領導層受到良好的訓練以及具有團隊精神。
2. 領導層的人才需有多部門的治理經驗，例如經濟部的部長會同時兼任其他部的副首長。
3. 以經營公司的精神治理國家，預算和國家發展計畫都是以能否盈利作為考量。不作不必要的投資。
4. 不制訂長期的國家發展計畫，而是採取彈性的、隨時反應環境的決策模式。
5. 政治穩定，不主張實施類似西方的政黨競爭模式。
6. 政府對政治和社會安全的控制仍很嚴格，以維持社會的穩定。
7. 政府會帶領商家前往外國觀摩投資環境，然後由政府與對手國家簽署投資開發協議。
8. 吸引技術移民人才，以高薪聘請各方人才，以增加各項發展所需的人力資源。

---

mfa/international_organisation_initiatives/ftas.html 2015 年 9 月 15 日瀏覽。）

第八章

結　論

　　新加坡是一個蕞爾小島，沒有天然資源，當年英國人開發之初，沼澤遍地，蓁莽叢生，僅有少數人民從事農作和捕魚為生。柔佛蘇丹住在土地較大、開發情況較好、人口較多的民丹島。新加坡島是蘇丹轄下的村落。自從萊佛士占領和開發新加坡島後，招引大量華人來開發，給予華人釋放精力的空間，透過英國的軍事保護、行政管理和華人的經濟才幹，新加坡很快地竄起，成為馬六甲海峽中檳榔嶼之外的另一個重要的轉口港。

　　就目前已知的成文歷史來看，新加坡島只有在第十四、十五世紀期間是暹羅單馬令太守的屬地，與馬來半島有政治的統合關係。爪哇的滿者伯夷王朝曾將新加坡納為屬地，是否有實際治理，則鮮有記載。以後馬六甲王朝興起、葡萄牙入侵、荷蘭入侵等歷史階段，都未曾在新加坡島留下統治的紀錄。在這一漫長的歲月裡，新加坡是一個孤立的荒島，不具有任何政治重要性。即使當時已控制爪哇的荷蘭，只看上廖內群島的民丹島，而沒有想到新加坡島。等到英國人入侵新加坡島，荷蘭曾提出抗議。而荷蘭並不認為新加坡對它有任何重要性，只是因為英國勢力伸入荷蘭的勢力範圍，令荷蘭感受壓力。所以荷蘭和英國簽訂倫敦條約，以馬六甲海峽為界劃分英國和荷蘭的勢力範圍，英國控制馬六甲海峽以東地區，荷蘭控制馬六甲海峽以西地區。

　　英國控制新加坡後，馬六甲海峽的轉運港地位日漸從檳榔嶼移轉到新加坡，憑恃華人的勤奮，新加坡港迅速繁榮，馬來半島以及附近的貨物都從新加坡港進出。從 1826 年到 1942 年之間，新加坡與馬六甲和檳榔嶼三地形成一個政治單位 —— 海峽殖民地，在六年很短的時間內，新加坡取代檳榔嶼的地位，英國在 1832 年以新加坡作為該一領地的首府。新加坡與馬來半島的政治聯合相當微弱，這是英國政治勢力介入所致。

　　英國在遠東之主要商業利益來源是從事鴉片貿易，它從印度運輸鴉片經由新加坡到中國，從中國賺取大量鴉片錢，甚至為了強銷鴉片，而於 1840 年 5 月與中國清朝發生鴉片戰爭。自該戰爭後，英國在遠東的發展，

新加坡成為重要的前進基地。從印度西岸的孟買、東岸的馬德拉斯、加爾各答，經由新加坡到達廣州，成為該一鴉片貿易的重要航運據點。英國為了獲取鴉片利益，在新加坡設立中央鴉片廠，公開及合法的製造鴉片。當時「海峽殖民地」約有一半的收入來自鴉片貿易。

1856 年 10 月，英法聯軍攻打北京，英軍從印度途經新加坡時，還受到華商的歡迎。[1] 這些華商應該與經營鴉片業有關吧。

英國對新加坡之統治貢獻，除了提升商業發展外，就是建立行政和法律體系以及教育制度。早期的新加坡島上公務員是從英國派來的，他們具有英國文官的傳統和精神，其中最為重要的是負責管轄華人的華民護衛司官員大都通曉華人方言，與華人維持友好關係，有助於殖民統治的順利。因此，英國在新加坡所建立的行政和法律制度很快就生根，穩固其統治基礎。英國進而在教育制度上進行英式教育，華人社會中的中上階層的子女都接受英式教育，他們構成與英國合作的菁英分子。這批早期的華人，有些是來自檳榔嶼或馬六甲，被稱為「峇峇」，就是海峽僑生或海峽華人。他們創辦事業，例如橡膠、莊園、錫礦場等，以及辦學校。不過，新客華人移入新加坡後，成為新興勢力，他們與中國維持較密切的關係，也具有較強烈的華人意識和特性。他們的人數也是超過峇峇。但在英國刻意政治安排下，峇峇的政治和商業影響力超過新客華人。幸好，在英國統治之下，這兩個族群並沒有發生嚴重的衝突。

誠如前面的論述，新加坡在歷史上很少與馬來半島有政治聯合，因此，當第二次世界大戰末期日軍節節敗退時，英國倫敦當局思考馬來半島和新加坡的關係，基本上承襲以前的舊模式，就是將二者予以分割。英國的基本考慮是新加坡具有戰略重要性，而且是一個具商業重要性的轉口港，需由英國直接掌控。萬一馬來半島成為一個單獨的國家，則英國尚保有新加坡島，可作為其在遠東活動的基地，也是前往香港的中間站。

---

1. 李恩涵，**東南亞華人史**，五南圖書公司，台北市，2003 年，頁 268。

　　當英國不得不讓馬來半島獨立時，新加坡人開始醞釀獨立，特別是受華文教育者，他們積極想脫離英國的殖民統治，但執掌新加坡政治的是受英文教育的華人，他們與英國的立場較接近，採取妥協態度，傾向自治。英國為了新加坡的安全考慮，防止共產黨控制新加坡，所以只允許新加坡自治。然而，馬紹爾所倡議的新加坡獨立觀念，仍然縈繞在菁英的腦中。林有福甚至李光耀等人所主張的新加坡未來的三個階段：(1) 成立內部自治政府。(2) 與馬來亞聯邦合併。(3) 完全獨立。一直是新加坡大部分華人的想法，只是格於時勢，不得不接受英國的時間安排和模式。

　　但新加坡受華文教育的華人，特別是具有共產主義背景的人，不贊同上述模式，而主張立即獨立。自治派和獨派進行一場激烈的競爭，最後李光耀透過公民投票的方式，解決該一爭議，新加坡人民以 71% 贊成率同意併入馬來西亞。但此舉並不能使左派分子就此罷手，反而更積極活動，導致新加坡當局於 1963 年 2 月 2 日執行「冷藏行動」的保安行動，逮捕 111 名激進左派工會分子，包括林清祥、方水雙等左派領袖。隨後新加坡併入馬來西亞聯邦，新加坡在歷史上首次與馬來半島實行行政聯合。然而，因為李光耀的個人因素以及其潛在的想法，新加坡在經過兩年就與馬來半島分手，成為一個獨立國家。此一歷程，可說實現了馬紹爾、林清祥、方水雙等人的理想。

　　李光耀為了新加坡的獨立生存，仍與馬來西亞維持友好關係，另外與印尼和解，尋求台灣和以色列給予軍事和安全的協助，然後加入東協，獲得英國保障新加坡的安全，待這些安全措施完成後，李光耀積極推動內部的整頓，包括經濟、治安、官僚行政、基礎建設等，新加坡才從一個充滿髒亂、高失業率的港市國家，搖身一變為現代化、乾淨、清廉的國家。

　　具有斯巴達（Sparta）精神的李光耀，以經營商業公司的方式去經營新加坡，以追求盈利為最高目標，新加坡島變成商業城市，外來的跨國公司、百貨公司、商店、投資商、工廠等林立，政府領導人，包括總統、總理和

各部部長都領取高薪，當國家財政有盈餘，政府領導人就加薪；當國家財政下滑，就減薪。新國政府採取的是高薪以提升行政效率並養廉的政策。這些在華人社會難以推動的政策，竟然能在新加坡實踐，李光耀貢獻至鉅。李光耀的英文教育背景，以及受過法律教育背景，使他能以強力手段達成政策目標。他把新加坡人訓練得像個斯巴達人一樣的服從政府的指令，拚命經營企業賺錢。可以說，沒有李光耀，就沒有今天繁榮的新加坡，他扭轉了華人社會無法邁向現代化的刻板印象，例如，清廉、效率等價值觀念。

　　由於新加坡的成功，使得李光耀想在文化上有點成就，而非僅有商業經濟成就，所以他宣揚「亞洲價值觀」，此跟他過去對西方民主的批評是一貫的。不過，他對於「亞洲價值觀」的解釋，僅是他對於新加坡的價值結構的維護，並不符合其他亞洲國家的文化現況。亞洲國家眾多，每個國家各有其文化特點，不可一概而論，也沒有任何一個國家可以高論它代表亞洲文化發言。換言之，李光耀所宣揚的「亞洲價值觀」應是想將其在新加坡的統治文化內化為「亞洲價值觀」，「亞洲價值觀」帶有工具作用，而非本然的價值觀的體現。不過，在歷經 1997 年的亞洲金融風暴，以及馬來西亞馬哈迪首相的轉向，在馬國外交部下設立人權委員會，以及「亞洲價值觀」被質疑為壓迫言論自由與人權做掩護，而使得「亞洲價值觀」逐漸淡出，不再受到重視。

　　如果李光耀的「亞洲價值觀」就是新加坡統治文化的體現，那麼把李光耀的「亞洲價值觀」說成僅是反西方言論自由和人權，是偏頗的，不周全的。最為李光耀讚揚的價值觀念是各族群平等以及論功行賞（功績）制。李光耀在 1996 年重提新加坡與馬來西亞合併的可能性，他提出一個前提條件就是「馬來西亞像新加坡一樣推行論功行賞政治，政府不會規定某一種族享有特別利益。」這兩個價值觀明顯與馬來西亞馬哈迪首相的觀點不同，而馬哈迪也曾是「亞洲價值觀」的宣揚者，結果他們兩人對於「亞洲價值觀」的內涵竟然有如此大的差異，更遑論其他亞洲國家的價值觀了。

　　從歷史來看，在東南亞地區要維持一個華人政權，充滿著不可能，華人在東南亞人數雖然眾多，過去歷史上很少有純粹的華人政權的出現。由華人主政的地方政權，僅有舊港和坤甸兩地。1397 年，爪哇的滿者伯夷出兵滅了三佛齊後，華人流民及海盜入據巴鄰旁（舊港），鄭和逮捕反抗的華人海盜陳祖義，將之送至南京殺頭。明朝在 1407 年在舊港設立舊港宣慰司，封賜臣服於明朝的施進卿為舊港宣慰使。不過，舊港仍是滿者伯夷的屬地，施進卿仍須向滿者伯夷進貢。[2] 華人控制舊港的時間多長，不可考。從 1779 年到 1854 年，在西婆羅洲坤甸出現的「蘭芳共和國」，是個華人與當地土著達雅克族（Dayak）共治的政權，最後被荷蘭瓦解。地方政權領導人具有華人血統者，是爪哇島最早的伊斯蘭王國淡目（Demak），巴達（Raden Patah）約在 1478 年建立該伊斯蘭政權，其母親為華人。[3] 1350 年建立阿瑜陀耶（Ayuthaya, Ayudhya）王朝的烏通（U'tong）王子是華商的兒子。[4] 1767 年暹羅的鄭信政權，鄭信父為華人，其母為傣人。1225 年，大越國王陳日煚、1400 年大越國王黎季犛，均為華人。

　　華人無法在東南亞建立政權的原因是，在西方殖民勢力入侵以前，華人流寓東南亞者少，且多為經商，東南亞被視為文明不及中國之南蠻。迨西人入侵後，大量引入華人從事工礦業，華人大都為不識字的工農階級，在西人優勢政治統治下，華人僅能從事工商業，華人與當地土著一樣，成為被治者，不能與聞政治。因此，新加坡能成為一個獨立的華人國家，突破了當地土著的忌諱，應屬難能可貴。像李光耀等菁英深知華人政權之危險，他曾有一個譬喻：「新加坡是生存在一個馬來海中」，所以新加坡不能變成一個純粹以華人文化為主體的國家。今天新加坡以馬來語為國語，

---

2. 參見陳鴻瑜，*印度尼西亞史*，鼎文書局，台北市，2008 年，頁 140。

3. 參見陳鴻瑜，*印度尼西亞史*，頁 165-167。

4. David K. Wyatt, *Thailand: A Short History*, Yale University Press, Thai Watana Panich Co., Ltd., 1984, p.65.

各族群可學習自己的母語,各族群在法律上平等,政府興建的組屋不可由單一族群居住,需考慮各族群在政府和國會的代表性。

新加坡為了生存,採行嚴刑峻法,創造一個穩定、安全的環境,俾讓外商能夠安心的投資和居住。為了達成該一目標,新加坡在國際戰略上採取與強權維持等距關係,唯與美國保持特別關係,讓美國第七艦隊後勤司令部駐守星島,美國航空母艦船隻停泊樟宜海軍基地,與英國有「五國防禦安排」(Five Power Defense Arrangement)協議。此外,新國也強化軍力,其空軍和海軍軍力提升,在泰國、汶萊、台灣、印尼、澳洲和美國都有訓練基地和場地。小小的新加坡,擁有強大的軍力,顯得極不對稱,也可以看出來它的不安全感。從而可知,華人政權在東南亞生存之不易。

李光耀在他的回憶錄中曾提及 1973 年 5 月他與蘇哈托建立關係的經過,他提及蘇哈托很關心新加坡的反共立場,蘇哈托的政治立場反共,李光耀向他保證新加坡不會讓中國共產黨利用馬來亞共產黨摧毀新加坡,也不讓中國勢力進入東南亞。[5] 印尼希望新加坡這個華人政權不應成為中國的「第五縱隊」,而是與印尼一樣採取反共政策,李光耀的說明,讓蘇哈托放心不少。

由於李光耀與蘇哈托建立了密切的友誼關係,因此,當印尼在 1997 年遭到東南亞金融危機的重創後,美國透過國際貨幣基金會對印尼施壓,國際貨幣基金會援助印尼的配套總額達 400 億美元,對蘇哈托未能按照基金會的條件阻止其子女經營特許行業感到不滿,例如蘇哈托兒子擁有一家銀行,原本被清算,跟其他十五家銀行一樣又恢復營業,導致印尼盾大幅貶值。此外,蘇哈托兒子胡托莫負責國產車計畫、女兒杜杜掌握發電廠合約,其他兒子獲得丁香業的合約等,都成為國際貨幣基金會是否繼續撥款援助的考慮因素。美國副財長勞倫斯·薩默斯(Lawrence Summers)於 1998 年 1 月 11 日赴印尼途中經過新加坡,向李光耀表示當前印尼最需要的是中斷

---

5. 李光耀,**李光耀回憶錄**(1965-2000),頁 304。

蘇哈托的執政手法，總統的親朋戚友需停止享有各種特權，大家得平等競爭。但李光耀認為「蘇哈托繼續執政才是上策，因為沒有任何一個繼承蘇哈托的總統有那種能耐推行基金組織（即國際貨幣基金會）開出的嚴格條件。因此，我們應該協助蘇哈托落實這些條件，朝最理想的結局努力，即促使蘇哈托委任副總統，將來由這名副總統在後蘇哈托時代，負責恢復市場人士的信心。」[6] 但柯林頓（Bill Clinton）總統沒有接受李光耀的建議，認為冷戰已結束，沒有必要容忍蘇哈托的非民主、貪污和侵犯人權。

　　李光耀對於蘇哈托準備提名哈比比（Bacharuddin Jusuf Habibie）為副總統感到不安，他在 1998 年 2 月 7 日在新加坡發表的演講中說：「市場人士對他（蘇哈托總統）要求副總統人選要具備科技專長的條件感到不安，他是在第二份國際貨幣基金組織協議達成後不久這樣宣布的……如果市場人士對最終當上副總統的人選感到不安，印尼盾的幣值將再度趨軟。」[7] 李光耀不支持哈比比出任印尼總統，出於下述幾個因素：「哈比比的名字常跟耗資龐大的高科技工程，如飛機製造業扯在一起」、以及澳洲和馬來西亞反對哈比比出任副總統。李光耀批評蘇哈托一生最大的錯誤是委任哈比比為副總統，他說：「（哈比比）他有很高的智力，卻性情善變，而且口沒遮攔。」「我們很清楚哈比比的為人，因為他曾經負責峇淡島同新加坡合作的項目。他對印尼華裔有敵意，而人口多數為華人的新加坡因此也遭池魚之殃。他企圖以對待印尼華裔『主公』的態度對待我們，想向我們壓榨而自肥。這會改變我和蘇哈托向來以平等獨立國的姿態合作的基礎，使之變成兄長和弟弟的關係。」[8] 從而可知，李光耀對於潛在敵視華裔政權的哈比比感到不安，甚至不惜干涉印尼內政，意圖讓蘇哈托改變想法。哈比比在當上總統後，新加坡教育部長兼國防部第二部長張志賢訪問他，哈比比

---

6. 李光耀，**李光耀回憶錄**（1965-2000），頁 316。

7. 李光耀，**李光耀回憶錄**（1965-2000），頁 318。

8. 李光耀，**李光耀回憶錄**（1965-2000），頁 322。

向張志賢訓了八十分鐘，他要新加坡認清自己的地位和脆弱性，新加坡是一個小國家，被包圍在印尼之中。[9] 李光耀對哈比比的行徑更感不滿。李光耀甚至批評哈比比執政時期，貪污情況比蘇哈托更為嚴重。

李光耀一手推動新加坡國家發展，至今已成為已發展國家，如何維持此一繁榮景況，成為李光耀一生的志業所在。他擔心後來的領導人無法繼承他的偉業，缺乏管理國家財富的幹才，所以他精心設計國家體制，將間接選出的總統改為直接民選，並賦予總統監督國家儲備金之使用。同時為了保障國家政策能傳承他的想法，他精心挑選接班人吳作棟，使政權和平移轉。在許多國家，政權移轉每每發生危機，而李光耀為了政權移轉，做了多年的準備，才成功移轉政權。李光耀是如何辦到的？李光耀的執政團隊猶如他的子弟兵，是近衛軍形態的組織結構。他提及他在 1958 年 5 月前往倫敦參加憲制會談，開完會後順路前往羅馬梵諦岡旅遊，想到教宗產生的方式，他說教宗是由約 100 名紅衣主教推舉出來，而紅衣主教是由各前任教宗任命的。這一點給了他啟發靈感，因為可以確保領袖是由前幾任領導挑選的人推舉產生，可以保持內部的團結。李光耀在返回新加坡後，就修改黨章，將黨員分為普通黨員和幹部黨員兩種。普通黨員是通過黨總部或黨支部直接入黨的。幹部黨員則需由中央執行委員會遴選，經批准後加入，他們的人數共有幾百名。只有中央執行委員會挑選出來的幹部，有權推舉候選人進入中央執委會，正如教宗委任的紅衣主教有權推選另一位教宗一樣。此一作法可杜絕外人進入黨中央執委會奪權。[10]

李光耀在晚年為了他的歷史地位重新做了一些努力，首先他出版了回憶錄，將他從政以來的心路歷程和經驗，逐一記載和評述。政治人物在生前寫回憶錄，一般是較為少見，而李光耀此舉，不無為自己辯護，留下他的看法，以免遭後人曲解。其次是在 2009 年 9 月 8 日與昔日的政敵和解。

---

9. 李光耀，**李光耀回憶錄**（1965-2000），頁 322。
10. 李光耀，**李光耀回憶錄**（1923-1965），頁 338-340。

由一名資深記者撰寫的**白衣人**（*Men in White: The Untold Story of Singapore's Ruling Political Party*）一書於該天舉行新書發表儀式，李光耀在會上講話，並與當年人民行動黨左派領袖，如方水雙、多米尼克‧普都遮里（Dominic Puthucheary）、林清吉、陳世鑑和劉坡得等人握手合影。李光耀表示這些當年左派的同志對於新加坡的政治發展做出了貢獻，他指出新加坡不應再經歷同一段反抗殖民主義、親共者和反共者之間爭奪國家治理權力的歷史。[11] 該書的主要內容是有關於人民行動黨早期發生的親共和反共鬥爭的內幕故事，如今李光耀參加該書發表會，尤見他與當年政敵和解之意。

新加坡已進入後李光耀時期，李光耀雖沒有站在台前，但他的影響力仍然籠罩著內閣，從吳作棟到李顯龍，都脫離不了李光耀體制。只要這個體制不變，新加坡將繼續沿著現在的道路與馬來西亞平行前進，二者的結合反而顯得不自然和勉強。當代的新加坡史，可說是李光耀的奮鬥史，一種單色但耀眼的歷史發展。

---

11. **南洋星洲聯合早報**（新加坡），2009 年 9 月 9 日，頁 1。

附　錄

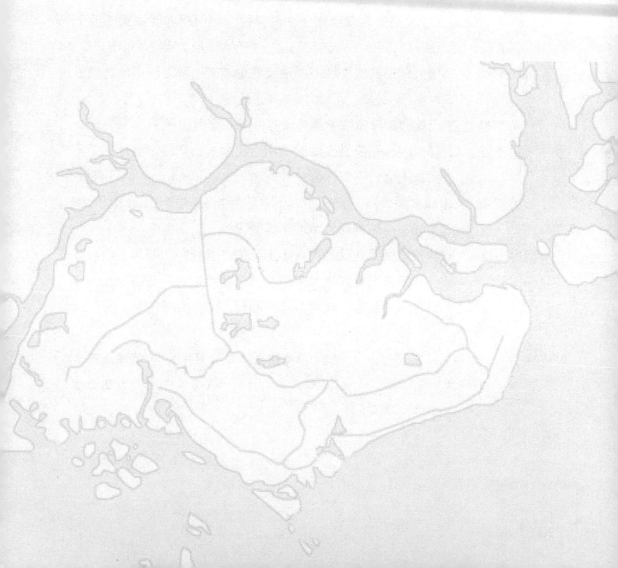

附錄一：1819 年 1 月 30 日，萊佛士和天猛公簽訂臨時條約

（立條約人）新加坡統治者那督天猛公阿布都爾拉曼（Abdu'l Rahman），代表本人名下，並柔佛王室利蘇丹胡笙穆罕默德沙名下，所統治之新加坡及其附屬島嶼，與明古連及其屬地之副總督湯瑪士・實登福・萊佛士爵士，兼孟加拉大總督大堂代辦。由於英國公司與新加坡及柔佛治下地區間之長久友誼及貿易關係，因建議訂立一公平條約，以維永好：

第一條　英國公司得於新加坡或柔佛及新加坡統治下之任何地方設立商站。

第二條　因此英國願付津貼予那督天猛公阿布都爾拉曼。

第三條　為補償因公司設立商站而徵用之土地，公司每年需付三千元予那督天猛公阿布都爾拉曼。

第四條　那督天猛公阿布都爾拉曼同意，英國公司得任意長期居留之。唯不得轉讓其居留地予其他民族。

第五條　一俟首途來此之蘇丹駕臨，本條約之其他一切問題，均可解決。英國公司宜擇定其軍隊及器材登陸地點及升旗地點。雙方同意，謹此簽名蓋章。時為回曆 1234 年 4 月 4 日。

英國東印度公司印　　萊佛士簽名

天猛公印

附錄二：1819年2月6日，萊佛士與蘇丹胡笙簽訂條約

　　訂立友好聯盟條約，甲方為統治麻爾婆羅堡（Fort Marbo Rough）及其屬地副總督湯瑪士・實登福・萊佛士爵士閣下，代表英國東印度等地大總督，至貴之法蘭西侯爵哈斯汀司閣下（Most Noble Francis Marquess of Hastings），乙方為柔佛蘇丹胡笙穆罕默德沙殿下，與統治新加坡及其屬地之那督天猛公阿布都爾拉曼殿下：

第一條　　1819年1月30日，萊佛士爵士代表英國東印度公司，與統治新加坡及其屬地之那督天猛公阿布都爾拉曼殿下，代表其本人及柔佛蘇丹胡笙穆罕默德沙，所訂立之初步協定諸條款，現經上述之柔佛蘇丹胡笙穆罕默德沙殿下全部核准認可。

第二條　　進一步考慮初步協定諸條款，為補償目前及今後柔佛蘇丹胡笙穆罕默德沙由於訂立本條約所致之一切利益上之損失，英國東印度公司願按年付予殿下西班牙幣五千元。在此時期內，公司得憑約在蘇丹殿下領土任何地方建立商站。公司亦願對蘇丹殿下盡保護之責，如殿下駐蹕於公司勢力範圍之內諸地。但須聲明者，蘇丹殿下需明瞭，英國政府參加此聯盟，旨在保護殿下之安全，絕不干涉其內政，或以武力侵犯殿下之政權。

第三條　　根據1819年1月30日初步協定諸條款，新加坡及其屬地之統治者那督天猛公阿布都爾拉曼，全部應允英國東印度公司，得在新加坡及其屬地設立商站，公司為報答其盛情，按年餽贈西班牙幣三千元，並接受其入聯盟，予以保護，初步

協定諸條款，亦全部認可。

第四條　柔佛蘇丹胡笙穆罕默德沙殿下，與新加坡統治者那督天猛公阿布都爾拉曼殿下，許願協助英國東印度公司抗拒侵犯該公司在殿下等之領土內所建或將建諸商站之敵人。

第五條　柔佛蘇丹胡笙穆罕默德沙殿下，與新加坡統治者那督天猛公阿布都爾拉曼殿下，同意許諾與彼等之後裔及承繼人，當英國東印度公司在彼等領土內沒有商站時期內，將永受支持及保護。殿下絕不與其他國家訂立任何條約，並不得准許任何歐美國家，在殿下等之領土內設立殖民地。

第六條　凡屬英國商站之人員，或將被置於其旗幟下欲予以保護者，均當登記，認為英國籍民。

第七條　至於對當地居民之司法行政制度，訂約雙方將另行從長計議。事關各民族之習俗與法律，尺度宜寬，蓋彼等將居留於英國商站之內地。

第八條　新加坡將從速接受英國之保護，並遵守其規則。

第九條　至於貨物商品，大小船隻之稅賦，今後或將考慮徵斂之。那督天猛公阿布都爾拉曼殿下應享有由土著船隻所徵得之半數。港務及徵稅費用，由英國政府撥付。

我主降生後 1819 年 2 月 6 日，回曆 1234 年 4 月 11 日訂立。

至貴之大總督駐廖內龍牙及柔佛代辦

　　　　　　　　　　　　　　　東印度公司印　　　萊佛士簽名

　　　　　　　　　　　　　　　　　　　　　　　柔佛蘇丹印

　　　　　　　　　　　　　　　　　　　　　　　　天猛公印

徵引書目

一、中文書籍

Dartford, G. P.，不著譯者，**馬來亞史略**，聯營出版有限公司，新加坡，
　　1959 年。

Peter S. J. Chen 編，李子繼、李顯立譯，**新加坡發展政策與趨勢**(上)（下），
　　行政院經濟建設委員會經濟研究處編印，台北，1990 年 2 月出版。

方壯璧，**方壯璧回憶錄**，策略資訊研究中心，吉隆坡，馬來西亞，2007 年
　　再版。

李光耀，**李光耀回憶錄**（1923-1965），世界書局，台北市，1998 年。

李光耀，**李光耀回憶錄**（1965-2000），世界書局，台北市，2000 年。

李恩涵，**東南亞華人史**，五南圖書公司，台北市，2003 年。

李業霖主編，**奉納金資料選編**，華社研究中心，吉隆坡，馬來西亞，2000 年。

汪大淵，**島夷誌略**，龍牙門條、班卒條、暹條。

陳仁貴原著，楊培根譯，**林清祥與他的時代**，上冊，朝花企業、社會分析
　　學會聯合出版，吉隆坡，馬來西亞，2002 年。

〔明〕宋濂等撰，**元史**，卷二十七，本紀第二十七，英宗一，楊家駱主編，
　　新校本元史並附編二種，鼎文書局，台北市，1977 年。

邱新民，**東南亞古代史地論叢**，南洋學會出版，新加坡，1963 年。

〔明〕茅元儀，**武備志**，鄭和航海圖，卷二百四十。

馬來西亞董教總全國華文獨中工委會課程局主編，**馬來西亞及其東南亞鄰
　　國史**，益新印務有限公司，吉隆坡，1999。

許雲樵，**馬來亞史**，上冊，新加坡青年書局，新加坡，1961 年。

許雲樵，**馬來亞近代史**，世界書局，新加坡，1963 年。

許雲樵譯註，**馬來紀年**，新加坡青年書局，1966 年。

陳佳榮、謝方和陸峻嶺等編，**古代南海地名匯釋**，中華書局，北京，1986，麻里予兒條。

陳劍主編，**與陳平對話：馬來亞共產黨新解**，馬來西亞華社資料研究中心出版，吉隆坡，2006 年。

陳鴻瑜，**印度尼西亞史**，鼎文書局，台北市，2008 年。

黃存燊著，張清江譯，**華人甲必丹**，新嘉坡國家語文局，新加坡，1965 年。

〔清〕曾廉撰，**元書**，卷一百，南蕃列傳第七十五，宣統三年出版，文海出版社，1991 年重印，羅斛條。

〔清〕陳夢雷纂輯，**古今圖書集成**，明倫彙編皇極典，帝紀部，彙考，泰定帝，皇極典 第 131 卷，第 232 冊第 3 頁之 2 。

新加坡年鑑 2005，新加坡新聞、通訊及藝術部、聯合早報出版，新加坡，2006。

新加坡聯合早報編，**李光耀四十年政論選**，現代出版社，北京，1994 年。

鍾敏璋，**馬來亞歷史**，東南亞出版有限公司，吉隆坡，1959 年。

藍大周編輯，**新加坡年鑑 2004 華文版**，新聞、通訊及藝術部、新加坡國家檔案館、新加坡報業控股出版，新加坡，2005。

饒宗頤，**新加坡古事記**，中文大學出版社，香港，1993。

二、英文書籍

Abdul, Tunku Rahman Putra Al-Haj, *Looking Back, Monday Musings and Memories*, Pustaka Antara, Kuala Lumpur, Malaysia, 1977.

Andaya, Barbara Watson and Leonard Y. Andaya, *A History of Malaysia*, second edition, Basingstoke, Hampshire(English): Palgrave, 2001.

Bellows,Thomas J., *The People's Action Party of Singapore: Emergence of a Dominant Party System*, Yale University Southeast Asia Studies, New Haven, Connecticut, 1970.

Cheah Boon Kheng, *Malaysia: The Making of a Nation*, Institute of Southeast Asian Studies, Singapore, 2002.

Colony of Singapore Annual Report, 1957, Government Printing Office, Singapore, 1958.

Fletcher, Nancy McHenry, *The Separation of Singapore from Malaysia*, Data paper: Number 73,Southeast Asia Program, Department of Asian Studies, Cornell University, Ithaca, New York, July 1969.

George, T.J.S., *Lee Kuan Yew's Singapore*, Andre Deutsch Limited, London, 1975, Fourth Impression.

Gibson-Hill, C. A., *Singapore Old Strait and New Harbour, 1300-1870*, Memoirs of the Raffles Museum, Vol.3, Singapore, 1956.

Keesing's Contemporary Archives, April 10-17, 1954, p.13511.

Keesing's Contemporary Archives, April 16-23, 1955, p.14153.

Keesing's Contemporary Archives, April 17-24, 1948, p.9236.

Keesing's Contemporary Archives, August 21-28, 1954, p.13748.

Keesing's Contemporary Archives, August 7-14,1965, p.20891.

Keesing's Contemporary Archives, August 7-14,1965, p.20892.

Keesing's Contemporary Archives, December 1988, p.36353.

Keesing's Contemporary Archives, December 1988, p.36354.

Keesing's Contemporary Archives, December 23-30, 1961, p.18499.

Keesing's Contemporary Archives, December 28,1963-January 4, 1964, pp.19816-19817.

Keesing's Contemporary Archives, December 3-10, 1955, p.14576.

Keesing's Contemporary Archives, December,1983, p.32569.

Keesing's Contemporary Archives, February 20-27,1965, 1964, p.20594.

Keesing's Contemporary Archives, February 3-10, 1962, p.18580.

Keesing's Contemporary Archives, February 4-11, 1961, p.17909.

Keesing's Contemporary Archives, January 1-5, 1957, p.15293.

Keesing's Contemporary Archives, July 10-17, 1948, p.9392.

Keesing's Contemporary Archives, July 11-18, 1959, p.16909.

Keesing's Contemporary Archives, July 16-23, 1955, p.14324.

Keesing's Contemporary Archives, July 9,1976, p.27819.

Keesing's Contemporary Archives, June 14-21,1969, p.23409.

Keesing's Contemporary Archives, June 20-27, 1959, p.16862.

Keesing's Contemporary Archives, June 20-27, 1959, pp.16861-16862.

Keesing's Contemporary Archives, June 9-16, 1956, p.14910.

Keesing's Contemporary Archives, June 9-16, 1956, p.14912.

Keesing's Contemporary Archives, March 10-17, 1951, p.11333.

Keesing's Contemporary Archives, March 25,1977, p.28256.

Keesing's Contemporary Archives, March 27-April 3, 1954, p.13491.

Keesing's Contemporary Archives, May 18-25, 1957, pp.15557-15558.

Keesing's Contemporary Archives, May 25,1979, p.29621.

Keesing's Contemporary Archives, May 26-June 2, 1951, p.11490.

Keesing's Contemporary Archives, November 1986, p.34740.

Keesing's Contemporary Archives, November 1986, pp.34740-34741.

Keesing's Contemporary Archives, November 27,1981, p.31212.

Keesing's Contemporary Archives, November 28-December 5, 1959, p.17133.

Keesing's Contemporary Archives, November 2-9, 1963, p.19720.

Keesing's Contemporary Archives, November 30-December 7, 1957, p.15890.

Keesing's Contemporary Archives, November 5-12,1966, p.21706.

Keesing's Contemporary Archives, November,1985, p.33995.

Keesing's Contemporary Archives, October 1987, pp35462-35463.

Keesing's Contemporary Archives, October 4-11, 1958, p.16427.

Keesing's Contemporary Archives, September 12,1980, p.30460.

Keesing's Contemporary Archives, September 1-8, 1962, p.18957.

Keesing's Contemporary Archives, September 19-26, 1959, p.17013.

Keesing's Contemporary Archives, September 22-29, 1951, p.11727.

Keesing's Contemporary Archives, January 1995, p.40367.

Keesing's Contemporary Archives, June 1990, p.37533.

Keesing's Contemporary Archives, June 1990, p.37574.

Kennedy, J., *A History of Malaya, A.D. 1400-1959*, St. Martin's Press, New York, 1967.

Kua Kia Soong(compiled and ed.), *May 13: Declassified Documents on the Malaysian Riots of 1969*, Suaram Komunikasi, Selangor, 2007.

Lau, Albert, *A Moment of Anguish, Singapore in Malaysia and the Politics of Disengagement*, Times Media Private Limited, Singapore, 2003.

Miksic, John N. and Cheryl-Ann Low Mei Gek(eds.), *Early Singapore 1300s-1819, Evidence in Maps, Text and Artefacts*, Singapore History Museum, Singapore, 2004.

Miller, Harry, *A Short History of Malaysia*, Frederick A. Praeger, Inc., New York, 1966.

Murfett, Malcolm H., John N. Miksic, Brian P. Farrel, Chiang Ming Shun, *Between Two Oceans: A Military History of Singapore From First*

Settlement to Final British Withdrawal, Marshall Cavendish Academics, Oxford University Press, 1999.

Quah, Jon S. T., Chan Heng Chee, Seah Chee Meow(eds.), *Government and Politics of Singapore*, Singapore, Oxford University Press, 1985.

Slametmuljana, *A Story of Majapahit*, Singapore University Press Pte Ltd., Singapore, 1976.

Sopiee, Mohamed Noordin, *From Malayan Union to Singapore Separation, Political Unification in the Malaysia Region 1945-65*, Penerbit Universiti Malaya, Kuala Lumpur, Malaysia, 1974.

Tregonning, K. G., *A History of Modern Malaya*, David McKay Company, Inc., New York, 1964.

Turnbull, C. M., *A History of Singapore*, 1819-1975, Oxford University Press, Kuala Lumpur, 1977.

Wyatt, David K., *Thailand: A Short History*, Yale University Press, Thai Watana Panich Co., Ltd., 1984.

三、中文論文

Linda Seah,「公營企業與經濟發展」,載於 Peter S. J. Chen 編,李子繼、李顯立譯,**新加坡發展政策與趨勢**(上),行政院經濟建設委員會經濟研究處編印,台北,1990 年 2 月出版,頁 192-243。

Peter S. J. Chen,「新加坡的發展策略:一個快速成長的模式」,載於李子繼、李顯立譯,**前引書**,頁 1-36。

邱新民,「萊佛士登陸時的新加坡:關於中國帆船航運事業的一段史實」,載於邱新民,**東南亞古代史地論叢**,南洋學會出版,新加坡,1963 年,

頁 235-247。

許雲樵,「滿剌加王統考索」,載於許雲樵譯註,**馬來紀年**,頁 292-310。

陳仁貴原著,楊培根譯,載於**林清祥與他的時代**,上冊,朝花企業、社會
　　分析學會聯合出版,吉隆坡,馬來西亞,2002 年,頁 93-149。

陳鴻瑜撰,「1988 年新加坡國會選舉」,**問題與研究月刊**,第 28 卷第 1 期,
　　1988 年 10 月,頁 1-11。

程道中,「日軍勒索『奉納金』始末」,載於李業霖主編,**前引書**,頁 29-
　　44。

四、英文論文

Balakrishnan, N., "Singapore: Gentle Election," *Far Eastern Economic Review*,
　　Vol.156, No.33, 19 August, 1993, p.13.

Chan Heng Chee, "Political Parties," in Jon S. T. Quah, Chan Heng Chee,
　　Seah Chee Meow(eds.), *Government and Politics of Singapore*, Singapore,
　　Oxford University Press, 1985, pp.146-172.

Haas, Michael, "The Politics of Singapore in the 1980s," *Journal of
　　Contemporary Asia*, Vol.19, No.1, 1989, pp.48-77.

Heng Hiang Khng, "The Media and Democratic Development in Asia：A
　　Perspective from Singapore," 該文發表於 1990 年 9 月 28-29 日由**中國時
　　報**舉行的「媒體與亞洲民主發展研討會」。

Milne, R. S., "Singapore's Exit from Malaysia; the Consequences of Ambi-
　　guity," *Asian Survey*, Vol.6, No.3, March 1966, pp.175-184.

五、中文報紙

「全國選民今天前往 832 投票站履行公民義務」，**南洋星洲聯合早報**（新加坡），2015 年 9 月 11 日。

「吳作棟總理國慶群眾大會演說」，**南洋星洲聯合早報**，1998 年 8 月 24 日，頁 7。

「馬首相署部長：不必回應『合併』言論，李光耀已是『老人家』不是掌權總理」，**南洋星洲聯合早報**，2007 年 10 月 15 日。

「馬華副總會長同意李光耀言論：馬若充分利用優勢會超越新加坡」，**南洋星洲聯合早報**，2007 年 10 月 12 日。

「李光耀言論反應 巫統宣傳主任：新加坡最好還是維持現狀」，**南洋星洲聯合早報**，2007 年 10 月 13 日。

「林冠英：李資政三『合併』條件是在諷刺馬國現行政策」，**南洋星洲聯合早報**，2007 年 10 月 16 日。

「海洋法國際法庭判新加坡勝訴 我國可繼續填海」，**南洋星洲聯合早報**（新加坡），2003 年 10 月 13 日。

「新加坡在星馬填海工程國際訴訟案中勝訴」，**大紀元時報**，2003 年 10 月 10 日。

「新馬第一份水供協定 2011 年屆滿後柔政府將接管士姑來濾水站」，**南洋星洲聯合早報**（新加坡），2008 年 11 月 15 日。

「獨立日密辛大公開」，**柬埔寨星洲日報**，2005 年 8 月 9 日，頁 4。

Saad Hashim，「認識李光耀的政治詭詐」，**南洋星洲聯合早報**，2007 年 10 月 29 日，頁 11。

大公報（香港），1982 年 10 月 9 日。

工商時報（台灣），2009 年 2 月 19 日。

中央日報，1996 年 12 月 28 日，頁 11。

中央日報，1997 年 1 月 3 日，頁 11。

中國時報（台灣），2001 年 10 月 11 日，頁 23。

中國時報（台灣），2001 年 10 月 13 日，頁 29。

中國時報（台灣），2004 年 7 月 14 日，頁 A13。

中國時報（台灣），2008 年 8 月 20 日，頁 A7。

自由時報（台灣），2004 年 6 月 1 日，頁 7。

吳宏硯，「從駐紮官到國會制度」，南洋星洲聯合早報，1984 年 12 月 30 日，
頁 14。

佘長年撰，「市鎮理事會的問題對我國政治有何影響？」，南洋星洲聯合
早報，1988 年 9 月 10 日，頁 12。

林義明整理，「新加坡 1964 年種族暴亂真相」，南洋星洲聯合早報（新加
坡），1998 年 7 月 5 日，頁論壇 4。

吳宏硯，「引起爭論的歷史事跡：曹家館與曹亞志」，南洋星洲聯合早報（新
加坡），1987 年 8 月 30 日，頁 9。

南洋星洲聯合早報（新加坡），1988 年 9 月 4 日，頁 1。

南洋星洲聯合早報（新加坡），1998 年 7 月 1 日，頁 8。

南洋星洲聯合早報（新加坡），1996 年 12 月 27 日，頁 11；12 月 28 日，
頁 13；12 月 29 日，頁 11。

南洋星洲聯合早報（新加坡），1997 年 2 月 1 日，頁 28-29。

南洋星洲聯合早報（新加坡），1984 年 12 月 20 日，頁 8。

南洋星洲聯合早報（新加坡），1984 年 12 月 2 日，頁 8。

南洋星洲聯合早報（新加坡），1984 年 6 月 3 日，頁 1。

南洋星洲聯合早報（新加坡），1984 年 9 月 24 日，頁 3。

南洋星洲聯合早報（新加坡），1986 年 10 月 28 日，頁 1。

南洋星洲聯合早報（新加坡），1987 年 12 月 31 日，頁 1。

南洋星洲聯合早報（新加坡），1987 年 5 月 27 日，頁 1；5 月 28 日，頁 8；

　　5 月 30 日，頁 1。

南洋星洲聯合早報（新加坡），1987 年 5 月 31 日，頁 8。

南洋星洲聯合早報（新加坡），1988 年 1 月 3 日，頁 4。

南洋星洲聯合早報（新加坡），1988 年 5 月 17 日，頁 1。

南洋星洲聯合早報（新加坡），1988 年 5 月 19 日，頁 1。

南洋星洲聯合早報（新加坡），1988 年 5 月 24 日，頁 1。

南洋星洲聯合早報（新加坡），1988 年 5 月 28 日，頁 1。

南洋星洲聯合早報（新加坡），1988 年 7 月 30 日，頁 1；7 月 31 日，頁 6-7。

南洋星洲聯合早報（新加坡），1988 年 8 月 13 日，頁 1。

南洋星洲聯合早報（新加坡），1988 年 8 月 22 日，頁 4；1988 年 9 月 1 日，
　　頁 5。

南洋星洲聯合早報（新加坡），1988 年 8 月 25 日，頁 1-2。

南洋星洲聯合早報（新加坡），1988 年 8 月 30 日，頁 6。

南洋星洲聯合早報（新加坡），1988 年 9 月 12 日，頁 3。

南洋星洲聯合早報（新加坡），1988 年 9 月 1 日，頁 6。

南洋星洲聯合早報（新加坡），1988 年 9 月 3 日，頁 9。

南洋星洲聯合早報（新加坡），1988 年 9 月 4 日，頁 3。

南洋星洲聯合早報（新加坡），1988 年 9 月 5 日，頁 1。

南洋星洲聯合早報（新加坡），1988 年 9 月 7 日，頁 1。

南洋星洲聯合早報（新加坡），1988 年 9 月 8 日，頁 3。

南洋星洲聯合早報（新加坡），1988 年 10 月 24 日，頁 1。

南洋星洲聯合早報（新加坡），1989 年 1 月 26 日，頁 1。

南洋星洲聯合早報（新加坡），1990 年 10 月 16 日，頁 7。

南洋星洲聯合早報（新加坡），1990 年 10 月 5 日，頁 1。

南洋星洲聯合早報（新加坡），1990 年 8 月 31 日，頁 1。

南洋星洲聯合早報（新加坡），1991 年 1 月 4 日，頁 11。

南洋星洲聯合早報（新加坡），1991 年 5 月 14 日，頁 3。

南洋星洲聯合早報（新加坡），1991 年 8 月 2 日，頁 21。

南洋星洲聯合早報（新加坡），1991 年 9 月 14 日，頁 3。

南洋星洲聯合早報（新加坡），1991 年 9 月 1 日，頁 1。

南洋星洲聯合早報（新加坡），1991 年 9 月 9 日，頁 3。

南洋星洲聯合早報（新加坡），1992 年 12 月 30 日，頁 1。

南洋星洲聯合早報（新加坡），1992 年 12 月 4 日，頁 1。

南洋星洲聯合早報（新加坡），1992 年 6 月 21 日，頁 1。

南洋星洲聯合早報（新加坡），1992 年 8 月 11 日，頁 15。

南洋星洲聯合早報（新加坡），1992 年 9 月 22 日，頁 16。

南洋星洲聯合早報（新加坡），1993 年 1 月 3 日，頁 1。

南洋星洲聯合早報（新加坡），1993 年 2 月 3 日，頁 1。

南洋星洲聯合早報（新加坡），1993 年 4 月 20 日，頁 4。

南洋星洲聯合早報（新加坡），1993 年 5 月 22 日，頁 1。

南洋星洲聯合早報（新加坡），1993 年 7 月 15 日，頁 1。

南洋星洲聯合早報（新加坡），1993 年 8 月 16 日，頁 1。

南洋星洲聯合早報（新加坡），1993 年 8 月 19 日，頁 4。

南洋星洲聯合早報（新加坡），1993 年 8 月 29 日，頁 1。

南洋星洲聯合早報（新加坡），1993 年 8 月 3 日，頁 1、3。

南洋星洲聯合早報（新加坡），1994 年 2 月 24 日，頁 15。

南洋星洲聯合早報（新加坡），1994 年 7 月 24 日，頁 33。

南洋星洲聯合早報（新加坡），1994 年 8 月 26 日，頁 11。

南洋星洲聯合早報（新加坡），1994 年 8 月 31 日，頁 21。

南洋星洲聯合早報（新加坡），1995 年 12 月 30 日，頁 1。

南洋星洲聯合早報（新加坡），1995 年 4 月 21 日，頁 3。

南洋星洲聯合早報（新加坡），1995 年 7 月 11 日，頁 1。

南洋星洲聯合早報（新加坡），1995 年 7 月 27 日，頁 2。

南洋星洲聯合早報（新加坡），1996 年 11 月 16 日，頁 4。

南洋星洲聯合早報（新加坡），1996 年 11 月 20 日，頁 3；12 月 23 日，頁 2；12 月 25 日，頁 8。

南洋星洲聯合早報（新加坡），1996 年 12 月 22 日，頁 7、9；12 月 28 日，頁 11；1997 年 1 月 1 日，頁 9。

南洋星洲聯合早報（新加坡），1996 年 12 月 27 日，頁 6；12 月 29 日，頁 14。

南洋星洲聯合早報（新加坡），1996 年 12 月 25 日，頁 4、6。

南洋星洲聯合早報（新加坡），1996 年 12 月 31 ，頁 1、10；1997 年 1 月 1 日，頁 12。

南洋星洲聯合早報（新加坡），1996 年 11 月 19 日，頁 1。

南洋星洲聯合早報（新加坡），1996 年 12 月 24 日，頁 1。

南洋星洲聯合早報（新加坡），1996 年 12 月 29 日，頁 14；12 月 30 日，頁 1。

南洋星洲聯合早報（新加坡），1996 年 12 月 21 日，頁 6。

南洋星洲聯合早報（新加坡），1996 年 10 月 29 日，頁 1、6。

南洋星洲聯合早報（新加坡），1996 年 10 月 2 日，頁 1。

南洋星洲聯合早報（新加坡），1996 年 11 月 23 日，頁 1。

南洋星洲聯合早報（新加坡），1996 年 12 月 17 日，頁 4。

南洋星洲聯合早報（新加坡），1996 年 12 月 23 日，頁 9；12 月 24 日，頁 1。

南洋星洲聯合早報（新加坡），1996 年 12 月 27 日，頁 1。

南洋星洲聯合早報（新加坡），1996 年 12 月 31 日，頁 1。

南洋星洲聯合早報（新加坡），1996 年 1 月 17 日，頁 1。

南洋星洲聯合早報（新加坡），1996 年 6 月 9 日，頁 1。

南洋星洲聯合早報（新加坡），1996 年 7 月 6 日，頁 2。

南洋星洲聯合早報（新加坡），1996 年 8 月 26 日，頁 2。

南洋星洲聯合早報（新加坡），1997 年 1 月 31 日，頁 1。

南洋星洲聯合早報（新加坡），1997 年 1 月 26 日，頁 4。

南洋星洲聯合早報（新加坡），1997 年 2 月 18 日，頁 5。

南洋星洲聯合早報（新加坡），1997 年 2 月 19 日，頁 4。

南洋星洲聯合早報（新加坡），1997 年 2 月 2 日，頁 5。

南洋星洲聯合早報（新加坡），1997 年 3 月 18 日，頁 1。

南洋星洲聯合早報（新加坡），1997 年 10 月 12 日，頁 21。

南洋星洲聯合早報（新加坡），1997 年 10 月 25 日，頁 1。

南洋星洲聯合早報（新加坡），1997 年 1 月 10 日，頁 1。

南洋星洲聯合早報（新加坡），1997 年 1 月 8 日，頁 16。

南洋星洲聯合早報（新加坡），1997 年 2 月 2 日，頁 5；1997 年 9 月 30 日，
頁 1。

南洋星洲聯合早報（新加坡），1997 年 9 月 17 日，頁 2。

南洋星洲聯合早報（新加坡），1998 年 2 月 16 日，頁 10。

南洋星洲聯合早報（新加坡），1998 年 2 月 20 日，頁 6。

南洋星洲聯合早報（新加坡），1998 年 6 月 14 日，頁 1。

南洋星洲聯合早報（新加坡），1999 年 4 月 16 日，頁 12。

南洋星洲聯合早報（新加坡），1999 年 8 月 12 日，頁 6。

南洋星洲聯合早報（新加坡），1999 年 8 月 18 日，頁 1、14。

南洋星洲聯合早報（新加坡），1999 年 8 月 7 日，頁 12；1999 年 8 月 8 日，
頁 12。

南洋星洲聯合早報（新加坡），2000 年 2 月 1 日，頁 26。

南洋星洲聯合早報（新加坡），2000 年 3 月 10 日，頁 5。

南洋星洲聯合早報（新加坡），2000 年 9 月 22 日，頁 6。

南洋星洲聯合早報（新加坡），2006 年 11 月 24 日，頁 16。

南洋星洲聯合早報（新加坡），2007 年 1 月 1 日，頁 11。

南洋星洲聯合早報（新加坡），2007 年 4 月 21 日，頁 11。

南洋星洲聯合早報（新加坡），2007 年 9 月 28 日，頁 2；2008 年 9 月 27 日，
　　頁 1。

南洋星洲聯合早報（新加坡），2008 年 2 月 18 日。

南洋星洲聯合早報（新加坡），2008 年 7 月 10 日，頁 6。

南洋星洲聯合早報（新加坡），2008 年 9 月 25 日，頁 14。

南洋星洲聯合早報（新加坡），2009 年 5 月 16 日，頁 1。

南洋星洲聯合早報（新加坡），2009 年 9 月 9 日，頁 1。

南洋星洲聯合早報 (新加坡)，2010 年 4 月 4 日，頁 11。

南洋星洲聯合早報 (新加坡)，2010 年 5 月 15 日，頁 10。

南洋商報（新加坡），1982 年 1 月 11 日，頁 1。

南洋商報（新加坡），1983 年 1 月 4 日。

南洋商報（新加坡），1983 年 4 月 6 日。

星暹日報（泰國曼谷），1985 年 9 月 18 日，頁 24。

馬‧密迪雅，「馬來西亞進步使新加坡擔憂」，南洋星洲聯合早報，1996
　　年 6 月 21 日，頁 18。

曼尼蘇菲安撰，劉培芳譯，「新加坡在東南亞為猶太復國主義播種」，南
　　洋星洲聯合早報，1986 年 11 月 27 日，頁 17。

張從興，「新加坡有政黨政治的土壤嗎？」，南洋星洲聯合早報，1997 年
　　2 月 1 日，頁 26。

郭品芬，「新、馬分家，晴天霹靂：馮仲漢細說當年」，南洋星洲聯合早
　　報（新加坡），1998 年 7 月 7 日，頁 6。

陳青山，「民選總統法案特委會報告書修正建議要點」，南洋星洲聯合早
　　報，1990 年 12 月 21 日，頁 12。

陳淑珠撰，黃綺芳譯，「關於陳修信反新加坡的看法是錯誤的」，**南洋星洲聯合早報**，2000 年 10 月 25 日。

陳鴻瑜，「新加坡的公積金制」，**中央日報**（台灣），1993 年 12 月 2 日，頁 9。

貿易快訊（台北市），1994 年 4 月 12 日，頁 3。

貿易快訊（台北市），1995 年 7 月 20 日，頁 3。

貿易快訊（台灣），1995 年 1 月 23 日，頁 3。

經濟日報（中國），1992 年 9 月 24 日，頁 4。

義斯曼・阿末（Yusman Ahmad），「新加坡避免不了受鄰國的拖累」，**南洋星洲聯合早報**，1998 年 4 月 9 日，頁 18。

聯合報（台灣），2001 年 2 月 1 日，頁 21。

韓山元，「議會史話（20）：議會內朝野旗鼓相當」，**南洋星洲聯合早報**（新加坡），1998 年 7 月 12 日，頁 9。

韓山元，「議會史話（21）：新、馬合併問題大辯論」，**南洋星洲聯合早報**（新加坡），1998 年 7 月 19 日，頁 7。

羅耀宗譯，「崛起中的李顯龍」，**聯合日報**（菲律賓），1986 年 3 月 10 日，頁 5。

五、英文報紙

"Editorials: The steamroller in Singapore," *The New York Times*, January 13, 1997, p.A16.

"Jeyaretnam Barred from Presidential Election: Singapore Opposition Politician Rebuffed," *The Japan Times*, August 18, 1993, p.4.

Daniel, Francis, "Singapore 20 Years after 'Operation Coldstore'," *Hongkong*

Standard, February 15, 1983.

Lim Boon Heng, "Voters chose PAP's comprehensive programme," *The Straits Times* (Singapore), January 17, 1997, p.59.

Stewart, Ian, "New Runner in Singapore Poll," *South China Morning Post*, August 9, 1993, p.11.

Stewart, Ian, "Protest Votes in Poll for President," *South China Morning Post*, August 30, 1993, p.8.

The Straits Times(Singapore), October 29, 1996, p.1.

六、網路資源

http://app.www.sg/who/18/Government.aspx　2009/9/15 瀏覽。

http://en.wikipedia.org/wiki/Oliver_Lyttelton,_1st_Viscount_Chandos　2009/9/15 瀏覽。

http://info.eterengganu.com/history07.html　2009/9/15 瀏覽。

http://infopedia.nl.sg/articles/SIP_1069_2007-06-20.html　2010-06-23 瀏覽。

http://statutes.agc.gov.sg/　2009/10/18 瀏覽。

謝詩堅，馬來西亞華人政治思想演變，1984 年 5 月，網路版，第十部分（03）政局劇變馬新分家。http://www.geocities.com/cheahseekian/cskBOOK/cskPMC10.html 2009/10/19 瀏覽。

"Singapore from 1942-1964,"

http://www.essortment.com/all/historysingapor_ripo.htm 2009/10/19 瀏覽。

http://www.state.gov/g/drl/rls/hrrpt/2008/eap/119056.htm 2009/10/19 瀏覽。

「新加坡 2013 人口政策白皮書」，新加坡文獻館，2013 年 1 月 30 日，http://www.sginsight.com/xjp/index.php?id=9401 2015 年 9 月 12 日瀏覽。

蔣銳，「新加坡民眾示威反對政府增加外來人口」，BBC 中文網，2013 年 2 月 16 日。http://www.bbc.com/zhongwen/trad/world/2013/02/130216_singapore_immigration.shtml　2015 年 9 月 12 日瀏覽。

"FTAs overview," Minister of Foreign Affairs, Singapore. http://www.mfa.gov.sg/content/mfa/international_organisation_initiatives/ftas.html　2015 年 9 月 15 日瀏覽。

" Electronics Industry in Singapore," Future Ready Singapore. https://www.edb.gov.sg/content/edb/en/industries/industries/electronics.html　2015 年 9 月 15 日瀏覽。

"Pharmaceuticals & Biotechnology," Future Ready Singapore. https://www.edb.gov.sg/content/edb/en/industries/industries/pharma-biotech.html　2015 年 9 月 15 日瀏覽。

"Concern over Singapore's water supply from Malaysia: Vivian," January 19, 2016. http://www.straitstimes.com/singapore/environment/concern-over-singapores-water-supply-from-malaysia-vivian　2016 年 3 月 20 日瀏覽。

有關國際法院之判決，請參見

http://www.icj-cij.org/presscom/index.php?pr=2026&pt=1&p1=6&p2=1　2016 年 2 月 3 日瀏覽。

蕭德湘，「填海工程改變柔佛巴魯風貌　越填越小　柔海峽或不復在」，東方網，2014 年 10 月 11 日。http://www.orientaldaily.com.my/features/dm50550553　2016 年 3 月 20 日瀏覽。

http://www.greatmirror.com/index.cfm?countryid=368&chapterid=370&picturesize=medium#Singapore: Colonial Singapore_027648　2016/3/23 瀏覽。

Jody Ray Bennett, "Soil smuggling in Indonesia," *Geopolitical Monitor*, June 18, 2010, http://www.geopoliticalmonitor.com/soil-smuggling-in-indonesia-3955/　2016 年 3 月 25 日瀏覽。

Lindsay Murdoch, "Sand wars: Singapore's growth comes at the environmental expense of its neighbours," *The Sydney Morning Herald*, February 26, 2016, http://www.smh.com.au/world/sand-wars-singapores-growth-comes-at-the-environmental-expense-of-its-neighbours-20160225-gn3uum.html 2016 年 4 月 20 日瀏覽。

Uma Shankari and Vincent Wee, "Indonesia bans sand export," *Business Times Singapore*, January 25, 2007. http://www.wildsingapore.com/news/20070102/070124-7.htm#bt 2016 年 3 月 25 日瀏覽。

"Where does Singapore come from?," *Through the Sandglass*, September 1, 2011, http://throughthesandglass.typepad.com/through_the_sandglass/2011/09/where-does-singapore-come-from.html 2016 年 3 月 25 日瀏覽。

"Singaporean presidential election results, 2011, "*Election Department of Singapore*, http://www.eld.gov.sg/elections_past_results_presidential.html#Y2011 2016 年 9 月 12 日瀏覽。

索引

八劃

九劃

十三劃

十四劃

歷史 世界史

新加坡史 增訂本

作　　　者—陳鴻瑜
發 行 人—王春申
總 編 輯—李進文
編輯指導—林明昌
主　　　編—王育涵
責任編輯—徐平
校　　　對—趙蓓芬
封面設計—吳郁婷

營業經理—陳英哲
行銷企劃—葉官如
出版發行—臺灣商務印書館股份有限公司
　　　　　　　23141 新北市新店區民權路 108-3 號 5 樓（同門市地址）
電話： (02)8667-3712　傳真：(02)8667-3709
讀者服務專線：0800056196
郵撥： 0000165-1
E-mail：ecptw@cptw.com.tw
網路書店網址：www.cptw.com.tw
Facebook：facebook.com.tw/ecptw

局版北市業字第 993 號
初版：2011 年 7 月
增訂一版：2017 年 1 月
增訂一版二刷第一次：2018 年 10 月
印刷廠：沈氏藝術印刷股份有限公司
定價：新台幣 350 元
法律顧問：何一芃律師事務所
有著作權・翻印必究
如有破損或裝訂錯誤，請寄回本公司更換

新加坡史 ／ 陳鴻瑜 著. -- 增訂一版. -- 新北
市：臺灣商務, 2017. 01
面 ； 公分. --（歷史 世界史）

ISBN 978-957-05-3066-7（平裝）

1. 新加坡史

738.71   105021341

廣 告 回 信
板橋郵局登記證
板橋廣字第1011號
免 貼 郵 票

23141
新北市新店區民權路108-3號5樓
臺灣商務印書館股份有限公司　收

請對摺寄回，謝謝！

傳統現代　並翼而翔

Flying with the wings of tradtion and modernity.

讀者回函卡

感謝您對本館的支持，為加強對您的服務，請填妥此卡，免付郵資寄回，可隨時收到本館最新出版訊息，及享受各種優惠。

■ 姓名：＿＿＿＿＿＿＿＿＿＿＿＿　　　　性別：□ 男 □ 女

■ 出生日期：＿＿＿＿年＿＿＿＿月＿＿＿＿日

■ 職業：□學生　□公務(含軍警）□家管　□服務　□金融　□製造
　　　　□資訊　□大眾傳播　□自由業　□農漁牧　□退休　□其他

■ 學歷：□高中以下（含高中）□大專　□研究所（含以上）

■ 地址：＿＿＿＿＿＿＿＿＿＿＿＿＿＿＿＿＿＿＿＿
　　　　＿＿＿＿＿＿＿＿＿＿＿＿＿＿＿＿＿＿＿＿

■ 電話：(H) ＿＿＿＿＿＿＿＿＿＿ (O) ＿＿＿＿＿＿＿＿

■ E-mail：＿＿＿＿＿＿＿＿＿＿＿＿＿＿＿＿＿＿

■ 購買書名：＿＿＿＿＿＿＿＿＿＿＿＿＿＿＿＿＿＿

■ 您從何處得知本書？

　　　□網路　□DM廣告　□報紙廣告　□報紙專欄　□傳單
　　　□書店　□親友介紹　□電視廣播　□雜誌廣告　□其他

■ 您喜歡閱讀哪一類別的書籍？

　　　□哲學‧宗教　□藝術‧心靈　□人文‧科普　□商業‧投資
　　　□社會‧文化　□親子‧學習　□生活‧休閒　□醫學‧養生
　　　□文學‧小說　□歷史‧傳記

■ 您對本書的意見？（A/滿意　B/尚可　C/須改進）

　　　內容＿＿＿＿＿編輯＿＿＿＿校對＿＿＿＿翻譯＿＿＿＿
　　　封面設計＿＿＿＿價格＿＿＿＿其他＿＿＿＿＿＿＿

■ 您的建議：＿＿＿＿＿＿＿＿＿＿＿＿＿＿＿＿＿＿

※ 歡迎您隨時至本館網路書店發表書評及留下任何意見

臺灣商務印書館 The Commercial Press, Ltd.

23141新北市新店區民權路108-3號5樓　電話：(02)8667-3712
讀者服務專線：0800-056196　傳真：(02)8667-3709
郵撥：0000165-1號　E-mail：ecptw@cptw.com.tw
網路書店網址：www.cptw.com.tw　網路書店臉書：facebook.com.tw/ecptwdoing
臉書：facebook.com.tw/ecptw　部落格：blog.yam.com/ecptw